心理调节学

应对各种日常心理疾病的策略与方法大全

叶舟◎著

心理疾病与身体疾病一样常见，只是少有人知道应对之法。

心理调节可以帮您迅速摆脱心理亚健康状态的困扰，重塑完美人格。

江西人民出版社
Jiangxi People's Publishing House
全国百佳出版社

图书在版编目（CIP）数据

心理调节学/叶舟著.--南昌：江西人民出版社，

2017.2

ISBN 978-7-210-08953-7

Ⅰ.①心… Ⅱ.①叶… Ⅲ.①心理调节 Ⅳ.

①R395.6

中国版本图书馆CIP数据核字(2016)第289390号

心理调节学

叶舟／著

责任编辑／陈诗懿

出版发行／江西人民出版社

印刷／固安县保利达印务有限公司

版次／2017年2月第1版

2017年2月第1次印刷

720毫米×1000毫米　1/16　25.5印张

字数／390千字

ISBN 978-7-210-08953-7

定价／39.80元

赣版权登字-01-2016-756

前　言 *prefaces*

我们生活在一个复杂而且不断变化的时代，不论这些变化是否是我们所追寻的，现实的压力总是迫使我们不停地向前行进。人们在各自的领域里被社会异化，人群中充满了焦虑、烦躁、愤怒、失落、紧张、恐惧，人们遭受到心理危机的侵袭与困扰。

每个人都有一些需要打开的“心结”。这些心理盲点，如果任其积聚，超过了一定界限，就会造成心理疾病；而如果得到及时的调节，又可能很快恢复正常。

但是长期以来，人们似乎更关心自身的生理环境，对营养保健、锻炼强身投入了极大热情，却忽视了对健康同样重要的心理环境——健康的心理、稳定的情绪、愉悦的精神等等。

事实上，心理健康的重要性远远超过一般人的想象。有资料显示：在当今社会，引起各种疾病的原因中，有 70% 至 80% 与心理因素有关，这些疾病包括高血压、冠心病、胃和十二指肠溃疡及一些皮肤病。

人体是一个整体，人的健康与心理、情绪有密切关系。内在心理活动会映射到外在的情绪变化上。心理分为积极的和消极的两大类。积极心理对健康有益，消极心理会影响身心健康。当人的心理发生变化时，往往伴随着情绪和生理变化。过度的消极心理会引起不愉快、恐惧、失望，进而会抑制胃肠运动，影响消化机能。心理消极、情绪低落的人，往往容易患各种疾病。因此，只有保持积极乐观的心理，才有利于身体健康。

荣格说过："心灵的探讨必将成为一门十分重要的学问，因为人类最大的敌人不是灾荒、饥饿、贫苦和战争，而是我们的心灵自身。"

无论男女，其一生都逃脱不了心理问题的困扰。当你感到"今天有点烦"的时候，怎能不想找到一把心灵的"梳子"，来梳理一下纷乱的思绪？然而，由于各人自身因素、环境因素的不同，每个人的调节能力都有差异。当你凭自己的力量不能摆脱心理负担时，你就急需一本能够让你信赖的心理治疗指南了——正是基于人们对心理健康的需要，也就有了本书的诞生！

《心理调节学》以生动贴切、具有代表性的心理故事，加以条理清晰的分析，讲述了自卑、恐惧、悲伤、焦虑、紧张、忧郁等各种异常心理产生的根源，同时也解析了恋爱、婚姻、职场、人际交往、饮食、睡眠等各种场合中人们心理问题的症状，并提供了简单易行、具有实效的心理调节方法和技巧，融全面性、可读性、实用性、操作性于一书，是献给当下每一个为身心问题困扰的人们的心灵疗愈圣经。

通过本书，你可以在轻松的阅读氛围中治愈自己心理问题，拥有阳光心态，永葆身心健康，享受快乐幸福的人生！

目 录 *Contents*

第二篇
别让情绪失控毁了你——放下坏脾气，培养自控力

序篇
你的心理需要调节

焦虑、忧郁、悲观、恐惧、强迫、爱生气、抱怨不休……今天的我们，无论男女，承担越来越重的生活、工作压力，面临着越来越多的心理问题。每个人都逃脱不了心理问题的困扰，每个人都可能因为种种问题在心中留下阴影。

心理问题如影随形，如不及时调适，越来越严重，以致最终演变成心理障碍、心理疾病。境由心生，心病还需心药医，解决心问题首先要做好心理检测，查找心理症结所在，对症下药，进行自我治疗和矫正，才能将心理问题一一治愈。

你的心理异常吗

心理异常，是正常心理活动中的局部异常状态。平时人们所说的“心理困惑”“心理困扰”等，指的就是这种常见心理异常，也常常被简称为“心理问题”。

常见心理异常是人们在人生的各年龄阶段都会遇到的普遍的心理失衡状况，如青年大学生在社会适应、身心成长、人格发展中产生的学习焦虑、交往障碍、恋爱困扰等心理问题，成年人的婚姻家庭、子女教育、事业、人际关系等方面的问题。

常见心理异常与其他各种类型的心理异常相比较，通常具有以下特征。

1. 情景性

常见心理异常常由特定的情景所诱发，与特定的情景紧密相关。也就是说，常见心理异常的发生仅局限于某种或某些情景刺激而尚未泛化，情景刺激具有特定性。例如大中小学生考试时的过度紧张反应（看错题、看漏题、回忆不起复习过的知识内容等），是由考试情景诱发的，与考试气氛紧密相关。这种紧张反应在其他各种非考试情景中通常不会出现。情景性的心理反应失常，在正常的活动中虽然也时有可见，例如第一次登台演出、第一次独自驾车外出等，都会出现程度不同的紧张反应，即正常心理活动中的紧张反应等心理反应失常，与某种情景也紧密相关，但这种性质的心理反应失常，通常可以通过不断适应某种情景而逐渐减少以致最终消失。经常登台演出，经常独自驾车外出，久而久之也就习以为常而不再出现紧张反应。同时，正常心理活动中的心理反应失常，在各种“第一次”或具有相当刺激性的情景中都会出现，其程度和表现也大同小异。然而常见心理异常的异常反应则不然，不仅只对某种特定的情景作出异乎寻常的强烈心理反应，以致不为常人所理解和认同，而在其他情景即使是在“第一次”或具有相当刺激性的情景面前也不会产生如此强烈的反应，似乎只对某种特定情景（例如考试情景）“情有独钟”。而且某种特定情景反复出现，也难以通过不断适应而逐渐减少异常反应，甚至还会出现“越演越烈”的趋向，以致最终演变成心理障碍、心理疾病。

2. 偶发性

绝大多数常见心理异常并不经常或持续出现，而是偶发的、暂时的。这一方面是指脱离某种特定的情景，常见心理异常就不复存在，例如对考试情景会产生强烈紧张反应的学生，在大多数非考试情景下都表现正常。而某种特定情景并非经常或持续出现，因而常见心理异常只有在特定的条件下才会有所显现。同时，在某种特定情景下，有时也会不出现异常的心理反应，或者这种反应比较微弱。另一方面是指常见心理异常常常会自行缓解，或者是出现异常反应的频率逐渐减少，或者是强度逐渐减弱，或者是一段时间后自行痊愈。当然常见心理异常也可逐渐演变成心理障碍或心理疾病。

3. 无病理性变化

常见心理异常的心理状态没有病理性变化，即精神活动正常，不存在智力迟滞、情绪淡漠、病态自信等心理过程障碍以及由心理过程障碍引起的怪僻、对立、麻木等行为障碍，不存在朦胧、梦幻、嗜睡、昏睡、昏迷等各种层次各种程度的意识水平降低和丧失现象，不存在对时间、地点、人物识别错误的“定向力缺损”，不存在否认自己心理问题的“自知力缺乏”。

具有常见心理异常的人，其心理活动和心理状态在通常情况下给人的感觉都是正常的，即使在特定情景下出现了常见心理异常的某些征象，通常也不认为是一种心理异常的表现。其原因就是不存在与常人比较有明显不同的病理性精神症状。

你的心理失衡了吗

在多数情况下人们的心理是处于失衡状态的。在心理学上，心理失衡是指人的心理失去和谐而处于理念、情感和行为的冲突状态。

在不同的人身上，心理失衡有不同的表现。有的表现为不分是非的逆反和抵触、不问对象的疯狂报复、不遗余力的谩骂攻击等，一些青年人尤其如此。有的人则表现为情绪消沉、悲观厌世、自怨自艾、自我封闭等，从否定自己的价值进而否定人生的意义。还有的人心理失衡之下，为求得内心的宁静，无论什么问题都无原则地顺应别人，以致形成了逆来顺受的庸人性格。

造成心理失衡的原因很多，又因人而异，非常复杂。愿望不能实现、需要得不到满足、处理不好人际关系、经受不了挫折、适应不了环境、恶疾缠身等等，都是心理失衡诱因。心理学研究认为，种种原因都可以归结为两类：外界压力，为客观原因；心理调控失败，为主观原因。

心理失衡的危害是严重的，不但会造成人心理上的病变，还可能带来身体上的疾病，严重影响人们的正常生活。因此，必须学会自我调节，保持心理平衡。

心理平衡就是指人们用升华、幽默、外化、合理化等手段来调节对某一事物得失的认识。心理学家认为，心理平衡是指个体在观念认识、情绪反应、行为倾向等方面的和谐反应状态。心理平衡应表现为没有欲望和观念的冲突或冲突被调匀；心平气和，没有紧张、焦虑、畏缩等不良情绪反应等。

中国人之所以用“心理平衡”一词来形容这一心理调节过程，离不开我们“阴阳对立、福祸转换”的遗传“文化基因”。自古以来，中国人深受道家思想的影响，在看待个人的荣辱得失时，很讲究内心的平衡之道。可以说，中国人用“心理平衡”一词形容自我的心理调节是个必然。实际上，心理学中的“内向”“外向”的概念即含有阴阳平衡之意，是瑞士心理学家荣格在读了老子《道德经》之后创造的。

那么心理平衡与心理健康是什么样的关系呢?

心理平衡是心理健康的重要标志，但并不等于心理健康。

心理学家对心理健康标准的规定并不是一成不变的。它可以随着社会及个体的变化不断地调整。另外，心理活动形式丰富多彩，绝非千篇一律。心理活动本身是一个动态的过程，不是僵死的状态。心理健康就是不断向良好心理特征变化的过程，是人通过不断的心理调整达到的一种良好状态。不断调整的过程，就是把种种原因造成的心理失衡调适为心理平衡的状态。心理平衡是心理健康过程的终点和心理健康状态的表现。因此可以说，心理平衡是心理健康的重要标志。

虽是重要标志，但如果认为心理平衡就代表着心理的健康，那么你就走入了误区。通常人们会认为心理健康是平衡与适应，并把平衡理解为内心无冲突，把适应理解为对周围环境的顺从。但这两种理解都不能说是心理健康的表现。例如，一个满足现状、没有追求、不思进取的人，由于不会有挫折感、不会有冲突，其内心一般颇为平衡，但能说他心理健康吗?再比如，今日社会上到处都是见人说人话、逢鬼说鬼话、左右逢源、上下讨好的人，实在不能说他们心理健康。实质上，心理健康应该是一种积极的人生态度。

你的心理有障碍吗

心理障碍，又称情感性精神障碍，是一组以情感改变为基本特征的障碍。广义的包括精神科所有常见的异常情感，如焦虑、恐惧等，这里的情感性精神障碍则仅限于以情感高涨或低落为主要特征，其伴有相应认知、行为改变，间歇期精神状态基本正常，预后一般较好，但有复发倾向。心理障碍是精神科常见疾病之一，发作较轻者未必达到精神病的程度。

心理障碍的发生，与某些生物因素尤其遗传、心理社会因素如创伤性生活事件（亲人亡故、重大经济损失等）以及慢性心理社会刺激（失业、慢性疾病等）有密切关系。

心理障碍的发作可表现为躁狂相或抑郁相及持续性心理障碍这一亚型。躁狂症主要以情绪高涨、容易激惹等为主。与所处的境遇不相称，可兴高采烈、兴奋不安、自我评价过高、激越甚至发生意识障碍，严重者可出现与心境协调或不协调的幻觉、妄想等精神病性症状。抑郁症则以情绪低落为主要特征，伴对日常生活丧失兴趣，精力减退，精神运动性迟滞，自卑、自责甚至自罪，思维迟缓，言语少，食欲下降，性欲减退，失眠等，可以闷闷不乐到悲痛欲绝，甚至发生木僵状态，严重者可出现幻觉、妄想等精神病性症状，个别病例中焦虑和运动性激越比抑郁更显著。一般预后较好，少数病程迁延。

心理障碍是一种以心理症状为主的精神障碍。心理障碍的不同诊断类型主要取决于心理疾病产生的原因以及伴随的症状。

你的心理有危机吗

随着社会的发展，现代生活、工作节奏的加快，人们面临的心理压力越来越重。我们可以这样说：每个人都有不同程度的心理问题，但并不是所有的人都会出现心理危机。

心理危机，可以指心理状态的严重失调，心理矛盾激烈冲突难以解决，也可以指精神面临崩溃或精神失常，还可以指发生心理障碍。

典型的个人心态具有以下几点：

（1）遭遇重大心理压力的生活事件。

（2）患者出现一些不适，但都构不成精神病的程度，不符合任何精神病的诊断。

（3）依靠个人的能力无法应付或适应。

（4）产生极大的心理痛苦。

人的一生中，每一个阶段都会出现危机，每个人都会遇到不同的危机。年轻人一般会遇到一些诸如恋爱婚姻、工作职业、人际关系、环境适应方面的危机。而老年人则有以精神、躯体疾病为主的危机。

当一个人出现心理危机时，当事人可能及时察觉，也有可能“不知不觉”。一个自以为遵守某种习惯了的行为模式的人，也有可能潜在着心理危机。染有严重不良瘾癖的人，常常潜伏心理危机。当去戒除瘾癖时，心理危机便会暴露无遗。

心理危机的表现形式很多，现举下例加以说明。

冯艳，32 岁，一家音像公司的老板。她是生意场上的女强人，由于商场如战场，整天打打杀杀，稍有不慎，就会有闪失，所以工作压力大，每天清晨起来都会担心这一天会不会有什么不好的事情发生。每天工作十几个小时，也不敢休息，生怕一休息，倒霉的事情就会发生。这样一天到晚，精神都绷得特别紧，觉得马上就要绷断了，自己快要死了。

小张，21 岁，某大学学生。因与男朋友在校外同居被老师发现，受了处分，觉着面子上过不去，老师同学都用异样的眼光看自己。还担心学校把这件事告诉父母，觉得活着也没脸见人了。

林娇，34 岁，家庭主妇。因丈夫生意做大后，有了钱，整天在外面花天酒地，不顾家，还在外面包二奶，产生婚姻危机，自己随时都有可能成为弃妇，想把丈夫和第三者杀死。

许多人在工作、学习、生活中遇到困难、挫折或重大的刺激后，他们在用以往应付问题的方法失败后，就会出现心理失衡，产生悲观、烦恼、焦虑、抑郁、孤独等消极情绪及行为紊乱等，甚至产生了自杀或他杀的念头。专家认为，有了心理危机，如果得不到及时的治疗，轻则导致神经衰弱，重则患上抑郁症或精神错乱。

一般来说，心理危机每个人、每个阶段、每个年龄层都有，只不过有的人能顺利渡过，有的却成了解不开的千千结，变得性格内向，不善于人际交流，遇事多敏感、想不开，凡事爱钻牛角尖。

资料表明：心理危机男人比女人多，年轻的比年纪大的多，接受中等教育水平的多，职业以工人、职员、学生、干部、管理人员、科技人员、教师、医务工作者和无固定职业人士居多，未婚的比已婚的多。

能不能克服心理危机，首先取决于一个人的自信心。

其次，在个人无法应对的时候，要积极地寻求帮助。

第三，危机干预可以帮助人们进行“人格塑造”，帮助人们恢复自信，从而利用个人的能源：个人的智力、智慧和信心，改造心理缺陷，发挥自己的潜能。当一个人在心理失衡的情况下，如果有一些专门的机构和专业人员来干预一下，倾听他们的诉说，及时地帮他们拂去阴影，情况就大不相同了，或许苦闷的心情会变得开朗，觉着生命没有意义的大多会更加珍惜自己的生命。

第四，家庭、社会也要给予关心互助。

你的心理健康吗

什么是心理健康呢心？心理健康不仅是没有心理疾病，而是指一种持续的积极发展的心理状况，在这种状况下主体能做出良好的适应，能充分发挥身心潜能。可见，心理健康包括了两层含义：首先是没有心理疾病，这是心理健康最起码的要求，就像没有身体疾病是身体健康的最基本条件一样；其次是保持一种积极发展的心理姿态，这是心理健康的本质含义，意味着要消除一切不健康的心理倾向，使一个人处于最佳心理状态。

下面是心理健康的七项标准，也是所有标准中最为各国心理学家所认同。

1. 正常的智力水平

智力是衡量一个人心理健康与否的最重要的标志之一。正常的智力水平是一个人生活、学习、工作的最基本的心理条件。智力不是某种单一心理成分，而是人的观察力、记忆力、注意力、想像力、思维能力以及实践活动能力的综合，是大脑活动整体功能的体现，其中思维能力是核心。对外界刺激的反应过于迟钝或敏感、思维出现妄想、出现幻觉等，都是智力不正常的表现。

2. 健全的人格

人格是一个人的整体精神面貌，是一个人所具有的稳定的心理特征的总和。具体是指一个人在适应社会生活的过程中，在其身心行为上所表现出来的对自己、对他人、对外界事物的个性特征，又被称为个性或个性心理。人格的各种要素不是孤立存在的，它们有机结合而形成一个整体。健全的人格是指构成人格的诸要素，如气质、能力、性格、理想、信念、人生观等各方面均平衡、健全的发展。

从人本主义自我实现的需求出发，著名发展心理学家阿尔波特提出了健全和成熟的人格标准：

（1）有自我扩展的能力。

（2）有与他人热情交往的能力。

（3）在情绪上有安全感和认同感。

（4）具有现实性。

（5）有清醒的自我意识。

（6）有一致的人生哲学。

3. 较强的社会协调性

较强的社会协调性，是指一个人能够根据客观环境的需要，不断调整自己的身心行为，达到与客观环境和睦相处的协调状态。社会协调性主要表现在以下三个方面：

（1）较强的人际关系的适应能力。

（2）较强的自然环境适应能力。

（3）较强的适应不同情境的能力。

4. 稳定适中的情绪和情感

心理健康者能经常保持愉快、乐观、开朗的心境，对生活和未来充满希望。当然也会有悲、忧、哀、愁等消极情绪体验，但总能主动调节；同时能控制情绪的过分表达，做到喜不狂、忧不绝、胜不骄、败不馁。

5. 健全的意志，协调的行为

每个人都有或大或小的理想，自觉地确定你的理想目标，并支配自己的行动，努力实现这个目标的心理过程，就是意志。意志与行为是一体的：行为受意志支配和控制，称为“意志行为”；通过行为，可以看出一个人意志活动的实质。可以通过四种心理品质来衡量一个人意志品质的高低、强弱、健全与否：果断、自觉、自控、坚韧。

6. 和谐的人际关系

和谐的人际关系是心理健康的标准，也是维持心理健康的重要条件之一。

人际关系和谐有如下的具体表现：

（1）在人际交往中，心理相容，互相接纳、尊重，而非心理相克、互相排斥和贬低。对他人情感真挚、善良，而非冷漠无情、伤害别人。

（2）懂得奉献，以集体利益为重，而非损人利己。

7. 心理特点符合心理年龄

心理年龄是指人的整体心理状况所呈现出的年龄特征，与实际年龄也不完全一致。人的一生可以分为八个心理年龄期：胎儿期、乳儿期、幼儿期、学龄期、青少年期、青年期、中年期、老年期。人在不同的心理年龄期具有不同的心理特点。比如人在幼儿期天真活泼；青少年期自我意识增强，身心飞跃突变，心理活动往往动荡剧烈；到了心理老年期，心理倾向成熟稳定、老成持重，但身心功能弹性降低，情感容易变得忧郁。

心理特点符合心理年龄，主要有两方面的标准：

（1）个体的实际年龄应当与心理年龄、生理年龄相符。

（2）个体在不同心理发育期应表现出相应的心理特征。

你的心理处于什么状态

心理健康状态与非健康状态的区分标准一直是心理学界讨论的话题，不少国内外心理学学者根据自己研究调查的结果提出了多种心理健康标准。

从健康状态到心理疾病状态一般可分为以下 4 个等级：

1. 心理健康状态

心理医生们通过临床心理学实践工作，提出了一套简捷的评价方法，即从本人评价、他人评价和社会功能状况三方面分析：

（1）本人不觉得痛苦。即在一个时间段中（如一周、一月、一季或一年）快乐的感觉大于痛苦的感觉。

（2）他人不感觉到异常。即心理活动与周围环境相协调，不出现与周围环境格格不入的现象。

（3）社会功能良好。即能胜任家庭和社会角色，能在一般社会环境下充分发挥自身能力，利用现有条件（或创造条件）实现自我价值。

2. 不良状态

又称第三状态，是介于健康状态与疾病状态之间的状态。是正常人群组中常见的一种亚健康状态，它是由于个人心理素质（如过于好胜、孤僻、敏感等）、生活事件（如工作压力大、晋升失败、被上司批评、婚恋挫折等）、身体不良状况（如长时间加班劳累、身体疾病）等因素所引起。它的特点是：

（1）时间短暂。此状态持续时间较短，一般在一周以内能得到缓解。

（2）损害轻微。此状态对其社会功能影响比较小。处于此类状态的人一般都能完成日常工作学习和生活，只是感觉到的愉快感小于痛苦感，"很累""没劲""不高兴""应付"是他们常说的词汇。

（3）能自已调整。此状态者大部分通过自我调整如休息、聊天、运动、钓鱼、旅游、娱乐等放松方式，能使自己的心理状态得到改善。小部分人若长时间得不到缓解可能形成一种相对固定的状态。这小部分人应该去寻求心理医生的帮助，以尽快得到调整。

3. 心理障碍

心理障碍是因为个人及外界因素造成心理状态的某一方面（或几方面）发展的超前、停滞、延迟、退缩或偏离。它的特点是：

（1）不协调性。其心理活动的外在表现与其生理年龄不相称或反应方式与常人不同。如：成人表现出幼稚状态（停滞、延迟、退缩）；儿童出现成人行为（不均衡的超前发展）；对外界刺激的反应方式异常（偏离）等等。

（2）针对性。处于此类状态的人往往对障碍对象（如敏感的事、物及环境等）有强烈的心理反应（包括思维及动作行为等），而对非障碍对象可能表现很正常。

（3）损害较大。此状态对其社会功能影响较大。它可能使当事人不能按常人的标准完成其某项（或某几项）社会功能。如：社交焦虑者（又名社交恐惧）不能完成社交活动，锐器恐怖者不敢使用刀、剪，性心理障碍者难以与异性正常交往。

（4）需求助于心理医生。此状态者大部分不能通过自我调整和非专业人员的帮助而解决根本问题。心理医生的指导是必须的。

4. 心理疾病

心理疾病是由于个人及外界因素引起个体强烈的心理反应（思维、情感、动作行为、意志）并伴有明显的躯体不适感，是大脑功能失调的外在表现。其特点是：

（1）强烈的心理反应。可出现思维判断上的失误，思维敏捷性的下降，记忆力下降，头脑粘滞感、空白感，强烈自卑感及痛苦感，缺乏精力、情绪低落或忧郁，紧张焦虑，行为失常（如重复动作、动作减少、退缩行为等），意志减退等等。

（2）明显的躯体不适感。由于中枢控制系统功能失调可引起所控制人体各个系统功能失调：如影响消化系统则可出现食欲不振、腹部胀满、便秘或腹泻（或便秘、腹泻交替）等症状；影响心血管系统则可出现心慌、胸闷、头晕等症状；影响到内分泌系统可出现女性月经周期改变、男性性功能障碍等等。

（3）损害大。此状态之患者不能或只能勉强完成其社会功能，缺乏轻松、愉快的体验，痛苦感极为强烈，“哪里都不舒服”“活着不如死了好”是他们真实的内心体验。

（4）需心理医生的治疗。此状态之患者一般不能通过自身调整和非心理科专业医生的治疗而康复。心理医生对此类患者的治疗一般采用心理治疗和药物治疗相结合的综合治疗手段。在治疗早期通过情绪调节药物快速调整情绪，中后期结合心理治疗解除心理障碍，并通过心理训练达到社会功能的恢复，提高其心理健康水平。

是什么在影响我们的心理

导致心理不健康的原因较多，一般认为大致有以下几种：

1. 生物学原因

指遗传、生化、生理、脑及躯体损伤等因素导致的心理不健康。

遗传：大量的调查研究资料表明，在心理疾病中，遗传因素有一定的作用，尤其在精神分裂症、狂躁性抑郁症等疾病中，遗传因素的致病作用较为明显。

生化：近代神经化学研究表明，中枢神经递质中的乙酰胆碱、去甲肾上腺素、多巴胺等物质代谢失常，可以成为诱发心理障碍的主要原因。

机体损伤：机体损伤或患病可以引致心理变态。例如脑外伤可引起变态行为；癌症、糖尿病等可以引起适应不良的人格变态等。

2. 心理学原因

指那些因环境条件的变化，通过心理的影响而引起人的心理与行为异常的因素。学术界在阐述心理因素的致病作用的问题上，形成了心理动力学派、行为主义学派和人本主义学派。

心理动力学派：以弗洛伊德为代表。该学派认为，被压抑的情绪和心理冲突是心理变态的动力学原因。内在的矛盾冲突或情绪的紊乱是在意识水平之下进行的。个体在无意识中隐藏着被压抑的本能欲望和冲动，这种欲望和冲动由于社会道德、规范的限制，不能得到满足。但在某些外界条件的作用下，无意识的矛盾和冲突就会释放出来，导致了某些心理和行为的变态。

行为主义学派：以华生为代表。他们用实验的方法研究人的行为，观察刺激和反应，学习和习惯的表现来解释变态心理的原因。华生做过模拟性恐怖实验。他让一个喜欢玩弄动物的幼儿接触一只白鼠，幼儿并不害怕白鼠，可以用手触摸。当他用手触摸时，实验者发出可怕的巨响，结果幼儿哭闹起来，可见幼儿的恐怖行为是由学习和习惯获得的。巴甫洛夫的条件反射实验，给华生的观点有力的支持。该学派的观点认为：人的行为是通过学习和训练而得到的，心理变态的表现可以看作是学习到的异常行为。

人本主义学派：美国临床心理学家罗杰斯创立。罗杰斯认为，人具有自我实现的需要。人本身就有一种自我实现的无限潜能。如果受到巨大挫折，使内在的潜能不能很好地发挥，这时人就产生了自我防御和失调现象。罗杰斯还认为，在自我实现的过程中，人很重视自我价值，愿意得到别人的肯定和尊重。如果失去自尊的需要，其人格正常发育受到影响，就可能导致心理与行为的异常。

3. 社会文化因素

心理学家研究证明，生物学因素决定着心理现象的发生和存在，而社会文化因素决定着心理现象发生、发展和变化的方向。此处社会文化因素包括社会制度、经济条件、生活与文化水平、伦理道德、教育程度等。

文化因素：文化因素对某些心理疾病的发展有着巨大的影响。当今世界，科学技术与物质文明高速发展，给人们的心理带来的压力越来越大，如果适应调整不良，就会危害人的身心健康。文化水平低，迷信巫术的人，心理与行为变态就容易发生。

社会文化关系的失调：社会文化关系包括阶级、民族、宗教、职业、道德、两性关系等等。关系失调的原因很多，但主要来自社会生活事件。例如，配偶死亡、离婚、失业、考试失败、失恋、家庭不幸、工作紧张等等，也有地震、火灾等突发原因。如果这种失调的强度大，时间长，就可能导致人发生心理和行为异常。

社会动乱的心理创伤：长时间的社会动乱或者暴动会对心理造成巨大的影响。社会紧张状态的心理作用：人口过密、拥挤、噪声骚扰、生活贫困、工作紧张、社会犯罪、歧视等等，都可以造成紧张状态。伴随紧张状态而产生的消极情绪，例如忧愁、悲伤、焦虑、恐惧等等，可以扰乱人的心理和行为。

测一测：看看你心理是否异常

为了明确你是否存在心理异常，请你进行“常见心理异常综合诊断测验”。你只需在下面的22个描述中，依据自己的真实情况回答“是”“否”即可。

你最近是否感到闷闷不乐，常给人一种心事重重的感觉？

你是否总担心糟糕的事情发生？

你是否总是对人怀有戒备之心或者是对他人的不幸无动于衷？

你是否在公共场合因为一点小事就暴跳如雷？

你是否总是心急如焚？

你是否经常自怨自艾、悲观失望?

你是否经常疑神疑鬼?

你最近是否总感到空虚无聊?

好长一段时间，你是否总是无端烦恼?

你是否经常感到无精打采?

你是否有时会失去方向感，不知道自己身在何方，不知道身边人都是哪里来的?

你是否有不知所措的时候?

你最近是否有身体难以忍受的感觉?

你最近是否在挫折面前经常一蹶不振?

你是否常常想出风头，炫耀自己?

你最近是否对事物失去兴趣，体会不到生活的乐趣?

是否不论怎样眉飞色舞，情绪高涨都不适合你?

你最近是否喜怒无常?

你经常因为一点小事就发怒吗?

你最近是否感到了无生趣，情绪持续低落?

你是否很长时间对什么都很麻木?

你最近是否即使对自己有切身利益的事情也不关心?

【测验结果分析】

选“是”记5分，选“否”记0分。

将测验中你选“是”的选项加起来，看看有多少个，每个记5分。所得的总分就是你的“常见心理异常综合测验”的总体得分。这个得分说明你是否具有常见心理异常。分数的意义如下:

如果你的得分在80分以下，说明你心理上没有异常，不存在任何心理障碍;

如果你的得分是81 ~ 100分，说明你具备一些常见心理异常的特征，但只要平时自己注意，并不影响你的生活和工作;

如果你的得分在101分以上，说明你存在心理异常，可能会影响生活与工作。建议你深入分析自己的心理问题，并在日常生活中注意矫正自己的心态。

第一篇
别让心理失衡害了你——学做自己的心理医生

总觉得自己低人一等、矮人一截；内心总是担心有什么意外发生；看到别人比自己好就心生不平；总觉得有人在议论自己的不是；一味逃避压力和竞争，把明天变为逃避今天的心灵寄托；斤斤计较，为一点小事耿耿于怀；追求完美，对人对物百般挑剔……注意！你的心理失衡了。

心理失衡有损于健康，甚至使人失去生活的信心。面对这些心病，如果学会自我调节，学会适应多变的人生，学会自助、自救、自信、自强，那么，一切烦恼、困惑、忧虑都会随风而逝，生活就会充满阳光，充满快乐。

第 1 章
自卑心理调节：欣赏自己的闪光点

自卑藏在人心里

上帝想和人类玩个捉迷藏的游戏。

上帝想把一种叫做“自卑”的东西藏在人身上。于是他和天使们商量：“你们给我出个主意，我该把它放在人的哪个部位最为隐秘。”

有的天使回答说，藏在人的眼睛里；有的说，藏在人的牙缝里；还有的说藏在人的腋窝里。

但一个聪明的天使笑着说：“上面这些地方，人们都很容易找到。他们马上会把自卑还给上帝。您最好把它藏在人们的心里，那里是他们最后才能想到的地方。”

在现代社会变化剧烈而竞争残酷的状况下，任何人都会不断地遭到自卑感的冲击，尤其是当以往在许多方面逊于自己的人，如今却优越地站在你面前的时候，你的心理会严重地失衡，那种自卑感更是难以忍受。

每个人都会有自卑感，但不同的人可能有不同的选择——第一种人自惭形秽，被自卑所压倒，在消沉中委靡不振，在忧郁的情绪中越陷越深而不能自拔，形成恶性的“自卑情结”。第二种人由于刺激产生了相当强烈的反抗心理，急于改变自卑的地位，不顾他人的利益，极端的自私，形成专注于自我的狂热的“优越情结”。这是和极端的自卑者完全相反的人格类型，由于他缺乏社会责任感和合作精神，同时过分妨碍他人，往往也遭到失败的结局。第三种人是上述两者的中间型。他既正视自己的自卑，注重克服和超越，更清楚人是社会的动物，人与人之间既有冲突，也有合作，而自我的成功就需要在合作中达成，需要兼顾他人的利益。这是一种理性的健康的优越人格。看看当今的社会，这样的人才会如鱼得水，无往不胜。因此对于一个自卑者，如何改良他的自卑心理对于他的人生有着重要的意义。

“低人一等”的情结

自卑，就是自己轻视自己，看不起自己。自卑心理严重的人，并不一定就是他本人具有某种缺陷或者短处，而是不能悦意容纳自己，自惭形秽，常常把自己放在一个低人一等，不被自己喜欢，进而演绎成别人看不起的位置，并由此陷入不可自拔的境地。

著名的奥地利心理学家阿德勒认为：“人类都有自卑感以及对自卑感的克服与超越。小的时候，看到别人长大而自卑；长大后，发现别人比自己有钱自卑；有钱的时候，看到别人比自己更年轻力壮也自卑。这样看来，自卑其实是不可怕的。从某种程度上讲，自卑也是推动一个人不断自我完善的动力。但是，如果你已经认识到自己的自卑，而不愿意去进行自我突破的话，那么自卑对你来讲就是非常有害的。”

自卑的人，总哀叹事事不如意，老拿自己的弱点比别人的强处，越比越气馁，甚至比到自己无立足之地。有的人在旁人面前就脸红耳赤，说不出话；有的人遇上重要的会面就口吃结巴；有的人认为大家都欺负自己因而厌恶他人。因此，若对自卑感处置不妥，无法解脱，将会使人消沉，甚至走上邪路，堕入犯罪的深渊，或走上自杀的道路。不良少年为了逃避自卑感会加入不良集团。

与此同时，长期被自卑感笼罩的人，不仅自己的心理活动会失去平衡，而且生理上也会引起变化，最敏感的是心血管系统和消化系统将会受到损害。生理上的变化反过来又影响心理变化，加重人的自卑心理。

自卑的人总是习惯于拿自己的短处和别人的长处相比，越比越觉得不如别人，越比越觉得自卑。内心的自卑，对一个人的成长与发展是最要命的，因而，如果你发现自己自卑，就要用理性的态度把它铲除掉。

你的自卑心从哪里来

自卑的人心情低沉，郁郁寡欢，常因为害怕别人瞧不起自己而不愿意与别人来往，只想和人疏远，缺少朋友，甚至内疚、自责；他们做事缺乏信心，没有自信，优柔寡断，毫无竞争意识，享受不到成功的喜悦和欢乐，因而感到疲劳，心灰意懒。

一般来说，自卑感的产生与主客观因素及自我评价因素有着密切的关系，其表现有三：

1. 胆怯封闭

一些人由于深感自己不如别人，在与人交往或者从事某项事业中必败无疑，于是把自己封闭起来，不参与竞争，不干有风险的事，坚信“安全第一”。越是封闭自己，就越是对自己没有自信，造成不良循环。事实上，我们发现自卑的人很少会主动与人交往，在一些有激烈竞争的事业中更难觅踪影。

2. 自傲逼人

即人们常说的过分的自卑以过分的自尊表现出来，尤其当屈从的方式不能减轻其自卑之苦时，就采用好斗方式。有自卑感的人，比任何人更注意到不让自己被别人发现其内心的真实想法。因此当他认为别人可能会发现时，便采用这种好斗的方式阻止别人的了解。人们常发现这种人动辄就会为一件微不足道的事寻找借口衅事。其实，这种矫枉过正的做法，反而暴露出自己真实的内心世界。

3. 跟随大流

丧失信心之人，常对自己的决定缺乏自信，便随大流以求与他人保持一致，去应验一句“人随大流不挨罚，羊随大群不挨打”的古训。自卑者害怕表明自己的观点，努力寻找他人的认可。我们发现自卑者的一个“规律”，他们在做某事之前想：别人是不是这样的看法？我这样做会让人笑吗？会不会被认为是出风头？在做了事之后，又想：不知会不会得罪人，如果刚才不那么做就会更好等等。总而言之，求同心理极强。

自卑心理面面观

下面一些想法是自卑者的典型心理：

（1）消极地看待问题，凡事总往坏处想。自卑者最难忘怀的便是失望与厄运。他们整天想着消极的事情。

（2）总是自怨自艾与自责。

（3）意志消沉。自卑者的意志是消沉的。他们心情沉重的原因之一是“背负情感包袱”。他们像负重的牲畜一样，把没有解决的老问题、老矛盾背在身上，天天翻来覆去地念叨那些烦恼的事情。长期被自卑情绪笼罩的人，一方面感到自己处处不如人，一方面又害怕别人瞧不起自己，逐渐形成了敏感多疑、多愁善感、胆小孤僻等不良的个性特征。自卑使他们不敢主动与人交往，不敢在公共场合发言，消极应付工作和学习，不思进取。因为自认是弱者，所以无意争取成功，只是被动服从并尽力逃避责任。

（4）多疑，对别人和自己的信心都不足。

（5）高兴不起来。如果你对于生活前景的看法是消极的，你就不可能快乐。对于情绪消极的自卑者来说，几乎根本没有过欢笑愉快的经历。他们把现实可能享受的欢乐也失去了，因为他们还在回味昨日不愉快的经历，沉溺于痛苦之中。

（6）老是想着扫兴的事情，一旦看到别人热情地去做某件事，会觉得不可思议。

（7）不愿意改变，不愿意尝试新鲜事物。

认识自我，战胜自卑

战胜自卑，首先要承认，自卑情绪人皆有之。实质上，一个人并非在每个方面都能出类拔萃，因为天外有天，人外有人。所以，在某些时候的某些方面有不如意的感觉，产生自卑也是正常的，大可不必以此为耻而自暴自弃，更犯不着用狂妄自大、目中无人去掩饰。那只是自欺欺人。

战胜自卑就要正确地认识自我。尺有所短，寸有所长。每个人都有自己的短处，也都有自己的长处。如果我们以己之长去比别人之短，就能发掘出自信，可以在客观地认识短处和劣势的基础上，找出自己的长处与优势。可以将自己最满意的事情、最引以为荣的优点和令人瞩目的成绩，炫耀于心中的“荣耀室”，从而反复地刺激和暗示自己“我还可以”“我能行”。美国著名心理学家麦克斯威尔说：“人的所有行为、感情和举止，甚至才能，与其自我意向是一致的。”如果能将“我还可以”“我能行”的心理暗示，不断地渗透到自己人生的各个方面，便能撞击出生命的火花，就能培养出阿基米德“给我一个支点，我将移动地球”的那份自信。

1. 要正确地评价自己

人贵有自知之明。所谓“自知之明”，就是不仅能如实地看到自己的短处，也能恰如其分地看到自己的长处，切不可因自己的某些不如别人之处而看不到自己的如人之处和过人之处，这才是正确的与人比较。马克思曾说过，伟人之所以高不可攀，是因为你自己跪着。

2. 要正确地表现自己

心理学家建议：有自卑心理的人，不妨多做一些力所能及、把握较大的事情。这些事情即使很“小”，也不要放弃争取成功的机会。任何成功都能增强自己的自信，任何大的成功都蕴积于小的成功之中。换言之，要通过在小的成功中表现自己，确立自信心，循序渐进地克服自卑心理。

3. 设法正确地补偿自己

盲人尤聪，瞽者尤明。这是生理上的补偿。人的心理也同样具有补偿能力。为了克服自卑心理，可以采用两种积极的补偿：其一是勤能补拙。知道自己在某些方面有缺陷，不背思想包袱，以最大的决心和最顽强的毅力去克服这些缺陷，这是积极的、有效的补偿。华罗庚说：“勤能补拙是良训，一分辛苦一分才。”其二是扬长避短，“失之东隅，收之桑榆”。我们读达尔文、济慈、歌德、拜伦、培根、亚里斯多德的传记，就不难明白，他们的优秀品质和一生的辉煌成就，从某种意义上来说，都促成于人的缺陷。缺陷不是绝对不能改变的，关键是自己愿不愿意改变。只要下定决心，讲究科学方法，因势利导，就会使自己摆脱自卑，逐渐成熟起来。

告诉自己：我一定能行

有自卑心理的人大都比较敏感，容易接受外界的消极暗示，从而愈发陷入自卑中不能自拔。而如果能正确对待自身缺点，把压力变动力，奋发向上，就会取得一定的成绩，从而增强自信，摆脱自卑。

有个小男孩名叫汤姆·邓普西。他生下来就只有半只右脚和一只畸形的右手。但他父母亲常会告诉他："汤姆，其他男孩能做的事情你都能做。为什么不能呢？你没有任何比别人差劲的地方，别的孩子可以做的事情，你一样能做到！"

后来汤姆要玩橄榄球。他发现自己比在一起玩的其他男孩踢得远多了。为了能实现这个愿望并发挥出这种能力，他找人为他订做了一双鞋子。

他参加了踢球测验，并且得到了一份卫锋队的合约。但教练却婉转地告诉他："你不具有做职业橄榄球员的条件，去试试其他的事业吧！"最后他申请进入新奥尔良圣徒队。教练看他对自己充满了信心，就抱着试试看的态度收了他。两星期后，教练完全改变了想法。因为他在一次友谊赛中因踢出55码远的好成绩而得分。这使他获得圣徒队职业球员的身份。在那一个赛季中汤姆为他的球队踢得了99分。

最伟大的一天到来了！那天球场上坐满了六万多球迷。球是在28码线上，比赛只剩下几分钟，球队把球已经推进到35码线上，但是可以说根本就没有时间了。"汤姆·邓普西，进场踢球！"教练大声说。当汤姆走进场的时候，他知道他的队距离得分线有55码远，这也等于说他要踢出63码远。在正式比赛中踢得最远的记录是55码，由巴尔第摩雄马队毕特·瑞奇查踢出来的。汤姆闭上眼睛对自己说道："我一定能行！"只见他全力踢在球身上，球笔直前进，但是踢得够远吗？六万多球迷屏气观看，然后看见终端得分线上的裁判举起了双手，表示得了3分。球在球门横杆之上几寸的地方越过，汤姆所在的球队以19比17获胜。球迷疯狂呼叫，为踢得最远的一球而兴奋。"真是难以相信！"有人大声叫道。这居然是由只有半只右脚和一只畸形手的球员踢出来的！但汤姆只微微一笑，他想起了父母，他们一直告诉他的是他能做什么，而不是他不能做什么。他之所以能创造出如此了不起的记录，正如他自己所说的：“我从来不知道我有什么不能做的，也没人这样告诉过我！”

爱迪生说：“如果我们能做出所有我们能做的事情，我们毫无疑问地会使自己大吃一惊。”你一生中有没有为自己的潜能大吃一惊过？事实上，人通常比自己认为的要好得多。对你的能力抱着肯定的想法，这样就能发挥出心智的力量，并且会产生有效的行动。

心理调节术：打败自卑5法宝

成功者之所以成功，不是因为他没有受到过这些消极因素的干扰，而他们成功的原因就在于他们能够用意志和适当的科学方法摆脱它们的干扰，跳出阴影地带。

战胜自卑的方法大致有以下五种：

1. 实事求是地评价自我

摆脱完美主义的束缚，不要妄想十全十美，以一种平和的态度对待自己，承认自己的长处和不足。任何人都无法做到没有一丝缺陷。或许你在这方面不如别人，但别人或许在另一方面不如你。所以，不要对自己要求过高，在过高的要求无法实现的时候，失败感自然就会产生，自卑心理也不可避免。

2. 转移注意力

在充分认识到自己的长处和短处后，就不要把注意力始终停留在自己的短处上。你停留的时间越长，黑色的阴影就越重。发挥你的长处，体现你的人生价值，更能让你肯定自我，从而克服自卑。

3. 心理治疗

自卑感太强则成为一种心理疾病，一般的自我心理调节可能作用不是很大，需要通过心理医生进行治疗。具体的步骤是先通过对往事的回忆，找出产生自卑的原因，其目的是让自卑者自己突然意识到自卑的原因并不是情况很糟，而是由于潜意识中出现的心理障碍产生症结。

4. 用行动找回自信

具体而言，主动找一些简单并且比较容易成功的事情做，逐渐增强自信心。

一个人产生自卑的另一个原因，是遭受挫折和失败，所以，通过逐步获得成功找回自信。自信多一点儿，自卑就相应地减少一点儿。

5. 补偿法

这是一种最常见最有效的方法，主要通过自己努力奋斗，在某一方面取得一定成就来补偿生理上的缺陷或心理上的自卑感。伟大的音乐家贝多芬就是很好的一个例子。在听觉完全丧失的情况下，他仍克服困难创作了著名的《第九交响曲》。

战胜自卑的过程，其实也就是磨炼心态、挑战自我的过程。人们常说："最大的敌人是自己"，而自卑却是自己为自己设置的障碍，只有跨越这道门槛，你才能集中精力和斗志从事别的事业。

第 2 章
恐惧心理调节：我不勇敢，谁替我坚强

内心住着个“胆小鬼”

恐惧是指人们在面临某种危险情境，企图摆脱而又无能为力时所产生的担惊受怕的一种强烈压抑心理体验。恐惧心理就是平常所说的“害怕”。

恐惧心理，是在真实或想象的危险中，个人或群体深刻感受到的一种强烈而压抑的情感状态。

19 世纪初，美国心理学家用条件反射理论来解释恐惧的发生机制，认为恐惧症状的扩展和持续是由于症状的反复出现使焦虑情绪条件化，而回避行为则阻碍了条件化的消退。患者在首次发病前可能会有某种精神刺激因素，资料表明，有近三分之二的患者都主动地追溯到与其发病有关的某一事件。

即当患者遭遇某一恐惧性刺激时，当时情景中另一些并非恐惧的刺激 (无关刺激) 也可能同时作用于患者大脑皮层，两者作为一种混合刺激形成条件反射，所以今后重遇这种情景，即便是只有无关刺激，也能引起强烈的恐惧情绪。然而部分患者并无曾受恐吓的经历，有些患者恐惧的对象经常变换，这些都是条件反射学说难以解释的。

引起恐惧的刺激因素是多方面的，如人们熟悉的环境发生了意想不到的变化，奇怪、陌生、可怕的事物突然出现，黑暗、巨响、凶猛动物、歹人、悬空、身体突然失去平衡及他人恐惧情感的感染等，都可能引起恐惧，其中心理因素是导致内心恐惧的主要因素。

人们之所以感到恐惧，关键在于自身的心理承受能力，主要是自身缺乏处理可怕情境的能力。当危险情境极度威胁人的生命，自身又无能为力时，会产生绝望情绪。有的刺激还可能导致人的心理变态，出现强迫性的恐怖症状，如恐怖症、惧高症、惧空旷症和惧不洁症等。

人对未知的事物总有一种恐惧感，对不能把握的东西同样恐惧，这是非常正常的，恐惧是动物的一种自我保护机制，动物对自己不了解、无法控制、无法战胜的环境和事物的恐惧有助于其趋利避害。

心理学家之所以对恐惧心理的治疗研究一直颇为热衷，是因为外部环境和躯体本身的致病因素常常首先使人产生恐惧的情绪反应，然后才产生其他心理、生理功能的异常变化。因此对人的身心健康危害最大的就是恐惧心理。

恐惧源于我们内心，我们只要勇于直面自己的内心，坦然面对外界一切，就不会再感到恐惧。

你究竟在恐惧什么

恐惧症通常急性起病，以面对某一物体或处境爆发一次焦虑作为先驱，患者虽知这种恐惧是过分和不必要的，但不能克制；不接触或脱离所恐惧对象时，则表现正常，因此，常伴有回避行为。恐惧对象可归纳为三类：

1. 广场恐惧症

在 1871 年创用本症名词时是指有一类病人，一参加公共广场集会或群众性狂欢时，就出现病理性恐惧反应。一旦离开广场后，病情随之消失。以后发现本症患者对商场、大百货公司、登高、仰视高大建筑物、乘坐电梯、公共车辆、过江轮渡、穿过隧道、繁忙的马路以及走过很长的走廊等都会产生恐惧反应。深入病理心理机制的研究才发现，任何环境如果存在拥挤、封闭、使其感到无法逃脱或回避，皆可导致恐惧发作。因为患者感到进入或留在这些地方，对自己不安全，有生命危险，有发生晕厥或失去控制而无法逃离的可能。因此，广场恐惧症名不符实，亦可称为“特殊境遇性恐惧症”。多数在 25 ~ 35 岁时起病，女性多于男性。这类病人初期只对 1 ~ 2 种环境产生恐惧和回避，如乘汽车恐惧时改乘火车旅行尚能适应。只要有人陪伴，甚至与爱犬同行，尚可出门办事。若不及时治疗，随着时间推延，病情逐渐加重，症状泛化，对上述任何场所、环境都产生包围感和威胁性恐惧心理，伴随严重的回避行为，最重时自我封闭在家，整天不能外出。

2. 社交恐惧症

是指对特殊的人群发生强烈恐惧紧张的内心体验和出现回避反应的一类恐慌症，故又称为“见人恐惧”。这类病人平时不接触人群，见到自己父母等熟悉亲近的人，无恐惧紧张现象。一旦遇到陌生人、异性、上级领导甚至马路上的行人都会恐惧紧张，出现拘束不安、焦虑不宁、手足无措、面红耳赤、心悸出汗、头昏呕吐、四肢颤抖等身心异常反应。同时本人想方设法加以回避，脱离现场，躲避人群，以求减轻心理不安。社交恐惧症如不及时治疗，症状会逐渐发展，恐惧病症日益加重，恐惧对象逐渐扩大，最后发展到不敢外出，拒绝出席一切群体社交活动，内心异常痛苦忧郁，甚至产生消极自杀言行。

3. 单纯性恐惧症

除了对环境和人物恐惧以外，其他都归入本症亚型。临床常见形式有：①动物恐惧。害怕狗、猫、老鼠、昆虫等小动物，不敢碰摸，甚至不敢看，有时连对动物的玩具、图片和影视形象也感紧张恐惧，竭力回避。②疾病恐惧。患者害怕患特殊疾病，例如心脏病、结核病、麻风病、中风或其他不治之症等。对癌症的心理恐惧，则称为“恐癌症”。③其他恐惧。名目繁多的病名，与具体恐惧对象有关，例如见到鲜血恐惧，甚至突然晕厥发作，称为“见血恐惧症”。

怕，有什么可怕的

当别人瞧不起自己时，不是以怯懦示人，而应勇敢地面对，挑战自己。

有一位奇怪的经理，他给自己的下属定了一条规矩：不准走入公司的一个房间，否则开除。

其他员工都照他说的做了，只有一人，他好奇地走了进去，发现房间里只有一张桌子，桌子上只有一封信，信上写着：给经理。

这名员工把信给了经理，经理笑着说："从现在起，你就是我的助理了。"员工很疑惑，经理解释说："我已经等了两年了，只有你有勇气走进去，把信拿过来。"

在这个故事里，勇气也给人带来了意外的机会。

其实人生又何尝不是如此呢？在面对各种挑战时，也许失败的原因不是因为势单力薄、不是因为智能低下、也不是没有把整个局势分析透彻，而是把困难看得太清楚、分析得太透彻、考虑得太详尽，才会被困难吓倒，举步维艰。倒是那些没把困难完全看清楚的人，更能够勇往直前。

的确，一个人缺乏勇气，就会陷入不安、胆怯、忧虑、嫉妒、愤怒的旋涡中。要消除这些不良心态，只有一种解药——勇敢的精神。勇气是世界上无所不能的武器，有了它，自信也随之而来。

有位年轻的姑娘，10 年前被车撞倒，江湖医生说她瘫痪了。她相信了江湖医生的话，于是感到头脑呆滞，双腿麻木，再也站不起来了。她整日坐在轮椅上，肌肉渐渐萎缩，变成了瘫痪人。

转机发生在第二次车祸。5 年后的某一天，当她连人带车被一辆三轮车撞出人行道时，她突然觉得疼痛难忍。家里人不相信她会疼痛，送她到一家大医院，医院外科专家确诊她根本没有瘫痪。经过一段时间的物理治疗，她很快就能站立起来行走了。当她站起来时，除了深感幸运外，还深感遗憾，别人说自己瘫痪了，自己就信以为真，当初为什么不去试试呢！

是的，她如果试一试，就不会被他人的话所控制。可见心理上这种无形障碍，会使人情绪萎靡，自信心丧失，肌体功能失调，久而久之，人会变得这也不敢干，那也不敢做，无形中就把自己归类到那些"注定"不会成功的人里边去了。

怕了一辈子鬼的人，一辈子也没见过鬼，恐惧的原因是自己吓唬自己。世上没有什么事能真正让人恐惧，恐惧只不过是人心中的一种无形障碍罢了。不少人碰到棘手的问题时，习惯设想出许多莫须有的困难，这自然就产生了恐惧感，遇事你只要大着胆子去干时，就会发现事情并没有自己想象的那么可怕。

无畏，才会无往而不胜

勇敢地面对一切，像战士一样勇敢地面对人生中的一切艰难险阻，是我们每一个人应该具有的本色。

而没有勇气的人如一只“惊弓之鸟”，事业上、生活中的任何一点点风吹草动和坎坷磨难，对他来说都是一场浩劫，一场无可避免的灾难，都是足以令他们惶惶不可终日的巨大恐惧。

美国第一大汽车制造商——亨利·福特在取得成功之后，便成了众人羡慕的人物。有的人觉得他是由于运气，或者是得益于有影响的朋友的帮助，或者说他本身就是一个管理天才，或者他具有常人所认为的形形色色的“秘诀”——所以福特成功了。

事实上只要了解一下福特的行事风格，就可完全知悉他成功的秘诀。

多年前，亨利·福特决定改进著名的T型车的发动机的汽缸。他要制造一个具有铸成一体的八个汽缸的引擎，便指示工程人员去设计。可是，当时所有技术人员无不认为，要制造这样的引擎是不可能的。虽然面对老板，他们还是一口回绝了这样的“无理要求”。

听完技术人员的介绍后，福特没有气馁，他用无可反驳的语气说：“无论如何要生产这种引擎。”

“但是，”他们回答道，“这是不可能的。”

“我是绝不相信任何不可能的。去工作吧，”福特命令道，“坚持做这件工作，无论要用多少时间，直到你们完成了这件工作为止。”

被他的气势感染，负责技术的员工只好去工作了。如果他们要继续做福特汽车公司的职员，他们就不能去做别的什么事。六个月过去了，工作没有任何进展。又过了六个月，他们仍然没有成功。这些技术人员愈是努力，这件工作就似乎愈是“不可能”。

在这一年的年底，福特咨询这些技术人员时，他们再一次向他报告他们无法实现他的命令。“继续工作，”福特义无反顾地说，“我需要它，我决心得到它。哪怕它是一只老虎，我也有勇气擒住它！”

最后的情形是怎样的呢？

在这种勇气面前，任何困难都成了它的手下败将。

当然，制造这种发动机不是完全不可能。后来这种发动机装到最好的汽车上了，使福特和他的公司把他们最有力的竞争者，远远地抛到了后面。

福特的勇气给了技术人员必然成功的心态。他的勇气也让参与研制开发的人员没有任何退路可走。“置之死地而后生”，他们只能孤注一掷，只能成功。

敢于应对挑战的人就是在这样的情形下，把一个个奇迹变成了现实，把一个个不可能变为了可能。

请记住：勇者无畏，才会无往而不胜。一个人做事就是要具有福特那样的气概，怀有非凡的勇气、决不罢休的气势，在人生战场上劈波斩浪。

只要你表现得勇气十足，你便会开始觉得勇敢起来；若这样持续得够久，佯装就变成了真实，在不知不觉中，你成为真正不畏惧的勇者。感觉勇敢起来，表现得好像很勇敢，以意志力来达到这个目标，勇气便可以取代恐惧。

提振精神，克服恐惧

多数人都有恐惧心理。其实胆怯无关乎个性，而往往是由于接触人的经验不够，进而出现排斥心理和排斥行为。但若能进行自我训练，累积与他人相处的经验，即使无法改变自己的个性，亦不至于以与他人接触为苦。为加强自我的信心，不妨先做心理建设，常常提醒自己多接触不寻常的人物，藉以改变自己的人生观，以及增加人生乐趣。

为此，你需要克服怯懦与恐惧，打起精神来行动。

1. 抹去没有意义的期限

我们的生活充满了这些东西——武断、不现实的期限。这些是我们强加给自己的，也可能是那些只是让我们感到有压力、紧张、呼吸急促的人强加给我们的。这样做往往是为了一些不值得的原因。

应该避免为每一件事机械地安排期限，特别是在你根本不知道自己什么时候才能完成的情况下。你应该以一种认真、职业、让人满意的方式制订目标。换句话说，只要能让事情更好地完成，就不要强迫自己。节省一点儿精力，节省一点儿能量，因为在我们的生活中没有什么真正的期限。

2. 先做最需要做的事

这听起来很自然。但是出于很多原因，我们经常耽误一些更重要、更紧迫的事，却把时间浪费在关注鸡毛蒜皮的小事上。这不但把更重要的事都挂了起来，而且剥夺了我们完成重要任务的时间和精力。每天清晨，花几分钟时间考虑一下哪些项目是目前最需要完成的，然后开始做，不必走弯路，也不必在中间掺和其他一些事情进来。完成之后再进行下一项最关键的事。按照这种顺序，压力自然会消失。

3. 尝试不熟悉的事物

对于你的每一天，你并不总是一定要遵循暗淡无光的同一个足迹。打破那灰黑的陈规，以新鲜方式经历新的一天。也许这是一些简单的事情：在外面吃一顿早餐，上班走一条不同的路，造访一个你每天路过却从来没进去的商店或吸引人的地方，改变穿衣方式，改变对待别人或与别人交往的方式。每一件事本身都不像撼动地球那样惊天动地，但它可以确认你有能力使一些事情发生，有能力改变自己的前景，从而向你所做的每一件事中注入兴奋和变化，打破生活中单调的陈规，消除一切烦恼。

4. 不要感觉自己必须做点什么

什么都不做也没什么错。实际上，每天留点儿时间坐一会儿，不会有大碍，什么不良后果也不会有。坐下来，放松身体和精神，或者闲逛一会儿，把大脑中乱七八糟的事都撂在一边。首先，当你认为不做任何事是停工时，你会变得异常焦虑——你本可以做一些事，却浪费了这些时间。但你想想，实际上，你正在做事情。你正在抓住一群脱缰野马的缰绳，将它们牵回马厩，你正在释放思维空间。一定要控制自己。应该知道，活着，不只是你正在做的事情，也是你目前所处的状态。让思想的弦不时松弛一下，享受一些轻松的空闲时间，什么事都不做。

5. 接受吧：生活有时就是很难过

无论你如何精心设计，或者想象事情会如何发展，或相信事情应该如此……有些事总会让你感到迷惑、难堪或不平衡。你也不能解释为什么会这样。也许是因为你的情绪、你的身体状况、航班、天气……或者是因为所有这些因素综合在一起。

无论发生什么情况，都应该接受这种混乱、难堪的状况，从心理上把这些作为生活的一部分来接受。要有信心，相信这一切很快就会回到正常轨道上。你应该知道，面包会有的。

人类的劣根性之一就是永远不知足，即使知道我们已经得到了足够多，也不知足。这将导致过度追求、筋疲力尽、妄自尊大、贪得无厌的胃口以及摇摇欲坠的人际关系。你应该知道你的临界点。在那个点上，你已经工作够了、休息够了、说够了、吃够了、喝够了、锻炼够了、埋怨够了，也跟别人竞争够了。知道你什么时候积累了足够的财富，还了足够多的债，得到了足够的赞许。认清这些界限，你内心里欠缺成就感的阴影就会消失。

6. 天不会塌下来

没有什么突然、激烈的事件。你是谁、你怎样，这都不是那么重要。真正的改变总是需要很长时间、细小的改变、耐心的等候、微妙的决定加起来构成的。这样才会形成意义更重大、更深远的转型。耐心一些！如果你真的想要改变，就要培养持久的能力，而不是轻率地急于求成。记住：水滴石穿。

征服生命中的所有恐惧

著名的成功大师达尔卡耐基刚开始在纽约展开他的训练课程时，第一步就是训练学员站在讲台对大家发表演讲。但是许多学员不是结结巴巴，就是手脚发抖，或者脑中一片空白，什么话都讲不出来。卡耐基告诉他们：“良好的沟通能力是成功的第一步，所有压力恐惧完全是由自己造成的。”然后一步步引导他们，一步一步训练他们，最后，多数人都敢站上讲台发表演说了。

这些勇于面对群众的学员，同时也克服了自己的恐惧，最后在事业发展上也都获得了成功。无畏心的重要可见一斑。

麦克英泰尔是一个平凡的上班族，三十七岁那年他做了一个大胆的决定：放弃薪水优厚的记者工作，只带了干净的衣服，由阳光明媚的加州，靠搭便车横越美国。

他的目的地是美国东海岸北卡罗莱纳州的恐怖角——这只是他精神快崩溃时做的一个仓促决定。某个午后他忽然哭了，因为他问了自己一个问题：如果有人通知我今天死期到了，我会后悔吗？答案竟是那么的肯定。虽然他有好工作，有漂亮的女友，但他发现自己这辈子从来没有下过什么赌注，平顺的人生从没有高峰或谷底。

他为自己懦弱的上半生而痛哭。一念之间，他选择了北卡罗莱纳的恐怖角作为最终目的，借以象征他征服生命中所有恐惧的决心。

最后，麦克英泰尔成为美国媒体中传颂的知名人物。

克服恐惧看起来非常困难，但改变却在一念之间。其实，生活中有很多恐惧和担心完全是我们想象出来的，想要驱除它必须在潜意识里彻底根除。

心理调节术：缓解恐惧4要点

恐惧的人总是会让一种强迫性的消极观念占上风，总担心与别人谈话、交往，别人会嘲笑或看不起自己，不管事实上是否真如此，总觉得很不自在、很尴尬、很恐慌。所以，要消除恐惧症，就要勇敢地面对引起恐惧的事物，学会控制、调节自己的害怕情绪。

1. 多与人交流

不论你多么恐惧，你都不要一个人扛着，你应该找好朋友、亲人，告诉他们你的恐惧。他们会从旁观者的角度来帮你分析为什么会产生这种恐惧，他们会支持你、鼓励你、帮助你、配合你采取一些有效的行动，从而克服恐惧。

2. 放松身心

生活中放松的方法很多，如打太极拳、练瑜伽、散步、郊游等等。你也可以试着做做下面这个训练，这种方法叫“渐进放松训练”，是心理治疗中常用的放松方法。首先全身放松，然后把注意力集中在脚趾上，先绷紧该部位的肌肉，坚持一会儿，再放松，体验该部位放松的感觉。接着是小腿、大腿、腹部、臀部、背部、胸部、肩部、上臂、前臂、双手、颈部、面部、头部，循序进行放松。这样把全身各部位都体验一遍，一般这个过程持续 15 ~ 30

分钟，整个身体就会进入一种平时不能达到的放松状态。

3. 充实生活

充实你的精神生活，因为在紧急情况下，精神层面上的东西可以给你带来无比的安慰。如果你还没有一种信仰或者精神寄托，你可以找有经验的长者谈一谈，或者自己买一本有教益的书来阅读。

4. 坦然面对

无论哪种方法，都需要你面对自己的恐惧。其实恐惧不是来自外界，是来自自己内心，那么你就要有意识地去面对和解决自身这些问题。记住要从第一步起逐渐开始。例如你对当众讲话很恐惧，就试着循序渐进地克服。你可以先在几个人面前讲话，再主持小规模会议，慢慢地主持一次股东会议等，就这样把整体的事情分成数个小部分，按轻重缓急一步一步去实行，慢慢就会减少恐惧。一般而言，恐惧心理本身也存在着一个衰减的过程，强烈的恐惧在 4 ~ 6 周后随着人的心理承受能力的提高会得到逐步缓解。

一般说来，你如果能坚持进行自我训练，慢慢会摒弃恐惧心理，最后从恐惧中彻底解脱。重塑自己的勇敢和无畏，让恐惧永远止息。

第3章
浮躁心理调节：世界喧嚣，我心淡定

浮躁心是怎样产生的

浮躁，是指轻浮、不安分、脾气大、见异思迁、做事无耐心、总想投机取巧、急于求成、成天无所事事等不良心理体验。目前，浮躁是我们国人的一种普遍不良心理表现。

浮躁心理的产生有社会和个人两大方面的原因：

1. 社会原因

目前我国正处在社会变革转型时期，每个人都面临一个重新定位的问题，感到很难把握自己的未来。于是患得患失、焦躁不安、迫不及待等就不可避免地成为一种社会心态。

2. 个人原因

个人攀比是产生浮躁的直接原因。我国的改革开放，“允许一部分人先富起来”，有的人较早获得成功，有的人却迟迟没有什么进步，于是攀比在所难免，往往造成浮躁心理。

通过攀比，对社会生存环境不适应，对自己的生存状态不满意。于是过火的欲望油然而生，个人奋斗又缺乏恒心与务实精神，缺乏对自己的智力与发展能力的准确定位。

浮躁使人随波逐流、盲目行动，与我们所倡导的艰苦创业、脚踏实地、励精图治、公平竞争的精神相对立，对社会、国家和个人的发展极为有害，必须加以克服。

浮躁的社会，浮躁的心

我们所处的这个时代是进步的时代，是喧嚣的时代，也是一个浮躁的时代。浮躁的内心在全球经济一体化的大潮中有些无所适从。很多人不能听从自己内心的呼唤，盲目地选择，或者被动地选择。当被裹挟着进入某一行业后，才知道日复一日的枯燥生活是多么难耐，于是开始抱怨自己不喜欢的工作。

浮躁是当前普遍的一种病态心理表现。其具有以下特征：

（1）心神不宁。面对急剧变化的社会，不知所为，心里无底，慌得很，对前途无信心。

（2）焦躁不安。在情绪上表现出一种急躁心态，急功近利。在与他人的攀比之中，更显出一种焦虑的心情。

（3）盲动、冒险。由于焦躁不安，情绪取代理智，使得行动具有盲动性。行动之前缺乏思考，只要能赚到钱，违法乱纪的事情都会去做。这种病态心理也是当前犯罪违纪事件增多的一个重要原因。

在当代中国，浮躁心理是很多人的通病之一，表现为行动盲目，缺乏思考和计划，做事心神不定，缺乏恒心和毅力，急于求成，不能脚踏实地。比如，有的年轻人看到歌星挣大钱，就想当歌星；看到企业家、经理神气，又想当企业家、经理，但又不愿为了实现自己的理想努力学习。还有的年轻人兴趣爱好转换太快，干什么事都没有常性，今天学绘画，明天学电脑，三天打鱼两天晒网，忽冷忽热，最终一事无成。

保持一颗平常心

如今，人们交谈的话题常常是谁又升迁了，谁在股市里赚了多少钱，谁家的房子有多大，诸如此类，不绝于耳。要在喧嚣浮躁的世俗中，保持出于淤泥而不染的平淡心境难能可贵。

平淡，即平静而淡泊。生活在物质世界中，形形色色的物质利益竞相角逐，精彩纷呈，面对这粉墨登场的物质利益的频频秋波，能做到坐怀不乱，平静而淡泊确非易事。然而，只有清醒、理智地直面物欲的挑战，藐视引诱，把握住自己，控制住自己，才能做一个纯粹的人，一个道德高尚的人；只有从容、镇定地迎接物欲进攻，坚强自己，锤炼自己，才能做一个有益于社会的人。

平淡并非不思进取，平淡并非清心寡欲。平淡是人的一种境界，一种人经过锤炼与荡涤之后的高境界。这种境界是建筑在人的精神意志经过千锤百炼之后，使高风亮节常驻的基础之上的；这种境界也是建筑在人的心灵世界经过一次次荡涤洗礼之后，使道德情操永在的基础之上的。它与无所事事、浑浑噩噩者泾渭分明、毫不相干。无所事事者，不思进取，空叹前途，精神空虚；浑浑噩噩者，度日如年，满腹牢骚，懒惰成性。平静淡泊者，面对同伴的升迁，心胸坦荡，拱手诚贺；平静淡泊者，面对他人的创业致富，喜颜悦色，同喜同乐。

追求平淡虽非易事，然而只要坚定信念、痛下决心、千锤百炼，则必能成功。追求平淡，道德修养必不可少，包括树立正确的人生观、价值观与处世观。追求平淡，克服浮躁心理、攀比心理，以一颗平常心对待物质世界的点点滴滴，则必能襟怀坦白，心志高远。在棋坛有“石佛”之称的韩国围棋第一高手李昌镐，就是这方面的典范。他总是以一颗平常心来对待每次对弈，置胜负于度外，平心静气地走好每一步棋，最终的胜者则常常是他。可见，平常心对提升人的意志品质与修养是何等重要。

浅尝辄止，终将一事无成

生活中之所以有许多人最终无法实现少年时代的梦想，原因就是他们同时涉足了太多的领域，由此难免会分散精力，这就阻碍了他们的进步，使得他们最终一事无成。他们没有采取一种更明智的做法，集中精力于某一个领域，咬定青山不放松，最终成为该领域所向无敌的行家高手；相反，他们选择了在很多领域成为三脚猫似的人物，四处出击，什么东西都有所涉猎，却又都是浮光掠影，浅尝辄止，最终只懂得一点皮毛。更明智的做法是将精力集中于某一个领域，最终成为该领域的行家里手。

也许我们的天资不高，能力有限，但是如果我们把精力全部集中在一个领域，就一定能做出惊人的成就。许多我们景仰的伟人，也不过是专心于一个领域的平常人。

柯律芝是一个才华横溢的年轻人，但是他意志薄弱，缺乏勤勉的习惯，厌恶长期的艰苦工作。他只是一味地沉溺于精神的幻想，这种幻想消耗了他的精力，于是，他的生命过早地耗尽了，就如一只脚踏在半空中般不切实际地生活着。他空有万般才华却一事无成，在生活的许多方面，他到最后面对的都是悲惨的失败。在他活着时，他整日埋头于自己臆想的荒谬绝伦的人生幻象之中；而当他面对死神时，他仍然沉湎于幻想之中难以自拔。他的一生都在不停地下决心、定计划，但直到他撒手西去的那一天，也仍然没有行动的决心，有的只是纸面上的计划而已。尽管他时时有新主意、新目标，但他从未持续地完成过一件事。他的生活是漂泊不定的，就像秋风中的落叶一样，随风飘零，任意东西。

“柯律芝死了，”英国散文家查尔斯·兰姆写信给一位朋友说，“据说他身后留下了四万多篇有关形而上学和神学的论文——但是其中没有一篇是写完的。”

一个人如果全身心地追求某一目标，方法得当，鲜有不成功的。伟人之所以成其为伟人，成功者之所以能超越芸芸众生，就在于他们能够坚定不移地认准某个目标，并为之全力以赴，矢志不移。一个人的成就与其精力的集中程度往往是成正比的，如果你不想再庸庸碌碌的生活下去，那就赶快确立你的人生目标，不要凡事都投入精力，浅尝辄止，让自己一事无成。

天才，无非是长久的忍耐

几乎每个人在人生的旅途上，都要受到命运之神的捉弄。也许你要比别人多付出几倍的努力才能换回成功的报酬，也许你要比别人多走许多弯路才能到达胜利的彼岸。但再多的磨难也压不垮有韧劲的东西，也摧不毁身上那股永不后退的力量。所以，只要你拥有了忍耐的品质，有了恒心的坚定，有了一步踩下去就准备踏实地向前走的决心，那你就能成为命运的主宰者，就能成为自己的主人，就能让所有的痛苦都熔化在忍耐的热情当中，就能让所有的眼泪都在忍耐中化作一股轻烟！

生活的沧桑使生命埋下难言的隐痛，忍耐可以使人相信，隐痛必将消失，暴风雨过后的天空会更加明丽。颠沛的人生使人感到迷离恍惚，忍耐可以让你把难熬的寂寞、忧愤、艰辛强压在心底，不让它偷偷钻出来、漫开去，能让你保持心灵的天平达到平衡。

不如意的事情过去了，好的时机必然来临。因此，凡是成大事的人，无不等待时机的来临。既不焦急，也不慌张，静静地处理眼前的工作。伟人等待时机的心情，恰似等待春天的樱树。然而，消极地等待，无异于企求侥幸。樱树虽然静静地等候春天，却无时不在养精蓄锐。没有储蓄潜力，时机纵使到了，也仍然一无所成。

愈需要等待，则内心愈是焦虑，这是人之常情。然而，自然的法则，却不能被人情所左右。这不是冷淡，时机对于静静等待它的人，无不以温暖的双手去迎接。因此，我们要能养成“善待时机”的心理。

学会忍耐，学会在忍耐中锲而不舍地追求，在忍耐中更深刻地感悟人生。在忍耐中发愤，在忍耐中拼搏。永远记住：阻挡在你和重大成就之间的敌人就是缺乏耐心。只要你能勇敢地反省和检讨自己不够耐心的原因，然后一一去克服那些弱点，那你就能抓住人生中最有价值的东西。如果你发现自己缺乏毅力，只要在你要求成功的欲望之下燃烧起熊熊烈火，就可以弥补这个缺点。不管你的年龄有多大，也不管你的年龄有多小，只要你有一定的意识，有了一定的思考能力，你就应该培养自己拥有持久的耐心。它是每一个人都需要的，它能帮助你实现更多的目标。

如果你想有一番作为，你就要做好忍耐的准备！“天才，无非是长久的忍耐！努力吧！”法国著名小说家莫泊桑正是实践了福楼拜的这句赠言，最终成为世界文坛的一颗引人注目的明星。相信你自己，在耐力的鼓励下，也能有一番不同凡响的成就。

不做空想家，请做行动者

空想家就是凡事总是想得很好，却不会付诸行动去实现的人。有些人习惯了空想，他们把明明不可为的事情说得天花乱坠，而可为的事，也只是做嘴上文章，从来不会去付诸实现。就像这个故事中的灰毛老鼠，就是一个典型的空想者。

一个老鼠洞里的老鼠越来越少，老大让一只行动灵巧的小老鼠去看看出了什么事情。

小老鼠慌慌张张地回来报告说："老大，老大，大事不好，有一只又大又凶的猫出现了，每天都要吃几只老鼠。"

老大于是带领三只最大的老鼠去打猫，一回合还没打完就打败了。老大又带了三只最狡猾的老鼠去骗猫，结果偷鸡不成蚀把米，被猫吃掉了。

老大看着兄弟们一个个死去，急得像热锅上的蚂蚁，左思右想，终于想出一个主意。他召集大家说："谁能想出一个对付老猫的好办法，我就把老大这个位置传给谁。"

重赏之下必有勇夫，这时有一只灰毛老鼠说："虽然我们打不过那只猫，但如果给猫带上铃铛，只要猫一动我们就知道了，然后就可以逃跑了。"

老鼠们都觉得这个主意好，老大也认为不错，就把位置传给了这只灰毛老鼠。

过了几天后，老大又听到有老鼠被猫吃掉的消息。老大心里纳闷，于是找到灰毛老鼠质问："这是怎么回事？不是说给猫戴上铃铛就没有事情了吗？"

灰毛老鼠支支吾吾地说："这……这……"

旁边的一只老鼠抢着说："因为它根本就没有去给猫戴铃铛，它怕被猫吃掉！"

老大听了，觉得受到了侮辱，一气之下把灰毛老鼠咬死了。

自己没有能力做到的事情就不要勉强，自己觉得能做的事情，也不要光说不练，虽然空想可以让别人一时对你刮目相看，时间久了，就会漏出自己本来的面目，这样就不会有人再相信你了。所以不要做一个空想家，要做一个实实在在的实干家。

古来有论，实干兴业，空谈误事。空想家们夸夸其谈，想象丰富，看事简单；实干家则是统观全局，用行动证明自己。空想误人害己，只有真材实料才能让自己有所作为。因此，不要夸夸其谈、空谈理想，要用实际行动去实现自己的理想。

不做空想家，请做行动者！

心理调节术：根治浮躁4处方

以下的四个妙方可以帮助你有效祛除浮躁心理。

处方一：自我暗示

自我暗示是控制情绪的一个简捷而实用的好方法。如你可这样暗示自己：无论面对怎样的处境，总会有一种最好的选择，我要用理智来控制自己，决不让情绪来主导我的行动，只要我善于控制自己的情绪，我就是一个战无不胜、快乐的人。

处方二：要有务实精神

做事要有开拓、创新、竞争的意识，更要有持之以恒、任劳任怨的务实精神。开拓当中要实事求是，不自以为是，踏踏实实，做好每一件事情。

处方三：遇事要善于思考

考虑问题应从现实出发，不能跟着感觉走，命运应掌握在自己手里。道路就在脚下，切实做一个实在的人。

处方四：要做到知己知彼

“有比较才有鉴别”。比较是人获得自我认识的主要方式。比较要得法，要“知己知彼”。知己知彼才能知道是否具有可比性，否则就无法去比，得出的结论也会是虚假的；知己知彼才不会出现心理失衡现象，不会产生心神不定、无所适从的感觉。

第 4 章
嫉妒心理调节：与其斗气不如争气

嫉妒永远不“休假”

当好运降临到别人的头上，你本该替他高兴……但是，你没有这样。有朋友在抽奖时得到了去海南七日游的往返机票，表面上你为他高兴，而内心正在怒火中烧，心想：这个家伙真够走狗屎运的，为什么不是我？或者，看到刚刚订婚的朋友手指上戴着她富有的未婚夫买给她的钻戒，你虽然不断地发出赞叹，而实际上，内心却又排山倒海……

或许你有这样的感觉，别人的成功，别人的幸福，别人的春风得意，让你突然感觉到很失落，即使你表面上比较平静，但内心同样是波涛汹涌，感觉有一种无形的东西被摧毁了。

这就是悄悄在你内心滋生的妒忌之情。在生活中，我们与别人总是有差别，有差别便自然会有比较，有比较就难免会有嫉妒之心。就像培根说过一句话，“嫉妒永远不休假”。

你可以羡慕，但不可以嫉妒。那么，羡慕和嫉妒的区别又是什么呢？羡慕是看到别人拥有的，希望自己也拥有，是一种积极向上的精神；而嫉妒则是对比自己好的人，心怀憎恨之情。古人说“心贼最为灾”。一个多么聪明的人，如果染上“嫉妒”的病毒，其所作所为就容易失去理智。

有一则流传很广的小故事。说有一个人遇见了上帝。上帝说：“现在我可以满足你任何的一个愿望。”这个人听了高兴不已。上帝接着说：“但有一个前提，就是你的邻居会得到双份的报酬。”

那个人的脸马上就沉了下来。他心想：如果我得到一份田产，我的邻居就会得到两份田产了；如果我要一箱金子，那邻居就会得到两箱金子了；如果我要一个漂亮的女人做妻子，那么，那个穷光蛋就会得到两个漂亮的妻子……

他想来想去，觉得不值得。为什么自己遇到了上帝，却便宜了邻居？

他实在不甘心让邻居占便宜。最后，他一咬牙，对上帝说："您挖我一只眼珠吧！"

当然，你可以想象到，这个人被挖掉了一只眼珠，他的邻居相应地被挖掉了两只眼珠。因为不想便宜邻居，他宁愿失去自己的眼睛。他不愿意跟邻居一起高兴，却愿意跟邻居一起痛苦。

细细想来，嫉妒能让我们得到什么？打击了那些比我们成功的人，我们就能获得成功吗？中伤了那些比我们幸福的人，我们就能获得幸福吗？

说到底，嫉妒源于自己那颗不自信的心。在这个世界上，有很多人生活得比你好，比你富有，但是，每个人都有自己的幸福，你也有他人没有的快乐。与其嫉妒别人，不如享受自己的幸福，做好自己的事情！

嫉妒是一种病态心理

从心理学角度分析，嫉妒是一种病态心理。当看到别人在某些方面高于自己时（有时候仅是一种似乎的感觉），便产生一种由羡慕转为恼怒、忌恨的情感状态。

嫉妒的范围是很广的，包括嫉人、嫉事、嫉物。手段也多种多样。有的挖空心思采用流言蜚语进行恶意中伤，有的付诸于手段卑劣的行动。报纸上曾经刊载过这么一则消息：有个女人嫉妒人家的一个男孩长得好，竟然将那男孩掐死扔进井里。当然，这是极端嫉妒者的典型。

嫉妒源于病态竞争，与个体的性格、文化背景、阅历、世界观关系密切。

（1）自我封闭、自卑、自我中心等性格缺陷者容易产生嫉妒。

（2）特定的文化背景影响，如儒家的中庸之道，不患寡而患不均。

（3）不能客观地认识自己，总是认为自己应该是万事超人前，其实这是不可能的，也是不必要的。

（4）角色定位错误，不能自得其所、自得其乐。

（5）胸无大志、无所事事，才会去挑别人的刺。

（6）自我实现受阻时，容易产生嫉妒心理。

嫉妒的产生是因为人的公平心理。在一个公平层次才会有嫉妒的产生。人是要求公平的。当公平心理畸形发展，就可能导致嫉妒。嫉妒是公平心理的消极反映。如果不在同一个公平层次，比如说在特定时间、特定条件，对另一个人、另一件事自愧不如，就不会产生嫉妒。

嫉妒心理的特征

嫉妒心理总是与不满、怨恨、烦恼、恐惧等消极情绪联系在一起，构成嫉妒心理的独特表现。

不同的嫉妒心理有不同的嫉妒内容，但主要是在四个方面表现得尤为突出，这就是名誉、地位、钱财、爱情。有的还表现为一种综合性的笼统内容，即只要是别人所有的，都在其嫉妒之内。

以下为具体特征：

1. 明显的对抗性

古希腊斯葛多派的哲学家认为：“嫉妒是对别人幸运的一种烦恼。”

嫉妒心理的对抗特征具有明显的攻击性，其攻击目的在于颠倒被攻击者的形象。甚至本来关系密切，由于嫉妒使道德天平倾斜。往往不看别人的优点、长处，而总是挑剔别人的毛病，甚至不惜颠倒黑白、弄虚作假。

2. 明确的指向性

嫉妒心理的指向性往往产生于同一时代、同一部门的同一水平的人中间，主要是因为嫉妒心理是一种以极端自私为核心的绝对平均主义者。因为曾经“平起平坐”过，或是曾经“不如自己”过，如今成了“能干”者，使嫉妒者产生抵触和对抗。

3. 不断发展的发泄性

一般说来，除了轻微的嫉妒仅表现为内心的怨恨而不付诸行为外，绝大多数的嫉妒心理都伴随着发泄性行为。主要有三种方式：一种是言语上的冷嘲热讽；一种是行为上的冷淡，疏远被嫉妒者；一种是具体行为，或是攻击性强的行为。

4. 不易察觉的伪装性

由于社会道德的威力，嫉妒心理被大多数人所不齿，使嫉妒心理一般都不愿直接地表露出来，千方百计地伪装，企图使人不易察觉。如本来是嫉妒某人的某一方面，却不敢直言，故意拐弯抹角地从另一方面进行指责或攻击。

嫉妒是心灵的深坑

培根说："嫉妒能使人得到短暂的快感，也能使不幸更辛酸。"嫉妒是一种复杂的情绪，它认为别人往前走就是自身的后退，于是敬畏、屈辱、自卑、恼怒之情便纷至沓来，撕咬着人的心。这当然是难以忍受的。怎么办呢？最好的办法是寻出对方的短处来。实在寻不出来时，就想办法造个谣，拼着命把别人拉下来，因而心胸狭窄之人必然是自己长进了，就不允许别人长进；自己不长进，尤其不允许别人长进。

有嫉妒心的人，自己不能成就伟大事业，便尽量低估他人的伟大，使之与他本人相齐，或者用怀疑别人动机、诬蔑别人伪善的办法，来剥夺别人可敬佩的成就。于是，因嫉妒而产生的种种心态便表现出来：或消极沉沦，萎靡不振；或咬牙切齿，恼羞成怒；或铤而走险，害人毁己。嫉妒比坟墓更残酷。

巴鲁克说："不要嫉妒。最好的办法是假定别人能做的事情，自己也能做，甚至做得更好。"记住，一旦你有了妒忌，也就是承认自己不如别人。你要超越别人，首先你得超越自身。波普曾经说过："对心胸卑鄙的人来说，他是嫉妒的奴隶；对有学问、有气质的人来说，嫉妒却化为竞争心。"坚信别人的优秀并不妨碍自己的前进，相反，却给自己提供了一个竞争对手，一个榜样，能给你前所未有的动力。事实上，每一个真正埋头沉入自己事业的人，是没有工夫去嫉妒别人的。

小心，别让嫉妒毁了你

根据嫉妒发生的速度与强度，可分为两种：一种同激情相联系的嫉妒，称之为“激性嫉妒”。这种嫉妒带有强烈的激情性质，来势凶猛，发展迅速，难于控制。另一种与心境相联系，被称为“心境嫉妒”。该嫉妒缓慢而持续，对人体的影响不如前一种明显，但可改变人的性格。主要表现为郁郁寡欢，忧心忡忡，产生孤独情绪，乃至积忿成疾。

现代精神免疫学研究揭示，脑和人体免疫系统有着密切的联系。嫉妒导致的大脑皮层功能紊乱，可引起人体内免疫系统的胸腺、脾、淋巴腺和骨髓的功能下降，造成人体免疫细胞与免疫球蛋白的生成减少，因而使机体抵抗力大大降低。

对嫉妒的危害，我国的传统医学早就有过论述。《黄帝内经》明确指出：“嫉火中烧，可令人神不守舍，精力耗损，神气涣失，肾气闭寒，郁滞凝结，外邪入侵，精血不足，肾衰阳失，疾病滋生。”

嫉妒心理是一种破坏性因素，对生活、人生、工作、事业都会产生消极的影响。正如培根所说：“嫉妒这恶魔总是在暗暗地、悄悄地毁掉人间的好东西。”

（1）直接影响人的情绪和积极奋进精神。

（2）容易使人产生偏见。嫉妒，在某种程度上说，是与偏见相伴而生、相伴而长的。嫉妒程度有多大，偏见也就有多大。偏见不仅仅出自于一种无知，还出自于某种程度的人格缺陷。

（3）压制和摧残人才。在现实社会生活中，在对人才的评价和使用的过程中，时常受到嫉妒心理的干扰，使得有些人才得不到及时地、合理地使用。有位历史学家曾断言，中国社会自唐代以后开始走下坡路，一个重要的原因就是嫉贤妒能的现象日趋严重。

（4）影响人际关系。荀况曾经说过：“士有妒友，则贤交不亲；君有妒臣，则贤人不至。”嫉妒是人际交往中的心理障碍，它会限制人的交往范围，压抑人的交往热情，甚至能反友为敌。

嫉妒破坏友谊、损害团结，给他人带来损失和痛苦，既贻害自己的心灵又殃及自己的身体健康。因此，必须坚决地、彻底地与嫉妒心理告别。

提升修养，杜绝嫉妒

结合每一个人的实际情况，有意识地提高自己的思想修养水平，是消除和化解嫉妒心理的直接对策。

伯特兰·罗素是二十世纪声誉卓著、影响深远的思想家之一，1950年诺贝尔文学奖获得者。他在其《快乐哲学》一书中谈到嫉妒时说："嫉妒尽管是一种罪恶，它的作用尽管可怕，但并非完全是一个恶魔。它的一部分是一种英雄式的痛苦的表现；人们在黑夜里盲目地摸索，也许走向一个更好的归宿，也许只是走向死亡与毁灭。要摆脱这种绝望，寻找康庄大道，文明人必须像他已经扩展了他的大脑一样，扩展他的心胸。他必须学会超越自我，在超越自我的过程中，学得像宇宙万物那样逍遥自在。"

1. 胸怀大度，宽厚待人

十九世纪初，肖邦从波兰流亡到巴黎。当时匈牙利钢琴家李斯特已蜚声乐坛，而肖邦还是一个默默无闻的小人物。然而李斯特对肖邦的才华却深为赞赏。怎样才能使肖邦在观众面前赢得声誉呢？李斯特想了个妙法：那时候在钢琴演奏时，往往要把剧场的灯熄灭，一片黑暗，以便使观众能够聚精会神地听演奏。李斯特坐在钢琴面前，灯一灭，他就悄悄地让肖邦过来代替自己演奏。观众被美妙的钢琴演奏征服了。演奏完毕，灯亮了。人们既为出现了一位钢琴演奏的新星而高兴，又对李斯特推荐新秀深表钦佩。

2. 自知之明，客观评价自己

当嫉妒心理萌发时，或是有一定表现时，能够积极主动地调整自己的意识和行动，从而控制自己的动机和感情，这就需要冷静地分析自己的想法和行为，同时客观地评价一下自己，从而找出一定的差距和问题。当认清了自己后，再重新认识别人，自然也就能够有所觉悟了。

3. 快乐之药可以治疗嫉妒

快乐之药可以治疗嫉妒，是说要善于从生活中寻找快乐，就正像嫉妒者随时随处为自己寻找痛苦一样。

4. 少一分虚荣就少一分嫉妒心

虚荣心是一种扭曲了的自尊心。自尊心追求的是真实的荣誉，而虚荣心追求的是虚假的荣誉。对于嫉妒心理来说，它是要面子，不愿意别人超过自己，以贬低别人来抬高自己，正是一种虚荣，一种空虚心理的需要。单纯的虚荣心与嫉妒心理相比，还是比较好克服的。而二者又紧密相连，相依为命。所以克服一分虚荣心就少一分嫉妒。

5. 自我转换法可以消除嫉妒心理

嫉妒可以使一个人萎靡不振，但是如果合理地自我转换，不把时间浪费在抱怨外在环境，就能变为发奋图强。作家爱德蒙德·威尔逊在看到同行写的《了不起的盖茨比》时，非常嫉妒其对戏剧场面的营造。但他马上将嫉妒转换成发奋，写出了许多充满激情、技巧高超的作品。

6. 自我抑制是治疗嫉妒心理的苦药，自我宣泄是治疗嫉妒心理的特效药

嫉妒心理也是一种痛苦的心理，当还没有发展到严重程度时，用各种感情的宣泄来舒缓一下是相当必要的，可以说是一种顺坡下驴的好方式。

在这种发泄还仅仅是处于出气解恨阶段时，最好能找一个较知心的亲友，痛痛快快地说个够，暂求心理的平衡，然后由亲友适时地进行一番开导。虽不能从根本上克服嫉妒心理，但却能中断这种发泄性朝着更深的程度发展。如有一定的爱好，则可借助各种业余爱好来宣泄和疏导，如唱歌、跳舞、书画、下棋、旅游等等。

心理调节术：化解嫉妒6要诀

如何化解嫉妒心理呢？

1. 充分认识嫉妒心理的危害性

嫉妒是社会生活的腐蚀剂，腐蚀人的品质，损害人的事业、形象和身心健康。要克服偏激，增强自信，待人力求不受个人心境、情绪的干扰。

2. 调整自我价值的确认方式

简单地与别人比较往往会导致片面的看法。研究表明，自我价值确认越是倾向于社会标准（通过周围人、社会流行观念等），就越容易引发嫉妒；越是以自己的思考、内在的准则为参照，就越会减少嫉妒。能够体现出个人价

值的方面很多，而每个人的优势和劣势又不尽相同。所以，用统一的标准衡量人的价值是不准确的。人生更重要的事是不断超越自己，而不是超过别人。

3. “想开些”

人生总有不如意之事，所谓“人人都有本难念的经”。如果处在愤怒、兴奋或消极的状态下，能较平静、客观地面对现实，就可以达到克服嫉妒的目标。

4. 自我驱除

嫉妒是一种突出自我的表现。无论什么事，首先考虑到的是自身的得失，因而引起一系列的不良后果。若出现嫉妒苗头时，即行自我约束，摆正自身位置，努力驱除嫉妒心态，可能就会变得“心底无私天地宽”了。

5. 学会如何消解别人的嫉妒心

在与人交往时，尤其在不如意者和不如自己的人面前，应采取谦虚谨慎的态度，不要经常去谈自己得意的事情，也不要过分夸大自己的成绩；应有意识地暴露自己的一些不足和苦恼，避免激起他人心理失衡，以赢得更多的朋友。

第5章
猜疑心理调节：从小心眼里钻出来

无中生有的捕风捉影

猜疑心理是一种由主观推测而对他人产生不信任感的复杂心理体验。猜疑心重的人往往整天疑心重重、无中生有，每每看到别人议论什么，就认为人家是在讲自己的坏话。猜忌成癖的人，往往捕风捉影，节外生枝，说三道四，挑起事端，其结果只能是自寻烦恼，害人害己。猜疑既损害正常的人际交往，又影响个人的身心健康。

猜疑心理的产生原因主要有四方面：

1. 错误的思维定势

喜欢猜疑的人，总是以某一假想目标为起点，以自己的一套思维方式，依据自己的认识和理解程度进行循环思考。这种思考从假想目标开始，又回到假想目标上来，如蚕吐丝作茧，把自己包在里面，死死束缚住。

2. 相互间缺乏信任

一个人对别人越缺乏信任，产生猜疑心理的可能性也就越大。

3. 不良的心理品质

猜疑心理重的人通常也是狭隘自私、自尊心过强、嫉妒心强烈的人。

4. 受流言蜚语的影响

听信谣言，也会产生猜疑心理。

敏感生疑心，疑心生暗鬼

猜疑的人通常过于敏感。对事物敏感的人往往有灵气，有创造力，但如果过于敏感，特别是与人交往时过于敏感，就需要想办法加以控制了。

疑心重重，戴着有色眼镜看人，甚至毫无根据地猜疑他人的人，在猜疑心的作用下，被猜疑的人的一言一行往往都被罩上可疑的色彩，即所谓“疑心生暗鬼”。

有一则很有趣的故事，名叫《疑邻盗斧》。

从前，有个乡下人，丢了一把斧子。他怀疑是邻居家的儿子偷去了，便观察邻居的儿子，觉得那人走路的样子，像是偷斧子的；看那人的脸色表情，也像是偷斧子的；听他的言谈话语，更像是偷斧子的，邻居儿子的一言一行，一举一动，无一不像偷斧子的。

后来，他在上山的时候发现了他的斧子，第二天又见到邻居家的儿子，就觉得他言行举止没有一处像是偷斧子的人了。

丢斧子的人为什么会对同一个人做出前后两种截然不同的判断？这就是猜疑的结果。

有些人疑心病较重，乃至形成惯性思维，导致心理变态。一个人如果心胸过于狭窄，对同事、朋友乃至家人无端猜疑，不但会影响工作、影响人际关系、影响家庭和睦，还会影响自己的心理健康。

猜疑是建立在猜测基础之上的，这种猜测往往缺乏事实根据，只是根据自己的主观臆断毫无逻辑地去推测、怀疑别人的言行。猜疑的人往往对别人的一言一行很敏感，喜欢分析深藏的动机和目的，看到别的人悄悄议论就疑心在说自己的坏话，见别人学习过于用功就疑心他有不良企图。好猜疑的人最终会陷入作茧自缚、自寻烦恼的困境中，结果还导致自己的人际关系紧张，失去他人的信任，挫伤他人和自己的感情，对心理健康是极大的危害。

为此，英国思想家培根曾说过：“猜疑之心如蝙蝠，它总是在黄昏中起飞。这种心情是不能自拔的，又是乱人心智的。它能使你陷入迷惘，混淆敌友，从而破坏人的事业。”

猜疑是人际关系的蛀虫

这是《圣经》上的故事。

有一次摩拉在一条小道上走着，那是一条偏僻的小道。太阳下山了，黑夜降临了。他忽然感到害怕，因为来了一群人。他想：“这些人一定是暴徒、盗贼，周围没人，就我自己。怎么办？”于是他翻过附近的一道墙，发现自己来到了一个墓地。那儿有一个新掘的坟，他就爬了进去，让自己稍稍冷静下来。

他闭上眼睛，等着那批人过去，然后可以回家。但那批人也看见有人越过墙头，他们不禁疑惑：“这是怎么回事？有人躲在那里干什么见不得人的事吗？”于是他们全都越过了墙头。

现在摩拉肯定了：“我是对的，我的推测是对的，他们是危险人物，现在毫无办法，只好装死。”于是他就装死。但那群人围在坟墓四周，看着里面。他们说：“你在干什么？你为什么呆在这里？”

摩拉睁开双眼，看看他们，然后他肯定不会有什么危险。他笑了，说：“看，这是个问题，一个非常具有哲学意义的问题。你们问我为什么在这里，我还想问你们为什么在这里呢，我在这里是因为你们，你们在这里又是因为我。”

你害怕别人，别人害怕你，彼此相互猜疑，你的整个生活将乱成一团。改正这种胡乱猜疑毛病。生活中，如果你无牵无挂，别人也会分享你的快乐。

不管怎样，猜疑理都是人际关系的蛀虫，它会破坏朋友间的友谊，疏远同学或同事间的关系，无端地挑起同学、同事和朋友间的矛盾纠纷，也很影响自己的情绪。

生活在猜疑中的人，总是郁郁寡欢，缺少内心的宁静。《红楼梦》中的林黛玉，就是个疑心病很重的人。她本来身体就弱，加之常常在猜疑中度日，使自己情绪沮丧，常暗自垂泪，结果是身心俱毁，早年夭折。

斩断猜疑的祸苗

罗贯中的《三国演义》中有这样一段描写：曹操刺杀董卓败露后，与陈宫一起逃至吕伯奢家。曹吕两家是世交。吕伯奢一见曹操到来，本想杀一头猪款待他，可是曹操因听到磨刀之声，又听说要“缚而杀之”，便大起疑心，以为要杀自己，于是不问青红皂白，拔剑误杀无辜。

这是一出由猜疑心态导致的悲剧。猜疑是人性的弱点之一，历来是害人害己的祸根，是卑鄙灵魂的伙伴。一个人一旦掉进猜疑的陷阱，必定处处神经过敏，事事捕风捉影，对他人失去信任，对自己也同样心生疑窦，损害正常的人际关系，影响个人的身心健康。

那么，在人际交往中应如何消除猜疑心理呢？

（1）优化个人的心理素质。拓宽胸怀来增大对别人的信任度，排除不良心理。

（2）摆脱错误思维方法的束缚。猜疑一般总是从某一假想目标开始，最后又回到假想目标。只有摆脱错误思维的束缚，走出先入为主的死胡同，才能促使猜疑之心在得不到自我证实和不能自圆其说的情况下自行消失。

（3）敞开心扉，增加心灵的透明度。猜疑往往是心灵闭锁者人为设置的心理屏障。只有敞开心扉，将心灵深处的猜测和疑虑公之于众，增加心灵的透明度，才能求得彼此之间的了解沟通，增加相互信任，消除隔阂，获得最大限度的谅解。

（4）无视“长舌人”传播的流言。猜疑之火往往在“长舌人”的煽动下，才越烧越旺，致使人失去理智、酿成恶果。因此，当听到流言时，千万要冷静，谨防受骗上当。

（5）理智分析。当我们开始猜疑某个人时，最好能先综合分析一下他平时的为人、经历以及与自己多年共事交往的表现，这样有助于将错误的猜疑消灭在萌芽状态。

多一些信任，少一些猜疑

好猜忌之人，不愿意相信别人，他们体会不到信任的力量，只能承受猜疑的痛苦。信任是一种爱，信任是一种鞭策，信任是一种鼓励，信任是一种力量。当你把信任给了别人，他会感到身上的担子的沉重，他会感到一种温暖，他会形成自我约束。

一个小镇商人有一对双胞胎儿子。这对兄弟长大后，都留在父亲经营的店里帮忙，直到父亲过世，兄弟俩接手共同经营这家商店。

生活一切都很平顺，直到有天一美元丢失后，兄弟俩之间的关系开始发生变化。

哥哥将一美元放进收银机，并与顾客外出办事，当他回到店里时，突然发现收银机里面的钱不见了。他问弟弟："你有没有看到收银机里面的钱？"

弟弟回答："我没有看到。"但是哥哥对此事一直耿耿于怀，咄咄逼人地追问，不愿罢休。

哥哥说："钱不会长了腿跑掉的，我认为你一定看见了这一块钱。"语气中隐约地带有强烈的质疑意味，怨恨油然而生。不久，兄弟俩手足之情出现了严重的隔阂。

开始双方打冷战，后来他们决定不再一起生活。于是他们在商店中间砌起了一道砖墙，从此分开生活。

二十年过去了，敌意与痛苦与日俱增，这样的气氛也感染了双方的家庭。

之后的一天，有位开着外地车牌汽车的男子，在哥哥的店门口停下。

他走进店里问道："您在这个店里工作多久了？"哥哥回答说他这辈子都在这店里服务。

这位客人说："我必须要告诉您一件往事：二十年前我还是个不务正业的流浪汉，一天流浪到您这个镇上，我已经好几天没有进食了。我偷偷地从您这家店的后门溜进来，并且将收银机里面的一美元取走。虽然时过境迁，但我对这件事情一直无法忘怀。一块钱虽然是个小数目，但是我深受良心的谴责，我必须回到这里来请求您的原谅。"

说完原委后，这位访客很惊讶地发现店主已经热泪盈眶并语带哽咽地请求他："你是否也能到隔壁商店将故事再说一次呢？"当这陌生男子到隔壁说完故事以后，他惊愕地看到两位面貌相像的中年男子，在商店门口痛哭失声、相拥而泣。

二十年的时间，怨恨终于被化解，兄弟之间的对立也因而消失。可是谁又知道，二十年猜疑的萌生，竟是源于区区一美元的消失。

信任比猜疑更有效，这是不争的事实。在美国的一所公立小学里，学生比较顽皮，经常要把图书馆的门踢破，校方即使换上了铁门也无济于事，为此校方很头疼。后来，学校来了个新校长，他知道了这件事以后，下令将破铁门改成了崭新的玻璃门，别人都认为这个校长脑子糊涂了，奇怪的是，玻璃门再也没有被踢破，甚至学生们进出图书馆时，都小心翼翼的，仔细地呵护着这道门。

有人去问该位校长，校长笑笑说："装铁门，就意味着看你还能不能踢破，充满了挑战的味道，而装玻璃门就意味着我相信你们会爱护这道门的，将你的信任放在了孩子的面前。如果你是那些孩子，你还会不会踢？"这就是信任的力量。

心理调节术：消除猜疑5策略

怎样克服猜疑心理？

1. 培养理性，防止感情用事

猜疑者在消极的自我暗示心理下，会觉得自己的猜疑顺理成章、天衣无缝。"疑人偷斧"的故事就是很典型的例子。遇事保持冷静，多观察、分析和思考，克服"当局者迷"的认知误区，是消除猜疑的重要途径。

2. 培养自信心

每个人都应当看到自己的长处，相信自己会与周围的人处理好人际关系，会给别人留下良好的印象。当你充满信心地进行工作和生活时，就不用担心自己的行为，也不会随便怀疑别人是否会挑剔、为难自己。

3. 加强交流，拉近心理距离

了解是信任的基础，信任是感情的纽带和猜疑的坟墓。和他人之间应该加强交流、相互了解、相互信任，在情感上产生共鸣，才会有效地消除猜疑。

4. 完善个性品质

加强个性品质的改造，培养高尚的道德情操，净化心灵，拓宽胸怀，提高精神境界，冲破封闭思维的桎梏，排除不良个性品质的消极影响，可以有效消除猜疑。

5. 学会自我安慰

一个人在生活中，遭到别人的非议和流言，与他人产生误会，没有什么值得大惊小怪的。在一些生活细节上不必斤斤计较，可以“糊涂”些，这样就可以避免自己烦恼。如果觉得别人怀疑自己，应当安慰自己不必为别人的闲言碎语所纠缠，不要在意别人的议论。

第6章
虚荣心理调节：对伪人生说“不”

虚荣，还是自尊

什么是“虚荣心”？《辞海》解释为：表面上的荣耀、虚假的荣誉。从心理学角度来说，虚荣是一种追求虚表的性格缺陷，是一种被扭曲了的自尊心。在社会生活中，人人都有自尊心，都希望得到社会的承认。但虚荣心强者不是通过实实在在的努力，而是利用撒谎、投机等不正当手段去渔猎名誉。

虚荣心的产生跟自尊心有极大的关系。

按照发展心理学的理论，随着生理发育，虚荣心才介入人的情感世界。一般来说少年儿童的自尊心不明显。但是随着社会的影响，青少年虚荣心的表现也越来越明显，随着人生理与心理的成熟，人的社会认知能力与自我意识也逐步提高，开始了个体的社会化。

自尊心强的人，对自己的声誉、威望等等比较关心；自尊心弱的人，一般对这些都不在意，但也不能因此就认为，虚荣心强的人自尊心就强。因为自尊心同虚荣心既有联系，更有区别。

虚荣心实际上是一种扭曲了的自尊心。就拿表扬后的情感体验来说，一个人做了好事，受到表扬，心里高兴，这是有荣誉感的表现；珍视自己的荣誉，顾全自己的面子，这也是一切有自尊心的人都会有的正常要求。但是，若对表扬沾沾自喜，甚至为了表扬才去做好事，为了面子不惜弄虚作假，那就不是正确的自尊心了。人是需要荣誉的，也该以拥有荣誉而自豪。可是真正的荣誉，应该是真实的，而不是虚假的，应该是经过自己努力获得的，而不是投机取巧取得的。面对荣誉，应该谦逊谨慎，不断进取，而不是沾沾自喜，忘乎所以，可见，当人对自尊心缺乏正确的认识时，才会让虚荣心缠身。

世人为何爱“打肿脸充胖子”

虚荣心是一种常见的心态，因为虚荣与自尊有关。人人都有自尊心，当自尊心受到损害或威胁时，或过分自尊时，就可能产生虚荣心，如珠光宝气招摇过市、哗众取宠等等。

虚荣心是为了达到吸引周围人注意的效果。为了表现自己，常采用炫耀、夸张甚至戏剧性的手法来引人注目，例如用不男不女的发型来引人注目。虚荣心与赶时髦有关系。时髦是一种社会风尚，是短时间内到处可见的社会生活方式，制造者多为社会名流。虚荣心强的人为了追赶偶像、显示自己，也模仿名流的生活方式。

虚荣心不同于功名心。功名心是一种竞争意识与行为，是通过扎实的工作与劳动取得功名的心向，是现代社会提倡的健康的意识与行为。而虚荣心则是通过炫耀、显示、卖弄等不正当的手段来获取荣誉与地位。虚荣心很强的人往往是华而不实的浮躁之人。这种人在物质上讲排场、搞攀比；在社交上好出风头；在人格上很自负、嫉妒心重；在学习上不刻苦。

虚荣就是“打肿脸充胖子”。林语堂先生在《吾国吾民》中认为，统治中国的三女神是“面子、命运和恩典”。“讲面子”是当代人普遍存在的一种心理，面子观念的驱动，反映了人们尊重与自尊的情感和需要，丢面子就意味着否定自己的才能，这是万万不能接受的，于是有些人为了不丢面子，通过“打肿脸充胖子”的方式来显示自我。

虚荣的心理与戏剧化人格倾向有关。爱虚荣的人多半为外向型、冲动型、反复善变、做作，具有浓厚、强烈的情感反应，装腔作势，缺乏真实的情感，待人处事突出自我、浮躁不安。虚荣心的背后掩盖着的是自卑与心虚等深层心理缺陷。具有虚荣心理的人，多存在自卑与心虚等深层心理的缺陷，作为一种补偿，往往竭力追慕浮华以掩饰心理上的缺陷。

虚荣偏爱哪些人

虚荣心理的产生及其强弱与个体心理品质、思想修养有着直接的关系。除此之外，还受个体所处的生活环境及社会文化传统的影响。

1. 自尊心过强的人易产生虚荣心理

每个人都有维护自尊的需要，每个人都喜欢听恭维、赞扬的话，这在一定程度上是人的本性的显现。如果一个人的自尊心过于强烈，渴望获得别人对自己的重视、尊重和赞扬，而自身又缺乏过人之处，不具备足以令人称道的实力，则不得不寻求其他手段，如借用外在的、表面的，甚至是他人的荣光来弥补或替代自己实力的不足，以此满足自尊的需要。在此过程中，虚荣心理的产生在所难免。

2. 私心过重的人容易产生虚荣心理

私心过重的人会时刻考虑个人的利益得失，总希望自己时时处处胜过别人、超过别人。为了达到这一目的，常常煞费苦心地营造或借用本来不属于自己的、虚假的荣誉来掩饰个人的缺陷和不足，以抬高自己，显示自己的“过人之处”。

3. 缺乏自信的人容易产生虚荣心理

虚荣心理的产生往往是那些缺乏自信、自卑感强烈的人进行自我心理调适的一种结果。某些缺乏自信、自卑感较强的人，为了缓解或摆脱内心存在的自惭形秽的焦虑和压力，试图采用各种自我心理调适方式，其中包括借用外在的、表面的荣耀来弥补内在的不足，以缩小自己与别人的差距，进而赢得别人对自己的重视和尊敬，虚荣心便由此而生。

虚荣心之 14 大“罪状”

虚荣心是不实事求是，不考虑具体条件，追求虚假的声誉，也就是我们平时所说的“打肿脸充胖子”。我们在平时的学习和生活中，有没有这种类似的表现呢？

有人把虚荣心的表现分为 14 个方面。

（1）喜欢谈论有名气的亲戚朋友或以与名人交往为荣。

（2）热衷于时髦服装，对西方的流行货倾倒。

（3）喜欢购物喜摆阔。

（4）不懂装懂，海阔天空。

（5）热衷于追求一鸣惊人的成果。

（6）对名著、大片只求一知半解，夸夸其谈。

（7）好表现自己，尤其想在大庭广众面前露一手。

（8）好掩盖自己。

（9）对表扬沾沾自喜。

（10）对批评耿耿于怀。

（11）表面热情，内心冷淡，讨好别人。

（12）找对象过分追求长相门第。

（13）婚礼讲排场、摆阔气。

（14）讲面子，面子第一。

虚荣心理，其危害是显而易见的。其一是妨碍道德品质的优化，不自觉地会有自私、虚伪、欺骗等不良行为表现。其二是盲目自满、固步自封，缺乏自知之明，阻碍进步成长。其三是导致情感的畸变。由于虚荣给人的沉重的心理负担，需求多且高，自身条件和现实生活都不可能使虚荣心得到满足，因此，怨天尤人，愤懑压抑等负性情感逐渐滋生、积累，最终导致情感的畸变和人格的变态。严重的虚荣心不仅会影响学习、进步和人际关系，而且对人的心理、生理的正常发育，都会造成极大的危害。

别为虚荣“忙”没了自己

人很容易掉到自己给自己设置的陷阱里面去，通常这个陷阱都是由虚荣建造而成的。只要随便给我们一点虚荣，我们就可以像只无头苍蝇一样飞来飞去，明明自己的举动没有任何实质的意义，解决不了任何实际的问题，也许只是想显示给别人：我是个重要人物。

古语云："上士忘名，中士立名，下士窃名。"虚荣，也是一种"窃"。虚荣者，容易轻浮；轻浮者，容易受骗；受骗者，容易受伤；受伤者，容易沉沦。许多沉沦，始于虚荣。虚荣，很像是一个绮丽的梦。当你在梦中的时候，仿佛拥有了许多，当梦醒来的时候，你会发现原来什么也没有。既然如此，与其去拥抱一个空空的梦，还不如去把握一点实实在在的东西。

记得李宗盛曾在一首歌中这样唱："忙、忙、忙，忙得没有了方向，忙得没有了主张……"其实，瞎忙的人就像放到一条轨道中身不由己的一个物件，一个被抽打着而转动的陀螺，它陷入这种状态而不清楚自己在干些什么。

很多时候我们恐怕都没有把什么叫做"忙"真正地搞清楚。忙是什么呢？忙应该是在特定的时间段中朝着特定的目标进行连续不断的努力的生存状态。忙碌可以使我们的生活充实，让我们回忆起来觉得自己对得起时间对得起自己，但是如果你只是为了不闲着去忙，只是为了向人表明自己"很重要"而去忙，那么无知的谎言往往就会欺骗你的心灵。忙是不能欺骗和亵渎的，我们不能为了虚荣，而"忙"得没了自己。

挖除虚荣的毒瘤

要想在世上寻找一个毫无虚荣心的人，就像寻找一个无私的人一样困难。其实，虚荣不过是被人们借来遮掩他们自私阴暗心理的东西罢了。

有一个人做生意失败了，但是他仍然极力维持原有的排场，唯恐别人看出他的失意。为了能重新站起来，他经常请人吃饭，拉拢关系。宴会时，他租用私家车去接宾客，并请了两个钟点工扮做女佣。佳肴一道道地端上，他以严厉的眼光制止自己久已不知肉味的孩子抢菜。虽然前一瓶酒尚未喝完，他就已打开柜中最后一瓶 XO。那些心里有数的客人酒足饭饱告辞离去时都热烈地致谢，并露出同情的眼光，却没有一个人主动提出帮助。

希望博得他人的认可是人的一种无可厚非的正常心理。然而，人们在获得了一定的认可后总是希望获得更多的认可。所以，人的一生就常常会掉进为寻求他人的认可而活的爱慕虚荣的牢笼里面。

虚荣心强的人喜欢在别人面前炫耀自己昔日的荣耀经历或今日的辉煌业绩，他们或夸夸其谈，肆意吹嘘，或哗众取宠，故弄玄虚，自己办不到的事偏说能办到，自己不懂的事偏要装懂，一切为了提高自己。虚荣心强的人喜欢炫耀有名望、有地位的亲朋好友，希图借助他人的荣光来弥补自己的不足，而对于那些无名无分、地位“卑微”的亲朋则避而不谈，甚至唯恐避之而不及。

对虚荣心这种东西，要正确把握、合理引导和适当应用，千万不能任其发展，殃及他人，祸及社会。对于我们每一个人来说，就是要使自己的虚荣心适可而止，做到顺着大路跑而决不乱来。

如果你想获得个人的幸福，你必须将炫耀吹嘘、求得他人认可的虚荣心从你的生命中根除掉。

心理调节术：拒绝虚荣4武器

法国哲学家柏格森说：“一切恶行都围绕虚荣心而生，都不过是满足虚荣心的手段。”他的话虽然未必全对，但至少反映了相当一部分生活的真实。让我们用实事求是的武器，去战胜虚荣心理吧！

1. 改变认知，认识到虚荣心带来的危害

虚荣心强的人，在思想上会不自觉地渗入自私、虚伪、欺诈等因素，这与谦虚谨慎、光明磊落、不图虚名等美德是格格不入的。虚荣的人为了表扬才去做好事，对表扬和成功沾沾自喜，甚至不惜弄虚作假。他们对自己的不足想方设法遮掩，不喜欢也不善于取长补短。虚荣的人外强中干，不敢袒露自己的心扉，给自己带来沉重的心理负担。虚荣在现实中只能满足一时，长期的虚荣会导致非健康情感因素的滋生。

2. 端正自己的人生观与价值观

自我价值的实现不能脱离社会现实的需要，必须把对自身价值的认识建立在社会责任感上，正确理解权力、地位、荣誉的内涵和人格自尊的真实意义。

3. 摆脱从众的心理困境

从众行为既有积极的一面，也有消极的另一面。对社会上的一种良好时尚，就要大力宣传，使人们感到有一种无形的压力，从而发生从众行为。如果社会上的一些歪风邪气、不正之风任其泛滥，也会造成一种压力，使一些意志薄弱者随波逐流。虚荣心理可以说正是从众行为的消极作用所带来的恶化和扩展。例如，社会上流行吃喝讲排场，住房讲宽敞，玩乐讲高档。在生活方式上落伍的人为免遭他人讥讽，便不顾自己客观实际，盲目跟风，打肿脸充胖子，弄得劳命伤财，负债累累，这完全是一种自欺欺人的做法。所以我们要有清醒的头脑，面对现实，实事求是，从自己的实际出发去处理问题，摆脱从众心理的负面效应。

4. 调整心理需要

需要是生理的和社会的要求在人脑中的反映，是人活动的基本动力。人有对饮食、休息、睡眠、性等维持有机体和延续种族相关的生理需要，有对交往、劳动、道德、美、认识等的社会需要，有对空气、水、服装、书籍等的物质需要，有对认识、创造、交际的精神需要。人的一生就是在不断满足需要中度过的。可人毕竟不能等同于动物。马克思指出：“饥饿总是饥饿，但是用刀叉吃熟肉来解除的饥饿不同于用手、指甲和牙齿啃生肉来解除的饥饿。”在某种时期或某种条件下，有些需要是合理的，有些需要是不合理的。要学会知足常乐，多思所得，以实现自我的心理平衡。

第7章
攀比心理调节：少向上比多向下比

攀比是人的一种天性

攀比，是人的一种天性。一个人有思维，必定有思想。看到人家好，人家强，凡夫俗子，哪个不心动？就算是道人法师，也要三声“阿弥陀佛”，才能镇住自己的欲望和邪念。

这世间，有的人家财万贯、锦衣玉食；有的人仓无余粮、柜无盈币；有的人权倾一时，呼风唤雨；有的人抬轿推车、谨言慎行；有的人豪宅、香车、娇妻美妾；有的人丑妻、薄地、破棉衣……一样的生命不一样的生活，常让我们心中生出许多感慨。

看看别人，比比自己，生活往往就在这比来比去中，比出了怨恨，比出了愁闷，比掉了自己本应有的一份好心情。

生活的差别无处不在，而攀比之心又是难以克服，这往往给人生的快乐打了不少折扣。但是，我们能换一种思维模式，别专拣自己的弱项、劣势去比人家的强项、优势，比得自己一无是处，那样多累。要把眼光放低一点，学会俯视，多往下比一比，生活想必会多一份快乐，多一份满足。正如一首诗中所写：“他人骑大马，我独跨驴子，回顾担柴汉，心头轻些儿。”再说骑大马的感觉也并不一定就是你想像的那么好，也许跨着驴子，悠哉游哉，尚能领略一路风光，更感悠闲、自在。

攀比是刺向自己的利剑

某机关有一位小公务员，过着安分守己的平静生活。有一天，他接到一位高中同学的聚会电话。十多年未见，小公务员带着重逢的喜悦前往赴会。昔日的老同学经商有道，住着豪宅，开着名车，一副成功者的派头。这位公务员重返机关上班，好像变了一个人，整天唉声叹气，逢人便诉说心中的烦恼。

“这小子，考试老不及格，凭什么有那么多钱？”他说。

“我们的薪水虽然无法和富豪相比，但不也够花了吗？”他的同事安慰说。

“够花？我的薪水攒一辈子也买不起一辆奔驰车。”公务员心疼地跳了起来。

“我们是坐办公室的，有钱我也犯不着买车。”他的同事看得很开。但这位小公务员却终日郁郁寡欢，后来得了重病，卧床不起。

攀比是一把刺向自己心灵深处的利剑，对人对己毫无益处，伤害的只是自己的快乐和幸福。

人人都会有攀比心理，但在社会生活中要把握好攀比的尺度、方向、范围与程度。从方向上讲，要多立足于社会价值而不是个人价值的比较，如比一比个人在学校和班上的地位、作用与贡献，而不是只看到个人工资收入、待遇的高低。从范围上讲，要立足于健康的而不是病态的比较，如比成绩、比干劲、比投入，而不是贪图虚名，嫉妒他人，表现自己。从程度上讲，要从个人的实力上把握好比较的分寸，能力一般的就不能与能力超强的相比。

其实每个人的生活都是不一样的，先决条件也各不相同，因此，学会告诉自己，学会换位思考，不做盲目的对照攀比，这样我们的生活会变得快乐幸福很多。

玛蒂尔德的攀比悲剧

生活中，人与人之间的差距是无处不在的。我们在面对这些差距时，如果不能控制自己，就容易产生盲目攀比心理，将自己与身边的人从各方面进行比较。如果通过这种攀比，得出的结论是彼此基本持平，甚至自己还要略胜一筹，那么我们就会获得极大的满足感。但是如果哪一方面比不过别人，甚至远不如别人，那么我们就会打破心理的平衡，产生强烈的不满足感。以这样的心理来生活，生活中自然是处处不如意，自己处处不如人。而这些不如意又会反过来加大这种心理失衡感，人也因此容易陷入一种循环的怪圈。从古至今，由此引发的社会、家庭悲剧也是屡见不鲜的。

莫泊桑在他的名篇《项链》中就讲述了一个盲目攀比引发的悲剧。平民出身的美丽姑娘玛蒂尔德嫁给了一个小职员，但她一心想凭借美貌进入上流社会，过上一直梦想的奢侈的生活。为了一次可能会改变自己命运的舞会，为了不在一群珠光宝气的贵妇中显露穷酸相，她向朋友借了一串昂贵的钻石项链。舞会上，她成功地引起了所有男宾的注意，大家都在注视她，谈论她。在她为自己的成功而得意洋洋之际，却发现项链丢了。夫妇两人用了 10 年的时间，通过艰苦的劳动终于偿还了巨款，最后才得知，自己付出了青春的项链，不过是一条不值钱的假钻石项链。

因为虚荣心和不能落人后的盲目攀比思想，断送了她的美好青春。她不仅没有如愿以偿地跻身上流社会，反而连曾经的平凡但是平静的生活也无法维持。她为自己的这一次攀比付出的代价实在是太大太大了。

但愿玛蒂尔德的悲剧不要再发生，但愿我们每个人都正确面对彼此之间的差距。有不足是正常的，没有任何一个人能在所有方面都胜过别人。同样，自己这个地方不如别人，不是说自己就什么地方都不行了。每个人一定会有自己的优点，而非全无是处。认识到自己的不足后，应该是通过自己的勤劳与智慧改变它，缩小与别人的差距，而不是任由盲目攀比的魔鬼毁坏了我们内心的宁静，扭曲我们的心灵，毁掉我们的生活，只顾着盯着别人的优点，却忽略了营造自己的生活。

人比人，未必气死人

其实人比人并不会气死人，如果可以客观地比较的话，结果肯定是比上不足，比下有余。对于任何一个人来说，都是如此。而会气死人的，只是因为自己拿自己的缺点跟别人的优点比较，却忽略了自己的优点，比别人差的地方看得很重，比别人好的地方觉得很普通，甚至忽略看不到。有人会说，人怎么可以跟比自己差的人比呢？要比，当然是跟比自己好的人比了。这句话听起来是很积极的心态，好像是在向好的学习，看到不足，然后加以改善，不好吗？当然，如果是这样的心态的话，当然是很好，但问题是，往往自己看到别人好的地方之后，并不是开始好好学习和努力，而是不断地埋怨自己，甚至认为自己一无是处。

人比人并不要紧，看到别人的优点可以去学习，但是这不应该是自卑和烦恼的理由。事实上，人比人而生气的人，往往是因为自身的性格和心理上的问题，使自己产生了自卑的心态。跟心理医生谈谈，才可以更好地了解自己为什么会产生自卑（人比人气死人）的心态。

在一家公司当干事的老王，就是因为自己少评一级职称，少长两级工资，耿耿于怀，终日喋喋不休，有时大骂出口，已发展到精神失常状态，不能自控。朋友劝其想开些，他根本听不进去，不久得绝症去世。细想起来，实在不值得。如果早早自我调节，怎么能抱着金娃娃跳井呢？！看到人家事业有成时，如果自己从中看到了努力的方向，脚踏实地，好好工作，也许下一次涨工资的就是自己了。总之，如果能及时调整心态，结局就不会如此了。

所以，人比人不要紧，就看你怎么比，比什么。

与自己比是英雄

生活中有些人羡慕那些名星、名人，日日淹没在鲜花和掌声中，名利双收，以为世间苦痛都与他们无缘。

其实名导谢晋的儿子是弱智；美国前总统里根曾几度风光，晚年却备受不孝逆子的敲诈、虐待；戴安娜如果没有魂断天涯，几人知道她与查尔斯王子那场“经典爱情”竟是那般糟糕……

俗话说，人生失意无南北，宫殿里有悲哭，茅屋里有笑声。

只是，平时生活中无论是别人展示的，还是我们关注的，总是风光的一面，得意的一面。这就像女人的脸，出门的时候个个都描眉画眼，涂脂抹粉，光鲜亮丽，这全都是给别人看的。回到家后，一个个都素面朝天，这就难怪男人们感叹："老婆还是别人的好。"于是，站在城里，向往城外，而一旦走出围城，就会发现生活其实都是一样的，有许多我们一直很在意的东西，较之别人，根本就没有什么可比性。

有位哲人说过，与他人比是懦夫的行为，与自己比是英雄。这句话乍一听不好理解，但细细品味，却也有它的道理。

比上不足是挑战，比下有余是开悟

李菁和李礼是化妆品行业的两朵姊妹花。两人都受过良好的高等教育，一直效力于法意公司，而这家公司先后作为纪梵希、范思哲、幽兰、安娜苏等国际知名化妆品品牌的中国地区总代理，曾在进口化妆品市场中独霸一方。李菁和李礼的名字也总是一起出现，一个是市场部总监，一个是销售部总监，她们曾为这些品牌在中国的推广创下了骄人的战绩。

可任何美好事物的背后都不像表面那么光鲜。

刚出道时的李菁一身学生气，提着满满一箱化妆品的样品去拜访北京各大百货商场的化妆部经理，她曾被不分青红皂白地骂出门去："外语系毕业的小姑娘，不去外企大公司，跑到这儿来卖什么化妆品？也不怕掉价儿……"李礼的运气也好不到哪儿去，为了帮公司争取到优惠的合作条件，她曾在烈日炎炎下的马路牙子上坐了六个小时，才把主事儿的人——商场业务主管等回来。

李菁和李礼是幸运的，至少她们选择了一项自己热爱的职业并为之努力。"你不知道刚开始有多苦，"李菁说，"我们根本没有休息日，白天盯销售，晚上盘库存。常常是商场一开门就冲进去，晚上关门后才出来。整日和销售员一起站着，做促销，搞活动。我们之所以可以坚持下来，就是因为从来没有把自己摆得过高。只有努力从底层做起的人才能稳扎稳打，能上能下。"

无法想象这些漂亮的女孩子曾在相当长的一段时间里在一间没有空调暖气、没有卫生间的简陋库房里工作，成箱的货品都是自己一级级台阶搬上搬下的。那时她们真的很委屈，但还是坚持下来了。

心理学家说，女人都是感性的，胜时骄，败时馁。在目瞪口呆地看着这些职场上的女人呼风唤雨的时候，我们不禁百思不得其解：她们哪里来的这永不枯竭的活力和能量？

“生活中实在有太多乐趣了，如果不工作，不赚钱，怎么来享受这些乐趣呢？”她们的动机就是这么简单！要说保持活力的充电器，那无疑就是她们对生活的热爱了。

其实，她们对成功的定义就是要“开心”，要“感觉好”。每当有不顺心的事，就宽慰自己一句“比上不足，比下有余”，烦闷也就随着一笑而散去了。

人活着就要经常跟别人比，跟比尔·盖茨比么？跟乔丹、姚明比么？条件能力相差太远，看着人家发财不会眼红。一般还是跟周围的那些自己觉得不如自己、现在却过得比自己强的人比，这么一比，就来火了，郁闷了。

人往往就是这样，很多烦恼都是因觉得不如周围的人而滋生出来的，世上本无事，庸人自扰之。人家固然有不如你的地方，但不是处处不如你，人家过得比你好，说明他某些方面还是比你强，想明白了这些也就没有心结了。如果你还是想不开，那就跟那些不如你的人比比，做一回阿Q！

每个人都应该有一个比较切合自己实际的自我期望值，要承认人是有个体差异的，你不可能什么都比别人强，既要看到自己的优势，也要承认自己的不足。要允许自己在某些方面不如别人。要有“比上不足，比下有余”的心理，这样，你的心理肯定可以宽慰许多。

心理调节术：祛除攀比3妙方

要克服攀比心理，关键在于通过合理的自我调节，实现负性攀比到正性攀比的转化，建立正确的比较观念，建立自信，找到生活的动力。以下3大妙方，有助于你克服攀比心理。

处方一：尽可能地纵向比较，减少盲目地横向比较

比较分为纵向比较和横向比较。纵向比较是指个体和自己的昨天比较，找到长期的发展变化，以进步的心态鼓励自己，从而建立希望体系，帮助个体树立坚定的信心。横向比较是指个体与周围其他人的比较，有助于找到自己的不足，以便朝着更好的方向发展。但是由于竞争的日益激烈，人们往往会陷入横向比较的误区，忽略了纵向比较。纵向比较会让自己有更清醒的自我认识，有利于保持良好的心态。

处方二：增强自身实力，克服负性攀比

负性攀比的产生往往是因为个体自身的实力与期望值达不到均衡水平，导致自信心的缺失，从而产生抱怨、憎恨等情绪。因此，努力弥补自己的不足，巩固并增强自己的实力，才能战胜负性攀比造成的心理障碍。

处方三：知足常乐

有些人心理不平衡，完全是因为自己的目标太多，处处与人竞争，常常迫使自己处于紧张状态。要常常告诫自己：知足常乐。

第 8 章
贪婪心理调节：少些欲望多些幸福

贪心大如天，什么都想要

贪婪指一种攫取远超过自身需求的金钱、物质财富或肉体满足的欲望。

“贪”的本义指爱财，“婪”的本义指爱食，“贪婪”指贪得无厌，意即对与自己的力量不相称的某一目标过分的欲求。

与正常的欲望相比，贪婪没有满足的时候，反而是愈满足，胃口就越大。“天下熙熙，皆为利来。天下攘攘，皆为利往”，人之求利，情理之常，但什么都想要，而且想无本万利，无视等价交换，鲸吞社会与他人财产，就是反常，就有害和有罪了。古人用“贪冒”“贪鄙”“贪墨”来形容那些贪图钱财、欲望过分的行为，认为是“不洁”“不干净”“不知足”的。老百姓用“贪官污吏”“硕鼠”“蛀虫”来讽刺那些贪得无厌的人，可见贪婪是不得人心的。

有些人认为社会是为自己而存在的，天下之物皆为自己所拥有。这种错误的价值观念使得他们“贪婪成性”。

有贪婪之心的人，初次伸出黑手时，多有惧怕心理。一旦得手，便喜上心头，每一次侥幸过关对他都会产生一种行为的强化作用，不断刺激着那颗贪婪的心。有些人原来家境贫寒，或者生活中有段坎坷的经历，便觉得社会对自己不公平，一旦其地位、身份上升，就会利用手中的权力向社会索取不义之财，以补偿以往的不足，形成一种补偿心理。还有些人存在着攀比心理，看别人过得比自己好，物质生活比自己富裕，就会更贪婪地索取，以求平衡。

一生要多少才够

古语有云："人为财死，鸟为食亡"，说的就是人的贪婪，以及贪婪的后果。

人不能没有欲望，不然就会失去前进的动力，但人却不能欲望太盛，因为贪欲是个无底洞，你永远也填不满。

随着社会经济的发展，人们的心里总是塞满着各种欲望和奢求。有的人穿要高档名牌，吃要山珍海味，住要豪华别墅，行要宝马香车。一切都被欲望支配着。法国杰出的启蒙哲学家卢梭曾对物欲太盛的人作过极为恰当的评价，他说："十岁时被点心、二十岁被恋人、三十岁被快乐、四十岁被野心、五十岁被贪婪所俘虏。人到什么时候才能只追求睿智呢？"

欲望的沟壑永远填不满，贪心的人永远不会满足，没有家产想家产，有了家产想当官，当了小官想大官，当了大官想成仙……欲念永不停止，精神永无宁静。

从前，有一个穷人很想有自己的土地。有一天，地主就对他说："你，从这里往前跑，你跑过的土地都属于你，只要你在太阳落山前赶回来就可以。"

听了这话，那个人就开始拼命地跑，太阳偏西了还不知足。太阳落山前，他是跑回来了，但人已精疲力竭，摔个跟头就再没起来。于是地主挖了个坑，就地埋了他。

牧师在给这个人做祈祷的时候说："贪心不足啊，一个人要多少才够呢？死后所拥有的只不过是坑这么大的地方。"

伊索曾说："许多人想得到更多的东西，却把现在所拥有的也失去了。"这可以说是对得不偿失最好的诠释了。

贪婪的代价无比沉重

上帝在创造蜈蚣时，并没有为它造脚，但是它们可以爬得和蛇一样快速。有一天，它看到羚羊、梅花鹿和其他有脚的动物都跑得比它还快，心里很不高兴，便嫉妒地说："哼！脚愈多，当然跑得愈快！"

于是，它向上帝祷告说：“上帝啊！我希望拥有比其他动物更多的脚。”

上帝答应了它的请求。他把好多好多脚放在蜈蚣面前，任凭它自由取用。

蜈蚣迫不及待地拿起这些脚，一只一只地往身上贴去，从头一直贴到尾，直到再也没有地方可贴了，它才依依不舍地停止。

它心满意足地看着满身是脚的自己，心中窃喜：“现在，我可以像箭一样地飞出去了！”但是，等它开始跑步时，它才发觉自己完全无法控制这些脚。这些脚劈哩啪啦地各走各的，它非得全神贯注，才能使一大堆脚不致互相绊跌而顺利地往前走。这样一来，它走得比以前更慢了。

任何事物都不是多多益善。蜈蚣因为贪婪，想拥有更多的脚，结果却适得其反，脚成了束缚它行动的绳索，代价可谓惨重。

贪婪得来的东西，永远是人生的累赘。贪婪轻则让人丧失生活的乐趣，重则误了身家性命。生活的压力越来越大，脸上的笑容越来越少，这或许便是贪婪的代价。

贪来贪去一场空

一位钱币商和一位卖烧饼的小贩，同时被一场洪水困在了一个野外的山岗上。两天后，钱币商身上带的吃的东西都吃光了，只剩下了一口袋钱币。而烧饼贩子则还有一口袋烧饼。

钱币商提出一个建议，要用一个钱币买烧饼贩子一个烧饼。若是在平时，这是再便宜不过的事了，此时烧饼贩子却不同意，认为发财的机会到了，就提出要用一口袋烧饼换一口袋钱币。钱币商同意了。

一天又一天，洪水还是没有退下去。钱币商吃着从烧饼贩子手里买来的烧饼，而烧饼贩子则饿得饥肠辘辘。最后他实在忍不住了，就提出来要用这口袋钱币买回他曾经卖出的而如今数量已不多的烧饼。钱币商没有完全答应他的条件，只允诺他用五个钱币换一个烧饼。

洪水退去后，烧饼全部吃光了，而一袋钱币又回到了钱币商的手中。

钱币商很聪明，也很精明，做人不要贪得无厌，生存就是福。而贪婪的烧饼贩子只看眼前，最后不仅没得到不义之财，偷鸡不成反蚀一把米。

从前有座山，山里有一个神奇的洞，里面的宝藏足以使人毕生享用不尽。但是这个山洞一百年才开一次。

有一个人无意中经过那座山时，正巧碰到百年难得的一次洞门大开的机会。他兴奋地进入洞内，发现里面有大堆的金银珠宝。他急忙快速地往袋子里装。由于洞门随时都有可能关上，他必须动作很快，并且要尽快离开。

当他得意洋洋地装了满满一袋珠宝后，神色愉快地走出了洞口，出来后他发现帽子忘在里面了。于是他又冲入洞中，可惜时刻已到，他和山洞一起消失得无影无踪。

故事很简单，却耐人寻味。贪婪的人，被欲望牵引，贪婪无边，在欲望的驱使下忙忙碌碌，不知所终，最终却一无所获。

节制欲望，不做欲望的奴仆

贪欲的膨胀，使简单变得复杂，轻松变得沉重，快乐最终也会被淹没。人生的大部分痛苦来自于欲望的不能满足。拥有欲望是好的，如果放纵自己的欲望，不仅会失去本该拥有的东西，还会失去生存的智慧。

在阿尔及尔地区的长拜尔有一种猴子，非常喜欢偷食农民的大米。当地的农民根据这些猴子的特性，发明了一种捕捉猴子的巧妙方法。

农民们把一只葫芦型的细颈瓶子固定好，系在大树上，再在瓶子中放入猴子们最爱吃的大米，然后就静候佳音了。

到了晚上，猴子来到树下，见到瓶中有大米十分高兴，就把爪子伸进瓶子去抓大米。这瓶子的妙处就在于猴子的爪子刚刚能够伸进去，等它抓一把大米时，爪子却怎么也拉不出来了。贪婪的猴子绝不可能放下已到手的大米，就这样，它的爪子也就一直抽不出来，它只能死死地守在瓶子旁边。直到第二天早晨，农民把它抓住的时候，它依然不会放开爪子，直到那把米放入嘴中。

贪婪的猴直到最后也不会明白，正是由于自己的贪婪使自己落入了农民的手中。

农夫在大海边捕到了一条鱼。这是一条漂亮的金鱼。鱼开始用人的声音请求说："放了我吧，老人家，我要满足你的三个愿望。"

农夫非常爱喝酒，他想了想说："那就这么办吧，让大海全都变成酒。"鱼摆了一下尾巴，农夫尝了尝海水，真的变成了酒。

他想了想，提出了第二个愿望让那条流进大海的河也变成酒。

鱼摆了一下尾巴，农夫尝了尝河水，又变成了酒。他开始想第三个愿望了。想了又想，怎么也想不出。农夫气坏了，吐了口唾沫说："再加半公升，你就自由自在地游去吧。"

农夫的愿望看起来是多么的可笑。可是在生活中，我们很多人都是如此贪婪。有钱的人总希望再多些；有权的人总乞求地位再高些；有名的人总渴望名气再大些。人的欲望是永无止境的。节制欲望，也许你的生活会更快乐。

知足常乐，适可而止

从前，有个人得到了一张藏宝图，上面标明了在密林深处的一连串宝藏。他立即准备好了一切旅行用具，包括四五个大袋子，准备用来装宝物。

一切就绪后，他进入了那片密林。他斩断了挡路的荆棘，蹚过了小溪，冲过了沼泽地，终于找到了第一个宝藏，满屋的金币熠熠夺目。他急忙掏出袋子，把所有的金币装进了口袋。离开的时候，他看到了门上的一行字：知足常乐，适可而止。

他笑了笑，心想，还有更多的宝藏等着我呢！

他扛着大袋子来到了第二个宝藏，出现在眼前的是成堆的金条。他见状，兴奋得不得了，依旧把所有的金条放进了袋子。离开的时候，他看到了门上的一行字：放弃一些，你会得到更多。

他笑了笑，心想，放弃就等于失去，到手的东西我为什么要放弃呢？

他迫不及待地走进了第三个宝藏，里面有一块磐石般大小的钻石。他发红的眼睛中泛着亮光，贪婪的双手抬起了这块钻石，放入了袋子中。他发现，这块钻石下面有一扇小门，心想，下面一定有更多的东西。于是，他毫不迟疑地打开门，跳了下去，谁知，等着他的不是金银财宝，而是一片流沙。他在流沙中不停地挣扎着，可是越挣扎他陷得越深，最终与金币、金条和钻石一起长埋在了流沙下。

故事很简单，却耐人寻味。如果这个人能在看了警示后离开的话，能在跳下去之前多想一想，那么他就会平安地返回，成为一个富足而快乐的人。知足、放弃，从某种意义上来讲，是给了自己一个生存的空间。

生活中，有些人为了得到他喜欢的东西，殚精竭虑，费尽心机，更甚者可能会不择手段，走向极端。也许他得到了他喜欢的东西，但是在他追逐的过程中，失去的东西也无法计算，他付出的代价是其得到的东西所无法弥补的。所以，无论是喜欢一样东西也好，喜欢一个位置也罢，与其让他们成为自己的累赘，不如轻松地面对，即使有一天放弃或者离开，你也学会了平静。

其实喜欢一样东西，不一定要得到它。因为有时候为了强求一样东西而令自己的身心都疲惫不堪，是很不划算的。有些东西是“只可远观而不可近瞧”的，一旦你得到了它，日子一久你可能会发现其实它并不如原本想象中的那么好。如果你再发现你失去的和放弃的东西更珍贵的时候，你一定会懊恼不已。

所以，我们常会听见这样的一句话：“得不到的东西永远是最好的。”当你喜欢一样东西时，得到它并不一定是你最明智的选择。

名、权、利皆是过眼云烟，生不带来死不带去，我们不应该把它看得太重。世界没有十全十美的人和事，知足可以让自己活得更加轻松，知足可以给他人少添很多的麻烦……

心理调节术：克制贪婪3妙法

贪婪并非遗传所致，是个人在后天社会环境中受病态文化的影响，形成自私、攫取、不满足的价值观而出现的不正常的行为表现。若欲改正，是可以做到的，具体方法如下：

1. 二十问法

这是一种自我反思法，即自己在纸上连续写出二十个“我喜欢……”，写的时候应不假思索，限时二十秒钟。待全部写下后，再逐一分析哪些是合理的欲望，哪些是超出能力的过份的欲望，这样就可明确贪婪的对象与范围，最后对造成贪婪心理的原因与危害，自己作较深层的分析。例如，有一个人在纸上连续写下“我喜欢钱”“我喜欢很多的钱”“我喜欢自己是个有钱人”“我喜欢有许多财富”“我喜欢过有钱的生活”……写完之后，就要思考一下，自己对钱是否有一些过份的欲望，为什么许多举动都与钱有关。接着往下想，人的生活离不开钱，但这钱应来得正，不能取不义之财；钱是身外之物，生不能带来，死不能带走，贪婪之心最终会阻碍自己的发展。然后分析自己是否有攀比、补偿、侥幸的心理，是不是缺乏正确的人生观、价值观。

2. 知足常乐法

一个人对生活的期望不能过高。虽然谁都会有些需求与欲望，但这要与本人的能力及社会条件相符合。每个人的生活有欢乐，也有缺失，不能攀比，俗话说“人比人，气死人”“尺有所短，寸有所长”“家家都有本难念的经”。心理调适的最好办法就是做到知足常乐，“知足”便不会有非分之想，“常乐”也就能保持心理平衡了。

3. 格言自警法

利用格言警句时刻提醒自己，约束自己，不要过于贪婪。

第9章
自私心理调节：心底无私天地宽

人的本性是自私的吗

“人的本性是自私的吗？”一个中学生向老师提问道。

老师当时并没有直接回答，而是反问了一个问题：“你的本性是否是自私的呢？”

这个学生认真地思考了这个问题，他说：“我有时有自私的表现，有时有无私的表现。我到底是自私的还是无私的呢？”

他难住了，同学们展开了讨论，大家在讨论中都想起了自己有过无私帮助别人的行为，最后大家得出了这样一个结论：

“自私是人类的一种正常表现，每个人都有自私的时候。但无私帮助别人也是人的正常心理活动，甚至每个人也都有过无私帮助别人的时候。所以不能说‘自私是人的本性’。”

私欲是一切生物的共性，所不同的是其他生物的私欲是有限的，人的私欲是无限的。正因为如此，人的不合理的私欲必须要受到社会公理、道义、法律的制约，否则这个社会就不属正常的社会。任何一个人内心存在一种普遍的道德、法律意识和保持自己的私心杂念是不矛盾的。如果人性中全是崇高的道德理念，人就不再是人而是神；如果人心中全是私心杂念，无崇高的道德理念，人就不再是人，而和动物没什么区别。

自私是一种较为普遍的心理现象，是一种近似本能的欲望，处于一个人的心灵深处。正因为自私心理潜藏较深，它的存在与表现便常常不为个人所意识到。有的人，一味想满足自己的各种私欲，在侵占别人利益时往往心安理得，也因为如此，我们才将自私称为人格缺陷。

自私心理的形成原因

自私是一种较为普遍的不良心理现象。具有自私心理的人，处处以自我为中心，无视社会法律、道德规范、良心风尚和他人感受及利益，不顾大局，只知道满足自己的各种私欲。自私者只讲索取，不讲奉献，争名夺利，甚至损人利己。严重地讲，自私是万恶之源，贪婪、嫉妒、报复、吝啬、虚荣等很多其他不良心理都是自私的衍生。

自私是一种近似本能的欲望，处于一个人的心灵深处。自私心理潜藏较深，它的存在与表现常常不为个人所意识到。有自私行为的人并非已经意识到他在干一种自私的事，相反他在侵占别人利益时往往心安理得，所以，我们可以将自私看作一种病态的社会心理。

各种复杂的原因造成了人的自私心理。缺乏满足个人需求的资源，是自私的本质原因。病态文化的沉积和社会控制不严，也是客观原因。

从主观方面看，个人的需求若是脱离社会规范的不合理的需求，人就可能倾向于自私。个人的自我敏感性、价值取向与社会行为有着一定的内在联系。所谓社会行为，是指包括助人行为在内的一切有益于社会的个体行为；自我敏感性，是指一个人关心他自己的问题，感到需要别人的帮助以及的确得到别人的帮助后的心理感受；价值取向，是指逐渐形成的、相对稳定的评价事物的标准和态度。高度的自我敏感性可以外化为对他人的敏感性，即“人人为我，我为人人”，但也可能成为一种只顾自己的倾向。自私自利之人往往是自我敏感性极高，以自我为中心，对社会、对他人极度依赖与索取，而不具备社会价值取向（对他人与社会缺乏责任感）的人。

自私者自毁

从前，有两位很虔诚、很要好的教徒，决定一起到遥远的圣山朝圣。圣者看到这两位如此虔诚的教徒千里迢迢去朝圣，十分感动地告诉他们：“我要送给你们每人一件礼物！不过你们当中一个要先许愿，他的愿望会马上实现；而第二个人则可以得到那愿望的两倍。”

其中一个教徒心里想：“太好了，我已经想好我要许什么愿了，但我不能先讲，那样的话太吃亏了，应该让他先讲。”而另一个教徒也怀有这样的想法：“我怎么可以先讲，让他获得两倍的礼物。”于是，两个教徒就开始假装客气地推让起来：“你先讲！”“你比我年长，你先许愿吧！”“不，应该你先许愿！”两人彼此推来让去。最后两人都不耐烦起来，气氛一下子变得紧张起来。“你干吗呀？”“你先讲啊！”“为什么你不先讲而让我先讲？我才不先讲呢！”

到最后，其中一个气呼呼地大声嚷道：“喂，你再不许愿的话，我就打断你的狗腿，掐死你！”另外一个见他的朋友居然和自己变脸，而且还恐吓自己，干脆把心一横，狠狠地说道：“好，我先许愿！我希望……我的一只眼睛瞎掉！”

很快地，这位教徒的一只眼睛瞎掉了，而与此同时，他的朋友双眼也立即瞎掉了！本是一件皆大欢喜的事，因为两人的自私而成了悲剧。

自私的代价很昂贵

这是一个耐人寻味的故事。

越南战争中，一个美国士兵打完仗后回到国内，在旧金山旅馆里他辗转反侧，夜不能寐。

午夜，他给家中的父母打了一个电话。

“爸爸，妈妈，我要回家了。但是我要你们帮一个忙，我要带一个朋友一起回来。”

“当然可以，”父母亲回答说，“我们见到他会很高兴的。”

“但是，有件事我一定要告诉你们。他在那可恶的战争中踩响了一个地雷，受了重伤。他成了残疾人，少了一条腿和一只手。他已无处可去，我希望他能和我们住在一起。”

“我们为他感到遗憾。孩子，我们帮他另找一个地方住下，好吗？”

“不，他只能和我们住在一起。”

“孩子，你不知道，这样他会给我们造成多大的拖累，我们有我们的生活。孩子，你自己一个人回家来吧。他会有活路的。”话没说完，儿子的电话就断了。

父母在家等了许多天，未见儿子回来。

一个星期后，他们接到警察局打来的电话，被告知他们的儿子坠楼自杀了。

悲痛欲绝的父母飞到旧金山，在停尸房内，他们认出了他们的儿子。然而，他们惊愕地发现：他们的儿子少了一条腿、一只手。

对别人多一份关心

我们做人做事要消除自私心理，克服以自我为中心的心理，对别人多点关心，随时关心别人，协助别人去满足他的需要。

希望自己被人关心注意，是人类最大的需要。我们自己渴望别人关心，应当想到别人也有同样的需要。你愈关心别人，你在他生活中的重要性将因此增加，自然地他也会转而关心你。

在法国有个孤独的老人，无儿无女，身体也不好，他决定搬到养老院，老人准备卖了他漂亮的住宅。

这所住宅很有名，所以大家都来买。住宅的底价是 8 万法郎，但人们很快就将它炒到 10 万法郎，而且价钱还在不断上涨。老人很忧郁。是的，要不是身体不行了，他是不会卖掉这栋他度过大半生的住宅的。

有个小伙子来到老人面前，弯下腰低声说：“先生，我也想买这栋住宅，可我只有 1 万法郎。”“但是，但是它的底价就是 8 万法郎，”老人淡淡地说，“而且现在它已经升到 10 万法郎。”小伙子并不灰心，他诚恳地说：“如果您把房子卖给我，我保证会让您生活在这里，和我一起喝茶、读报、散步。相信我，我会用心来照顾您！”

老人站起来，叫人们安静下来。“朋友们，这房子是他的了。”小伙子出人意料地赢得了胜利。

这个小伙子为什么凭1万法郎就胜出了？道理很简单，因为他表示，他将用心照顾一个孤独的老人。我们知道，孤独的老人需要的就是别人的照顾和关心。虽然有人愿意出10万法郎购买他的房子，但老人最终在金钱和爱心之间选择了后者。因此我们也可以肯定地说：那些真心关心别人的人，总能得到别人的回报。

关心别人，意味着被他的兴趣所吸引，为他的高兴而高兴，因他的担忧而担忧。一个人只要对别人真心感兴趣，他必将赢得真正的友情，必将在需要帮助的时候获得毫不犹豫的帮助。

与别人分享你的快乐

快乐是人生的精神支柱，而快乐又是简单的。懂得与人分享的人，他们更能体会到快乐的真谛！

给予是快乐的源泉。为别人带去快乐的同时，我们自己也会处于快乐的包围之中。快乐是可以分享的。你给别人带来了快乐，你分享给别人的东西越多，你获得的东西就会越多。你把幸福分给别人，你的幸福就会更多，但是，如果你把痛苦和不幸分给别人，那你得到的也只能是痛苦和不幸。生活中你如果整天以一张愁眉苦脸待人，那别人会以同样的面孔对你，你会看到更多的愁容；相反，如果你以笑脸相迎，你会看到更多的笑脸，你的快乐心情也会增多。

从前有个国王，非常疼爱他的儿子，总是想方设法满足儿子的一切要求。可即使这样，他的儿子却还是整天眉头紧锁、面带愁容。于是国王便悬赏找寻能给儿子带来快乐的能士。

有一天，一个大魔术师来到王宫，对国王说有办法让王子快乐。国王很高兴地对他说：“如果你能让王子快乐，我可以答应你的一切要求。”

魔术师把王子带入一间密室中，用一种白色的东西在一张纸上写了些什么交给王子，然后让王子走入一间暗室，燃起蜡烛，注视着纸上的一切变化，快乐的处方会在纸上显现出来。

王子遵照魔术师的吩咐而行。当他燃起蜡烛后，在烛光的映照下，他看见纸上那白色的字迹化作美丽的绿色字体："每天为别人做一件善事！"王子按照这一处方，每天做一件好事。当他看见别人微笑着向他道谢时，他开心极了。很快，他就成了全国最快乐的人。

朋友，把你的快乐和幸福和别人分享吧！你分给别人的快乐越多，你获得的快乐越多。

赠人玫瑰，手有余香

我们每个人都不是万能的，很多时候，我们需要与别人合作，共同来完成某件事情，有时，还需要得到别人的帮助。当然，必要的时候我们也需要帮助别人。助人者，天助也，帮助了别人，就是善待了自己。可以想象，在一个大集体中，如果每一个人都帮助自己左边的那个人，那么一圈下来以后，效果和自己帮助自己是一样的，然而这个帮助自己左边的人的集体却比只会自助的集体要文明先进得多。因此，当人类社会发展到现代文明阶段，我们就应该做符合现代文明的做法：助人如助己。

著名的电影明星奥黛丽·赫本有一项非常有意思的记录：她从没看过心理医生。一位叫史塔勒的医生对此产生了浓厚的兴趣。因为他常在深夜接到一些著名主持人和影视明星的电话，要求他给予心理上的帮助。这些人都是衣食无虞，崇拜者如云，看上去是世界上最幸运的一些人。作为心理学家，史塔勒很想从赫本这儿找到一些研究上的突破。结果他发现，赫本做过 67 次亲善大使，在 1956 年到 1963 年间，她几乎每月都到码头监狱和黑人社区做义工。有一次她谢绝了贝尔公司每小时五万美元的庆典邀请，去医院给一位小男孩做免费护理服务。史塔勒对这一发现很重视，他认为这里面蕴藏着心理学方面的某种东西。他推而广之，对其他热心公益的名人进行研究，最后发现，这些人很少有怪癖及不良记录，他们同赫本一样，几乎没有看过心理医生。

一个乐于从事公益活动的人，在她帮助他人的时候，同时也让自己的精神得到了慰藉，善待了自己的灵魂。这是我们从赫本的经历中可以看出的。

在别人遇到困难的时候，慷慨地伸出一支手，你送给他一个支持，或许在将来他能够送你一个拥抱。

有一个贫穷的小男孩为了攒够学费正挨家挨户地推销商品。劳累了一整天的他此时感到十分饥饿，但是他却只有一角钱了。他决定向一户人家讨口饭吃。当一位美丽的女孩打开房门的时候，这个小男孩却有点不知所措了，他没有要饭，只乞求给他一口水喝。但是这位女孩拿了一大杯牛奶给他。男孩慢慢地喝完牛奶，问道："我应该付多少钱？"女孩回答道："一分钱也不用付。你现在在困难中，我应该帮助你。"这位男孩十分感动，牢牢地记住了这一次受赠。

数年之后，当年的那个小男孩已成为有名的医生了，不幸地是那位善良的女孩得了一种罕见的重病，当地的医生对此束手无策。于是她被转到大城市医治，在那群专家中恰恰有一名就是当年的那个小男孩。

这位专家没有想到，他与当年帮助过他的恩人竟然在这里相遇了，他一眼就认出床上躺着的病人就是那位曾帮助过他的恩人。为了报答当年的牛奶之恩，他决心一定要竭尽所能来治好这个女孩的病。老天不负有心人，经过努力的研究，手术终于成功了。

当医药费通知单送到这位特殊的病人手中时，她不敢看，因为她确信，治病的费用将会花去她的全部家当。最后，她还是鼓起勇气，翻开了医药费通知单，旁边的那行小字引起了她的注意，突然之间，她泪流满面："谢谢您当年的一杯牛奶。"

赠人玫瑰，手有余香。帮助别人就是善待自己。我们每一个人都不是孤独地活在地球上，我们需要相亲相爱，共同与一些困难、灾难抗衡。或许天堂和地狱的区别便在于此：地狱，一个自私自利、不为他人的空间；而天堂，则是一个互利互助、充满爱和关怀的花园。

不要吝啬你的举手之劳，为别人摘一颗星星的同时，你也可以感受到它的照射。

心理调节术：消除自私3要诀

自私作为一种病态社会心理，是可以克服的。作为自我来说，最有效的方法就是心理调适。具体有如下方法：

1. 内省法

这是构造心理学派主张的方法，是指通过内省，即用自我观察的陈述方法来研究自身的心理现象。自私常常是一种下意识的心理倾向，要克服自私心理，就要经常对自己的心态与行为进行自我观察。观察时要有一定的客观标准，这些标准有社会公德与社会规范和榜样等。加强学习，更新观念，强化社会价值取向，对照榜样与规范找差距，并从自己自私行为的不良后果中看危害找问题，总结改正错误的方式方法。

2. 多做利他行为

一个想要改正自私心态的人，不妨多做些利他行为。例如，关心和帮助他人，给希望工程捐款，为他人排忧解难等。私心很重的人，可以从让座、借东西给他人这些小事情做起，多做好事，可在行动中纠正那些不正常的心态，从他人的赞许中得到利他的乐趣，使自己的灵魂得到净化。

3. 回避训练

这是心理学上以操作性反射原理为基础，以负强化为手段而进行的一种训练方法。通俗地说，凡下决心改正自私心态的人，只要意识到自私的念头或行为，就可用缚在手腕上的一根橡皮筋不停地弹击自己，从痛觉中意识到自私是不好的，促使自己纠正。

第 10 章 狭隘心理调节：开阔心胸，大气做人

狭隘心是怎样形成的

狭隘是一种心胸狭窄、气量狭小的心理和人格缺陷。狭隘者常常表现为：吝啬小气，斤斤计较，吃不得亏，会想方设法弥补“损失”；不能容忍他人的批评，不能受到一点委屈和无意的伤害，否则便耿耿于怀、伺机报复；人际交往面窄，追求少数朋友间的“哥们儿义气”，只同与自己类似或不超过自己的人交往，容不下那些与自己意见有分歧或比自己强的人。

形成狭隘心理的原因包括：

1. 家庭因素

家庭不良因素的影响与狭隘的产生有很大关系，如有些人的狭隘心理完全是父母的翻版。另外，优越的生活环境、溺爱的教育方法往往使子女任性、骄傲、自私，受不了半点委屈，容不下“异己”分子，十分狭隘。

2. 认识水平

有些人阅历浅、经验少，容易把事情想得过于困难、复杂，加之对自己的能力估计不足，对事情感到无能为力，因此容易紧张、焦虑、心胸狭隘。

狭隘的人容易对任何事斤斤计较。受情绪、认识等的影响，这种人会产生一些盲动的行为，甚至会导致难以预料的后果。

狭隘的人，其心胸、气量、见识等都局限在一个狭小范围内，不宽广、不宏大。多与人接触，使自己对不同的人有不同的认识，从而积累经验，从中明白许多对与错的道理。善于宽容是人的一种美德。

别让狭隘禁锢你的心灵

有的人遇到一点点委屈或很小的得失便斤斤计较、耿耿于怀；有的学生听到老师或家长一两句批评的话就接受不了，甚至痛哭流涕；有的人对学习、生活中一点小小的失误就认为是莫大的失败、挫折，长时间寝食不安；有的人人际交往面窄，追求少数朋友间的“哥们义气”，只同与自己意见相同或不如自己的人交往，容不下那些与自己意见有分歧或比自己强的人。

有关专家曾针对这一现象，对不同性格的人生理变化进行了研究，从中得到了有趣的发现：性格开朗的人，其基础代谢率较高，组织器官的新陈代谢较快，内分泌系统平衡协调，各项生命指标，如血压、脉搏等相对稳定；而心胸狭隘、忧郁的人，其结论正好相反。

这些生理现象实质上是由心理因素引起的。心胸狭隘、心情忧郁的人，好静不好动，饮食少而无规律，经常失眠，神经衰弱，爱发脾气、生闷气等。如果上述性格与生活习惯交互作用，会互相加剧，形成恶性循环，结果导致内分泌紊乱，组织器官因养分不足而过早衰老。性格开朗的人则喜爱运动，心胸开阔，乐观向上，这些良好的生活习惯与性格特点形成良性循环，有利于内分泌系统平衡稳定。他们的组织器官新陈代谢旺盛，从而使机体充满活力。

可见，不同性格的人，其生活习惯直接或间接地影响到人的健康和衰老。

狭隘的产生同家庭中不良因素的影响有很大关系。父母狭隘的心胸、为人处世的方法、不良的生活习惯等对子女有潜移默化的影响。有些子女狭隘的性格完全是父母性格的翻版。另外，优越的生活环境、溺爱的教育方法往往易形成子女任性、骄傲、利己主义等品质，受点委屈便耿耿于怀，对“异己”分子不肯容纳与接受。尤其是一些年轻人，阅历浅、经验少，遇到问题后，容易把事情想得过于困难、复杂，加之对自己的能力估计不足，对事情感到无能为力，因而容易紧张、焦虑。

狭隘的人，其心胸、气量、见识等都局限在一个狭小的范围内，不宽广、不宏大。多与人接触，使自己对不同的人有不同的认识，从而积累经验，这样会从中明白许多对与错的道理。善于宽容是人的一种美德。对任何事都斤斤计较，一定是一个狭隘的人。

莫以小人之心度君子之腹

生活中，我们在认识和评价别人的时候，总会不由自主地以自己的想法去推测别人的想法，觉得既然我们都这么想，别人肯定也这么想。俗语“以小人之心，度君子之腹”，讲的就是这种情况。这种情况用心理学的术语说，就是投射作用。也就是说，人们总是喜欢假设别人与自己有某些相同的倾向，喜欢认为自己具有的某些特点别人也具有。例如，贪婪的人，总是认为别人也都嗜钱如命；自己喜欢说谎，就认为别人也总是在骗自己；自己自我感觉良好，就认为别人也都认为自己很出色……

一般说来，投射作用主要在以下两种情况下发生：

第一，对方的年龄、职业、社会地位、身份、性别等等与自己相同。

人们总是相信“物以类聚，人以群分”，认为同一个群体的人总是具有某些共同的特征。因此，在认识和评价与自己同属一个群体的人的时候，人们往往不是实事求是地根据自己观察所得到的信息来判断，而是想当然地把自己的特性投射到别人身上。另外，人们总是喜欢评价与自己有某些相同特征的人，总是习惯于与这些人进行比较。但是，人们又不希望在比较中自己总是落败，处于不利之地。而投射作用在此正好起了一个保护作用，把自己的特点投射到别人身上，自己和别人就都一样了，没有什么区别，自己不错，别人也差不多。

第二，当人们发现自己有某些不好的特征的时候，为了寻求心理平衡，就会把自己所不能接受的性格特征投射到别人身上，认为别人也具有这些恶习或观念。

成语“五十步笑百步”就是这样的一个例子。自己因为临阵逃脱而觉得难堪，心理上很不舒服，突然发现别人比自己逃得更远，便大肆嘲笑，以减轻自己心里的不安。这时候，投射作用也是一种自我保护措施。这样做可以保证个人心灵的安宁，但往往影响自己对人和事的正确判断。在这种时候，人们更喜欢把自己所具有的那些不好的特征投射到自己尊敬的人或者比自己强得多的人身上。这样一来，心里的不安就会大减，因为名人尚且不可避免地具有这些特征，何况我一个无名小卒？

人都是有七情六欲，总是有一些共同的需要。而同处于一个社会，具有相同的身份地位、生活经历的人则具有更多的共性。因此，投射作用在很多时候都还是比较准确的，但是不要忘了，“人心不同，各如其面”。人与人毕竟是不同的，不考虑个体差异，胡乱地投射一番，就会出现错误。

宽容是生命的财富

《寓圃杂记》中记述了杨翥的故事。杨翥的邻居丢失了一只鸡，指骂说是被杨家偷去了。家人气愤不过，把此事告诉了杨翥，想请他去找邻居理论。可杨翥却说：“此处又不是我们一家姓杨，怎知是骂我们，随他骂去吧！”还有一邻居，每当下雨时，便把自己家院子中的积水放到杨翥家去，使杨翥家如同发水一般，遭受水灾之苦。家人告诉杨翥，他却劝家人道：“总是下雨的时候少，晴天的时候多。”

久而久之，邻居们都被杨翥的宽容忍让所感动，纷纷到他家请罪。有一年，一伙贼人密谋欲抢杨翥家的财产，邻居得知此事后，主动组织起来帮杨家守夜防贼，使杨家免去了这场灾难。

宽容是生命的财富，狭隘是心灵的毒瘤。心胸宽广的人，坦然面对生活，接纳一切，岁月很少在他心间划下伤痕，快乐自然常会惠顾于他。心胸狭隘的人，躲在自己的角落里，细数生活给他带来的伤痛，斤斤计较自己的得失，生活对他而言也就失去了乐趣。

宽容是一种博大的胸襟，它能包容人世间的喜怒哀乐；宽容是一种境界，它能使人跃上大方磊落的台阶。只有宽容，才能“愈合”不愉快的创伤；只有宽容，才能消除人为的紧张。

毫无疑问，宽容是人类最高尚的美德之一，而且是那种最基础的美德。因为没有宽容，其他的美德几乎都是空中楼阁，成为无趣的标榜而已。

宽容应该是人们的归宿，是储存一定的生命和阅历后，理所应该达到的一种境界。如果一个老年人雍容洒脱、心怀若谷，我们会觉得是很自然很可亲的；但是一个人到了老年还是斤斤计较、心胸狭隘，谁都会厌烦他。

宽容是福，生活在相互宽容的环境之中，就是人生的最大幸福。享受宽容的幸福，就应该学会宽容，宽容别人对你的嘲笑，宽容朋友对你的种种误解，当然也会使你忘却所有的烦恼与痛苦。

宽容，它是一种风度，一种洒脱，一种成熟。大山不语，也正是由于它的宽容，才有和谐动人的自然风景；大海蔚蓝，正是由于它的宽容，才有深邃博大的底蕴；谷穗低头，正是由于它的宽容，奉献给人沉甸甸的果实。万事万物，其实都以它的宽容，都在默默地为世界创造着奇迹，我们的生命也因此多彩多姿，富有活力。

成大事者必有大胸襟

朱德有诗曰："开心才见胆，破腹任人钻，腹中天地宽，常有渡人船。"有了这样的胸襟和情怀，就会表现出虚怀若谷、雍容大度的谦谦君子之风。在为人处世中尽可能地去理解他人、体谅他人、关心他人、帮助他人，对人不求全责备，不斤斤计较，与人为善，宽宏大度，不计前嫌，不报私怨，这些都是我们待人接物理应遵循的基本原则。只有这样，才能兼容万事万物，同各种人搞好关系，化解人与人之间的矛盾冲突，沟通人与人之间的心灵、感情，增加了解，加深友情，从而促进人际关系的和谐融洽。即使碰到不顺心、难如意的事也不要斤斤计较，耿耿于怀。这必然要求我们在实际生活中真正做到宽容待人、豁达处世。

待人要宽容。常言道：化干戈为玉帛者是机智坦荡之人，化仇恨为友情者是胸怀博大之人。忍受一时的怨恨，能使人终身受益。"胯下之辱"这个故事大家可能都比较熟悉。西汉大将韩信年轻时曾受到一个屠夫的为难。那个屠夫骄狂地对韩信说："你敢不敢在我身上扎两刀？如果不敢，那么就从我胯下爬过去。"韩信听罢，非常生气，心想自己一身武艺还怕你一个小无赖不成？正待发作，但转念一想，我为什么要跟一个屠夫一般见识呢？于是一咬牙，从屠夫胯下爬了过去。后来，韩信当了大将军，他不但没有因为"胯下之辱"而杀那个屠夫，反而给了他一些钱，委派他担任一个职务，使其深受感动。那个屠夫后来成了护卫韩信的忠诚卫士。我们生活在一个社会大家庭之中，人与人之间难免会出现一些磕磕碰碰，如有的伤了自己的面子，有的让自己下不了台，有的当众给自己难堪，有的对自己抱有成见，等等。遇到这些事情，我们应该以自己的宽宏大度促使他人反躬自省。如果“针尖对麦芒”，针锋相对，以牙还牙，反而会把事态扩大，甚至激化矛盾，于己于人都没有好处。“退一步海阔天空”“大度能容天下事”，我们应该以这种胸怀，妥善处理日常工作、生活中遇到的一些问题。这样才能处理好人际关系，更好地享受到工作、学习、生活的乐趣。

心宽一寸，福多十年

有一只青蛙生活在井里，这里有充足的水源。它对自己的生活很满意，每天都在欢快地唱歌。有一天，一只鸟儿飞到这里，停下来在井边歇脚。青蛙主动地打招呼：“喂，你好，你从哪里来啊？”鸟儿回答说：“我从很远很远的地方来，而且还要到很远很远的地方去，所以感觉很劳累。”青蛙很吃惊地问：“天空不就那么大点吗？你怎么说很遥远呢？”鸟儿说：“你一生都在井里，看到的只是井口大的一片天空，怎么能够知道外面的世界呢！”

青蛙听完这番话后，惊讶地看着鸟儿，一脸茫然和失落的样子。

许多人都读过井底之蛙的故事，或许都曾嘲笑过这只青蛙的肤浅，可是在生活中，许多时候我们自己做了井底之蛙却不自知。如果我们的心灵只是井口般大小，禁锢其中的我们只能做一只井底之蛙。相较别人的逍遥快活，我们或者是一脸茫然，继续不自知地愚蠢生活，或者是一边艳羡别人的幸福，一边哀嚎自己的苦痛。

俗话说：“老筋太短，寿命难长！”《黄帝内经·灵枢·经脉》中曾说：“骨为干，脉为营，筋为刚，肉为墙，皮肤坚而毛发长。”在中医理论中，十二经筋纵横交错，结聚散络，广泛分布于四肢、头面、躯干等全身各部分，支撑人体的坐立行走，使人体成为一个有机整体。如果长时间不运动，就会造成筋缩的状况，导致各种症状，最主要的有腰背痛、腿痛及麻痹、长短脚的感觉，严重者行走困难。要想远离这些病痛，人们平时的生活中就要注意拉筋，正如人们常说的“筋长一寸，寿延十年”。

当筋缩导致了人体种种病痛的滋生，就需要拉筋，让人们身体更健康，让生命得以延长。健康与经筋的长度有关，和拉筋一样，幸福与心灵的宽度有关。心宽一寸，福多十年。将你的心灵空间不断放大延伸，就能容下更多的幸福之泉。正如佛家所说：“大肚能容，容天下难容之事；开口常笑，笑天下可笑之人。”无论欢笑苦痛，让你的心都一一容纳，将其转化为人生中前进的动力，变换为生命中难能可贵的记忆。

心理调节术：根治狭隘4方法

心胸狭隘有百害而无一利，必须加以克服。怎样才能克服气量小的狭隘毛病呢?

1. 拓宽心胸

陶铸同志曾经写过两句诗：“往事如烟俱忘却，心底无私天地宽。”要想改掉自己心胸狭隘的毛病，首先要加强个人的思想品德修养，破私立公。遇到有关个人得失、荣辱之事时，经常想到大局、集体和他人，经常想到自己的目标和事业，这样就会感到犯不着计较这些闲言碎语，也没有什么想不开的事情了。

2. 充实知识

人的气量与人的知识修养有密切的关系。有句古诗说：“曾经沧海难为水，除却巫山不是云。”一个人知识多了，立足点就会提高，眼界也会相应开阔，此时，就会对一些“身外之物”拿得起、放得下、丢得开，就会“大肚能容，容天下能容之物”。当然，满腹经纶、气量狭隘的人也有的是，但这并不意味着知识有害于修养，而只能说明我们应当言行一致。培根说：“读书使人明智。”经常读一些心理学方面的书籍，对于开阔自己的胸怀，裨益当不在小。

3. 缩小“自我”

你一定要不断提醒自己，在生活中不要期望过高，来点阿Q精神降低你的期望。如果你坚持抱着一成不变的期望，不愿做任何改变减少你的期望以平衡期望和现实之间的差距，那么你就会很快被激怒，让事情变得更糟。根据莫菲定律："只要事情有可能出错，就一定会出错。"这正好抓住了降低期望、明智看待事情的想法，它也说明了该如何调整期望，才不会留下满屋子的失望和挫折感。

降低你的期望不但可以减少你的生气次数和生气的强烈程度，还可以减少生气的时间。随时调整你的期望，时刻保持清醒的头脑，你才会在自负的乌云之中看到阳光。这样做也就使心胸开阔了许多。因此，正确地善待自我有利于我们走出狭隘。

4. 自然陶冶法

人们在学习、工作之余，在庭院花卉、草坪旁休息，在绿树成荫的大道上散步，在风景秀丽的公园里游玩，就会感到心旷神怡、精神亢奋，利于忘却烦恼、消除疲劳。

自然风光对人的心理有积极作用，早已被古人所认识。唐诗曰："清晨入古寺，初日照高林。曲径通幽处，禅房花木深。山光悦鸟性，潭影空人心。万籁此俱寂，唯闻钟磬音。"大自然确能使人缓解心理紧张，陶冶人的情操。

第 11 章
报复心理调节：原谅别人，放过自己

可怕的“以牙还牙”

所谓报复心理，是指当人们受到强烈破坏性刺激后，产生的某种与对方行为相对抗的“以牙还牙”的反应性心理。

报复心理是有某种积极意义的。它可以变成个人或群体进步的动力，促使自己由弱小变得强大。但无论如何，报复心理是具有破坏性的，是一种不健康的心理，是心胸狭隘、道德修养差的表现。报复心理不仅会对报复对象造成这样或那样的“伤害”，而且有害自己的心理健康。有报复心理的人，容易误解别人的意思，对别人怀有一种戒备和防范心理，很难与人相处。有时报复了别人，自己的良心也会不安，甚至自责自惩。报复心强的人自我意识卑劣、行为极端、瞧不起别人，也不愿与人相交，因此没有良好的人际关系。其实，报复心理是自卑心理的极端表现。

有报复心理的人为了维持心理平衡，在无法从行动上去实现某种欲望时，便从心理上自我发泄，诅咒社会对己不公平，对比自己地位高的或曾经给自己带来不幸的人，怀着一种惩治的心理，有时甚至采取诽谤、侮辱、侵犯人权、违法乱纪等不正当手段。严重情况下，会愤世嫉俗、玩世不恭，甚至对社会都深怀敌意。

报复别人就是报复自己

一个画家在集市上卖画，有一个孩子带了一群仆从走过集市。这孩子的父亲就是画家年轻时的仇人。

孩子在画家的作品前面停了下来，挑选了一幅画。画家却在画上盖了一块布，说他不愿意出售这幅画。从此以后，这孩子日日思念着这幅画，心里闷闷不乐，最后他的父亲来了，愿意出一笔高价，但是画家宁肯让那幅画挂在画室的墙壁上也不愿出售。他沉着脸坐在画前，自言自语地说："这就是我的报复。"

画家习惯于每天早晨画一幅神像。但现在他觉得这些画像一天天地变得同他往常所画的不同起来了。这件事情使他感到苦恼，而且找不出一个解答。直到有一天，他在工作中惊跳起来：他刚画好的一幅神像的眼睛，竟是那孩子的眼睛，神像的嘴唇也是孩子的嘴唇。

他撕毁了画像，大声叫喊："我的报复已经回报到我自己头上来了？"

"冤冤相报何时了"。报复别人不但于事无补，而且早晚有一天，这报复会回到自己头上。因为任何一个人在伤害别人的同时，也必将在自己的心里留下污点和阴影，那是良心和善的本性提出的警告。

别将自己锁在报复的悲剧里

人是灵魂塑造的。当一个人的灵魂真的已被报复心控制，他（她）失去最多的是人性中最宝贵的东西：宽容和慈善。失去宽容和慈善的人面部有一层潜藏的杀机，这层杀机严重衰减着这个人的魅力。人有时说不出什么高深的道理，但却能感觉出事物的本质。一个人接受另一个人，不是接受样子，而是接受感觉。许多报复心重的人也懂这个道理，不然他们就不会费力不尽地伪装自己。伪装很累，因此怀揣报复的人整天都会觉得自己很有压力。

报复的根源，无外乎是过分在乎和过分压抑的结果。人与人之间有不同看法和意见本来很正常，如果不过分在乎，能以健康心态去对待心中不满，就可以找到消除敌对情绪的好方法。有时一些事的确让你忍无可忍，就事论事地宣泄一下也无大碍。人是一个容器，憋得过分肯定会出大事。有些突发事件非要逼你大打一顿，大打也行，打完之后说不定双方都能获得一种轻松和愉悦。重要的是不要死记前仇，如果死记着仇恨不放，就会慢慢形成报复的死结。

人的命运本来都是不错的，结果往往让自己很多的变态心理改变了生命的轨迹，生活由此变得苦不堪言。生命是一种在定律中舞动的音符，当你偏离自己正常的旋律，就意味着已将自己锁定在悲剧里。如果我们站在历史的角度去审视报复的价值，我们真的会惊叹：报复的人生成本实在是太昂贵！

别让仇恨挡住你的路

只要你翻开报纸，随时可以看到几则骇人听闻的恶性事件，且日日新鲜，件件不同。闻名世界的甲壳虫乐队的灵魂人物约翰·列侬被他的歌迷枪杀；足球明星大摆乌龙后被球迷枪杀陈尸街头；美国的校园枪击案几月一宗；雇员遭解雇后在公司乱枪扫射；女子提出分手男友愤而杀之……

在这里你可以感受到人性暴戾的一面。不过在造成不可挽回的损失之后，绝大多数当事人都是悔不该当初的。有些人在临刑前忏悔，有些人在铸成大错后痛哭流涕，当然也有些人连后悔的机会都没有，就直奔黄泉路了。种种事件令人唏嘘，更令人纳闷：这个世界究竟怎么啦？其实这是激情使然，是人类情绪失控的表现，只要情绪控制得当，很多悲剧都可以避免，可以防患于未然。

报复情绪其实是人的一种防御本能，是人类进化过程中获得的一种生存竞争能力，遭遇危险是“战”或“逃”，关乎生死存亡，这在远古时期是人类赖以生存的关键，但在当今文明社会，该防御本能的过分运用会导致人际关系紧张甚至冲突，酿成悲剧。

切勿在一念之间，让自己的报复情绪积蓄成一股难以阻挡的可怕力量，让邪恶占了上风，到头来后悔莫及。

古希腊神话中有一位大英雄叫海格里斯。一天他走在坎坷不平的山路上，发现脚边有个袋子似的东西很碍脚，海格里斯踩了那东西一脚，谁知那东西不但没有被踩破，反而膨胀起来，加倍地扩大着。海格里斯恼羞成怒，操起一条碗口粗的木棒砸它，那东西竟然长大到把路堵死了。

正在这时，山中走出一位圣人，对海格里斯说："朋友，快别动它，忘了它，离它远去吧！它叫仇恨袋，你不犯它，它便小如当初，你侵犯它，它就会膨胀起来，挡住你的路，与你敌对到底！"

放下报复的"刀"

在社会交往中，有些人欲以攻击方式对那些曾给自己带来伤害或不愉快的人发泄不满，这种情绪就是报复。报复心理是一种不健康的心理状态，它不仅会对报复对象造成这样或那样的威胁，而且有害自己的心理健康。试想，如果这个世界上谁都"有仇必报"的话，那么冤冤相报何时能了呢？社会又怎么能够平静安稳？所以，脑袋中还在转着报复念头的人，劝你"放下屠刀"吧！

每个人都该学会用动机和效果统一的观点去衡量人的行为，这样可以减少许多不满情绪的产生，为报复心的萌生断了后路。当他人给你带来伤害或不愉快时，你应该试着回想自己是否在某时某刻也给别人带来过同样的伤害。如此将心比心，报复的欲念就会慢慢散去。在人际交往中，不可能没有利害冲突。当你受挫折或不愉快时，不妨进行一下心理换位，将自己置身于对方境遇中，想想自己会怎么办。通过这样的换位，你也许能理解对方的许多苦衷，正确看待他人给自己带来的挫折或不愉快，从而消除报复心理。

报复毕竟是对他人的一种伤害，每个人在产生报复的念头时务必要多考虑报复的危害性。报复行为会不会受到社会舆论的谴责？会不会触犯纪律或法律？如果你的良心约束不了你，那就只有法律来束缚你。

有报复心理的人一般心胸狭窄，易受情绪影响，且恶劣心境的作用强烈而漫长。所以，要加强自身修养，开阔心胸，提高自制能力，让自己在阳光雨露下生活。

多一点原谅和包容，根除报复心理，我们将赢得更多的朋友。

化敌为友，相逢一笑泯恩仇

佛家曾有慧语：仇恨永远不能化解仇恨，只有爱才能够彻底化解仇恨。

有这样一个人的经历：

他在台上演讲时，那人在台下窃窃私语；他说到兴奋之处，那人却讥讽地哈哈大笑。

他有权力阻止这个对自己充满敌意的人的所为，但是他没有。他总是面带微笑看着他，然后继续自己的演说。

他知道那人喜欢藏书，有次在议会大厦大厅里遇上，他问："我有许多珍贵的藏书，不知你有没有兴趣？"

那人吃了一惊。

他把家中的许多藏书赠给那人，他们之间有了接触，谈论的话题从书籍发展到政见。最后，他们成为挚友。

他就是美国著名的政治家富兰克林，而那个对他充满敌意的人当时的身份是州议会议员。

生活中，我们难免遇到敌人，此时此刻，我们可以和他们针锋相对，和对手斗争到底；可以忽略对手，不与对手一般计较；当然也可以化敌为友。

但是，大家不妨想一下，若是争斗起来，可以天昏地暗。若是忽略对方则需要豁达和操守，淡然看待对手的挑衅。化敌为友则需要更宽广的胸怀，更长远的考虑。

与人争斗、忘记对手是容易的，但要笑脸面对敌人，把敌人引为知己，却要遭遇人性上的艰苦考验。然而，如果我们能以一课平常心豁达地对待对手，就会发现其实化敌为友会带给我们太多意想不到的收获。

心理调节术：祛除报复3秘诀

如何克服严重的报复心理呢？应注意以下几点：

1. 学会换位思考

生活中与他人发生矛盾冲突在所难免，对此要有心理准备，不能回避，也不能“以暴抑暴”。学会换位思考，可以尽量减少矛盾的产生，减少报复心理的折磨。

2. 认识报复心理和行为的危害性

实施报复者，短暂的快意之后，到头来是“众叛亲离”，还要整天担心遭到报复；被报复者，虽然得到了大家的同情和帮助，但所受的伤害始终是一个心理阴影。所以说，报复行为的最终结果只能是两败俱伤，没有胜利者。报复心理是要不得的，它会让你的内心越来越狭隘，身心疲惫。

3. 学会宽容、感动与关爱

世界上没有完美的东西，有阳光就会有阴影，要学会用辩证的眼光看待这个世界。不要仇视他人，试着去发现优点，试着从小事里学会感动，你会发现别人没有想像的那么可恶，社会也没有想像的那么昏暗。学会关爱他人，你必然会收到爱的回报；学会宽容他人，你也善待了自己。我们的心就像一个容器，当充满爱的时候，哪里会有怨恨的容身之地呢？

第 12 章
完美心理调节：在不完美中遇见美好

完美主义害了多少人

“完美主义”指对己或对人所要求的一种态度。持完美主义，对任何事都要求达到毫无缺点的地步，因而难免只按理想的标准苛求，而不按现实情境考虑是否应该留有余地。

每个人多少都有追求完美的倾向与需要，希望每件事都尽可能地做到完美的地步。这种倾向是人类追求自我实现与自我超越的动力源泉，促使人们为自己或某些工作设定较高的目标，并更加努力地去完成它。

但是，这种倾向若过度苛求，就会变成完美主义。对任何事都坚持高目标，不考虑自己的能力、环境的条件、他人的需要、工作可达到的限度等对达成目标的限制，而一味地要求目标的完美无缺。如此，往往给予自己和他人许多压力与责难。完美主义不能忍受所作所为未能达到目标，也不欣赏与肯定自己及他人在努力过程中的付出，而经常地责备自己与他人，充满不满与批评。

过度完美主义的人，除了因苛责、批评而使自己及他人感到不愉快之外，也容易有由于所定目标过高，又怕无法完成所带来的不完美感，而不敢有所作为。如此，反而会给人一种顾虑太多、畏首畏尾的感觉。

完美主义——美丽的错误

从心理学来说，“完美主义”是对完美过分的一种极端追求。那种完善自我，健康地追求完美，并且在努力达到高标准过程中体验到快乐的人，不是完美主义者。心理学上所指的完美主义者是那些把个人的理想标准和道德标准都定得过高，不切合实际，而且带有明显的强迫倾向，要求自己去做不可能做到的事的那种人。

完美主义的人往往不愿意接受自己或他人的弱点和不足，非常挑剔。比如，让自己保持优雅的姿态、不俗的气质、温柔的谈吐，这就是为自己定了一个过高的理想标准，而且也带有强迫的特征；会为一个自认为不优雅的姿态就紧张焦虑，这也并不是一个健康的追求完美的正常心态。

完美主义者表面上都很自负，其实内心深处却是非常自卑。比如，很少看到自己的优点，总是在关注自己的缺点，而且总是不知足，也很少肯定自己。不知足就不快乐，周围的人也一样不快乐。所以，学会欣赏别人和自己是很重要的，它是进一步实现下一个目标的基础。

在人际交往方面，为了维护自己这个完美的角色，完美主义者常常生活在一个狭小的圈子中。比如，很想可又不敢融入到群体中去，怕暴露了自己的缺点。不敢表露自己的感情，不敢表达自己的观点和态度，给自己制定了太多的条条框框，以完美的标准要求自己，带给自己的却只有沉重的压力和深深的自责。对于别人的褒奖，只会感到诚惶诚恐，认为自己还差得很远。违心地满足别人的要求，委屈自己，打肿脸来充胖子。

醉心于追求“完美”的人，其实是不完美的。因为“完美”毕竟是抽象的，只有生活才是具体的。生活中有不少“完美”并非靠追求就能得到，相反，生活中有许多遗憾是无法避免的。假如我们在心理上战胜了这些，我们的内心就会稳健许多，就会重新感受到生活的乐趣。

“最完美的商品只存在于广告中，最完美的人只存在于悼词中。”完美永远是可望而不可及的。当我们不再注意自己是否完美时，或许有一天我们会惊喜地发现往日渴求的完美，今天已经俱备。

百般挑剔的完美主义者

追求完美在某种意义上讲是一个优秀的品质，但是如果对己、对人，对周围的一切事物都要求尽善尽美的话，就脱离了现实，容易引发心理问题。

完美主义者通常有以下的表现：

1. 对自己要求苛刻

因为你的内向和高标准，一件做得很出色的事情，也不能令你满意，且常归咎于自己，因而你常常自惭形秽。

2. 对他人要求严格，挑剔，不留情面

如果完美主义者是一个老板的话，他绝对是一个难伺候的老板。他在挑剔自己的同时，也会让周围的下属感到一种压力，因为他对下属的要求必定也十分严格。

3. 善于发现问题

完美主义者更容易注意到一些小的细节的问题，并力求改进。他们喜欢寻根问底，不会只满足于看到事物的表象，能发现别人发现不了的问题，并能找到根本的解决办法。

4. 固执己见

完美主义者容易坚持自己的标准，认为别人的标准太过宽松；他们也容易坚持自己的想法，不顾他人的意见。

5. 自律性很强、意志坚定

一旦预见到将来的结果，就会一丝不苟、心无旁骛地去做。他们有长远目标，也只喜欢做与长远密切相关的事。

6. 控制欲望强，喜欢发号施令

完美主义者希望事情都能按他所设想的走下去，达到他的目的。

圆满中的缺憾，缺憾中的圆满

有一个很著名的故事，因其特有的耐人寻味而流传甚广。

国王有七个女儿。这七位美丽的公主是国王的骄傲。她们那一头乌黑亮丽的长发远近皆知，所以国王送给她们每人一百个漂亮的发夹。

有一天早上，大公主醒来，一如既往地用发夹整理她的秀发，却发现少了一个发夹，于是她偷偷地到了二公主的房里，拿走了一个发夹。

二公主发现少了一个发夹，便到三公主房里拿走一个发夹；三公主发现少了一个发夹，也偷偷地拿走四公主的一个发夹；四公主如法炮制拿走了五公主的发夹；五公主一样拿走了六公主的发夹；六公主只好拿走七公主的发夹。于是，七公主的发夹只剩下九十九个。

隔天，邻国英俊的王子来到皇宫。他对国王说："昨天我养的百灵鸟叼回了一个发夹，我想这一定是属于公主们的，而这也真是一种奇妙的缘分，不晓得是哪位公主掉了发夹？"

公主们听到了这件事，都在心里想：是我掉的，是我掉的。可是头上明明完整地别着一百个发夹，所以都懊恼得很，却说不出。只有七公主走出来说："我掉了一个发夹。"

话才说完，七公主一头漂亮的长发因为少了一个发夹，全部披散了下来。王子不由得看呆了，决定和公主一起过幸福快乐的日子。

是啊！人不总是因为全部拥有而幸福，相反却因失去而美丽。为什么一有缺憾就拼命去补足呢？一百个发夹，就像是完美圆满的人生，少了一个发夹，这个圆满就有了缺憾；但正因缺憾，未来就有了无限的转机、无限的可能性，这何尝不是一件值得高兴的事呢？

缺憾也是一种完美

有这样一个故事：

一个圆环被切掉了一块儿，圆环想使自己重新完整起来，于是就到处去寻找丢失的那一块儿。可是由于它不完整，因此滚得很慢。它欣赏路边的花儿，它与虫儿聊天，它享受阳光。它发现了许多不同的小块儿，可没有一块适合它。于是它继续寻找着。

终于有一天，圆环找到了非常适合的小块儿。它高兴极了，将那小块儿装上，然后滚了起来，它终于成为完美的圆环了。它能够滚得很快，以致无暇注意花儿或和虫儿聊天。当它发现飞快地滚动使得它的世界再也不像以前那样时，它停住了，把那一小块儿又放回到路边，缓慢地向前滚去。

人生的确有许多不完美之处，每个人都会有或这或那的缺憾。其实，没有缺憾我们便无法衡量完美。仔细想想，缺憾其实不也是一种完美吗？

一个人有一张出色的由檀木做成的弓。这张弓射箭又远又准，他非常珍惜它。

有一次，他仔细观察弓时想：还是有些笨重，外观也无特色，请艺术家在弓上雕一些图画就好了。于是他去找艺术家。艺术家在弓上雕了一幅完整的行猎图。

这个人拿着这张完美的弓心中充满了喜悦。

“你终于变得完美了，我亲爱的弓。”他一面想着一面拉紧了弓。这时，弓“咔”地一声断了。

生活有时就是这样，因为你太求完美，所以到最后连你应该得到的都失去了。世界万物皆不完美，没有完美的人，也没有完美的事物。人生总有缺憾，当你凡事苛求时，结果可能只会让自己因沉重的心理负担而不快乐。

改掉吹毛求疵的坏毛病

不少人为求完美而吹毛求疵，结果却是降低了自己生活的质量。我们有时精神萎靡，心境恶劣，疲惫不堪，不正是由于我们过分注重一些毫无价值的小事才引起的吗？这种性格上的弱点除了自我折磨以外，并不会产生任何积极的结果。

吹毛求疵者的眼光总是非常狭隘、非常近视的。他们只顾眼下，不管将来；只计较细小的事情，没有远大的计划；只贪图分厘的利益，不计算万千的收入。有这样性格的人，必将使自己的精神境界局限于一个极小的范围，逐渐变得自私、冷漠、吝啬、苛刻，失去一切感情，失去一切友谊，茕茕孑立，形影相吊。

对待生活中的其他事也是如此。一个健康的人，有时感到不愉快、不舒畅，对一些过去的事惋惜和悲伤，这些都是正常的现象。但总的态度都应该是积极的，想得开，放得下，朝前看，从而才能从琐事的纠缠中超脱出来。假如对生活中发生的每件事都寻根究底，去问一个为什么，那实在既无好处，又无必要，而且败坏了生活的诗意。

这时，你就可以发挥一下“模糊概念”的魔法，有些鸡毛蒜皮的小事，即使弄得清清楚楚，又有什么意义，完全可以撂下不管。至于有些并不太重要的事，基本了解也就可以了，更不必要钻进牛角尖，细细考证，吹毛求疵。只有对一些小事“模糊”一些，才能真正品味到生活的乐趣，也才能有充沛的精力去处理大事，进而有所发现，有所领悟。这样，心境也就自然日益变得舒畅起来。

如果你有喜欢指责自己或他人一切小错误的心理，或者被一些小事困扰而情绪恶劣，那么，专家建议你：

（1）退一步想：一件已经发生的事情，永远是无法挽回了。往事已成为历史，它并不因你的焦虑、悔恨和自我折磨而有所改变。

（2）价值观念：你吹毛求疵，是因为你把许多无足轻重的事看得太重要了。实际情况肯定并非如此。在人的一生中，真正值得重视和谨慎处理的是那些足以改变命运的事件、机遇和挫折。人没有必要处处留神，那只会增加你的负担。

（3）自我提问：“我可能遇到的最糟糕的事是什么？”这样你会发现自己的吹毛求疵是一种可笑的心理。

（4）努力忘掉：试一试把一些你认为亟待处理的事搁置一边，努力忘掉它。一段时间以后，这件事也许果真就不那么重要了。时间的长河会淘洗掉许多生活琐事的痕迹，你如果为它付出了过多的精力，那么你的生命有很大一部分就被白白浪费掉了。

最后，你也许会惊讶地发现一个窍门：许多事我们知道就行了，不必把它常常挂在心上。

心理调节术：走出完美主义4途径

字典中“完美主义”是指对事物要求尽善尽美，愿意付出很大的精力去把它做到天衣无缝的地步。可见，完美主义并不完全是坏东西，对于某些人和职业甚至还是很必要的，比如音乐、美术、服装设计等。但是如果对周围的一切事物都追求尽善尽美的话，就脱离了现实，容易引发心理问题。因此，我们应坚决地和完美主义决裂。

1. 学会接受不完美的现实

没有十全十美的人，没有十全十美的事物。这是客观事实，不要逃避，也不要苛求。

2. 放松对自己的要求

为自己确定一个短期的、合理的目标。目标定得太高，形同虚设，反而欲速则不达；目标定得太低，轻轻松松就过关，自身的潜能受到抑制，很不利于自己水平的提高。目标定位的原则是“跳一跳，够得着”，正因为目标合理，每次总能接近或超过目标。这样下去，才能培养起成就感和自信心，在以后的学习和工作中就会取得优异的成绩。

3. 对“失败”要重新认识

谁都会遇到失败，不同的只是失败的多少而已。失败并不可怕，可怕的是对失败的消极态度。“不经历风雨，怎么见彩虹。”应把失败看作是自己前进道路上宝贵的反面经验，相信这一次失败之后一定就是成功。

4. 宽以待人

完美主义者是仔细周到的人，但是你要小心，不要总是指出别人的错误，让别人反感和紧张。也不要因为做事不合你的要求就牢骚满腹，尤其是对你的孩子。

第 13 章
逃避心理调节：与世界死磕到底

逃避不是好办法

有这样一个故事：住在楼下的人被楼上一只掉在地板上的鞋子所惊动，那种声音虽然搅得他烦躁不安，可是真正令他焦虑的却是不知道另一只鞋什么时候会掉下来。为了那只迟迟没有落下来的鞋子，他惶恐地等待了一整夜。

在实际生活中也常常这样，往往是高悬在半空中的鞭子才给人以更大的压力，真正打在身上也不过如此而已。

由此我们可以得到什么启示呢？等着挨打的心情是消极的，那种等待的过程与被打的结果都是令人沮丧的。一个人在心理状况最糟糕的状态下，不是走向崩溃就是走向希望和光明。有些人之所以有着不如意的遭遇，很大程度上是由于他们个人主观意识在起着决定性作用。他们选择了逃避。如果我们能够善待自己、接纳自己，并不断克服自身的缺陷，克服逃避心理，那么我们就能拥有更为完美的人生。

在竞争激烈的现代社会，如何保持健康的心理状态是相当重要的。

许多研究心理健康的专家一致认为，适应良好的人或心理健康的人，能以“解决问题”的心态和行为面对挑战，而不是逃避问题，怨天尤人。

逃避者没有明天

一天晚上，外面正下着大雨，猴子和癞蛤蟆坐在一棵大树底下，互相抱怨这天气太冷了。

“咳，咳。”猴子咳嗽起来。

“呱—呱—呱。”癞蛤蟆也喊个不停。

它们被淋成了落汤鸡，冻得浑身发抖。这种日子多难过呀！它们想来想去，决定明天就去砍树，用树皮搭个暖和的棚子。

第二天一早，红彤彤的太阳露出了笑脸，大地被晒得暖洋洋的。猴子在树顶上尽情地享受着阳光的温暖，癞蛤蟆也躺在树根附近晒太阳。

猴子从树上跳下来，对癞蛤蟆说：“喂！我的朋友，你感觉怎么样？”

“好极了！”癞蛤蟆回答说。

“我们现在还要不要去搭棚子呢？”猴子问。

“你这是怎么啦？”癞蛤蟆被问得不耐烦了，“这件事明天再干也不迟。你瞧，现在我有多暖和，多舒服呀！”

“当然啦，棚子可以等明天再搭！”猴子也爽快地同意了。

它们为温暖的阳光整整高兴了一天。

傍晚，又下起雨来。

它们又一起坐在大树底下，抱怨这天气太冷，空气太潮湿。

“咳，咳。”猴子又咳嗽起来。

“呱—呱—呱。”癞蛤蟆也冻得喊个不停。

它们再一次下了决心：明天一早就去砍树，搭一个暖和的棚子。

可是，第二天一早，火红的太阳又从东方升起，大地洒满了金光。猴子高兴极了，赶紧爬到树顶上去享受太阳的温暖。癞蛤蟆也一动不动地躺在地上晒太阳。

猴子又想起了昨晚说过的话，可是，癞蛤蟆却说什么也不同意：“干吗要浪费这么宝贵的时光，棚子留到明天再搭嘛。”

这样的故事，每天都重复一遍。一直到今天为止，情况都没有变化。

癞蛤蟆和猴子还是一起坐在大树底下呻吟，抱怨这天气太冷，空气太潮湿。

“咳，咳。”

“呱—呱—呱。”

生活中，我们常把明天变为逃避今天的心灵寄托，明天的到来会因为你的懒惰导致现状更困惑。从现在开始就停止你的抱怨、拖延、逃避吧——抱怨会因为借口的到来赶走机遇；拖延会因为借口的到来颓废生命；逃避会让你永远守着今天而看不到明天。

你再逃，又能逃到哪里

阿军有着令人羡慕的职业。有一天他竟然对朋友说他曾经闪现过轻生的念头。他是一个因循守旧的人，不习惯面对变化与改革。当他得知自己可能被指派去干他既不熟悉也不喜欢的工作时，潜在的焦虑、恐惧与厌世情绪随即涌上心头。他本来可以去竞争另外一个更适合自己的职位，可是他由于胆怯自卑而失去了竞争的勇气。

正是这种逃避竞争、习惯于退缩的心态，使他陷入绝望的深渊之中。这种扭曲的心态和错误的认知观念使他放弃了所有的努力。

其实，人的一生，或多或少都会遇到一些意外和不如意的事情，我们能否以健康的心态来面对是至关重要的。

然而，在现实生活中，能够以正确的态度和行为面对挫折与挑战其实并非易事。我们可以看到周围的不少人或因工作、事业中的挫折而苦恼抱怨，或因家庭、婚姻关系不和而心灰意冷，甚至有的因遭受重大打击而产生轻生念头，生命似乎是那么脆弱。

许多研究心理健康的专家一致认为，适应能力良好的人或心理健康的人，能以“解决问题”的心态和行为面对挑战，而不是逃避问题，怨天尤人。

其实，你再逃，又能逃到哪里？

逃脱的结局是被淘汰

避免或逃脱责罚是人类的一种强烈本能。多数人在“有利”与“不利”两种形势的抉择中都会选择趋吉避凶。通过各种“免罪”行为，人们可以暂时逃脱责罚，保持良好的自身形象。

很久很久以前，走兽和飞禽有过一场猛烈的战斗。蝙蝠两方面都不参加，老待着看哪边取得胜利。起先，飞禽战胜了走兽，蝙蝠就加入飞禽一边，跟它们一起飞，表示自己是飞禽；后来，走兽开始占优势的时候，蝙蝠就投到走兽那边去了。它把自己的牙齿、爪子和奶头给它们看，证明自己是走兽，同时保证自己热爱同类。最后，飞禽终于得胜了，蝙蝠又投到飞禽那边，可是这回飞禽把它撵走了。

蝙蝠想再加入走兽这边来，已经不可能了。从此它两方面都不能够参加，只好待在地窖里，或者待在窟窿里，黄昏的时候才敢出来到处飞。

逃避自己理应承担的责任和义务，就会受人指责，失去更多的朋友。生命就是一种责任，谁逃避自己的责任，谁就会被命运捉弄。谁拒绝承担组织和团队中所应负的责任和义务，谁就会被淘汰出局。

接受不可避免的事实

生命并不是一帆风顺的幸福之旅，而是时时在幸与不幸、沉与浮、光明与黑暗之间的模式里摆动。面对种种的不幸，只有一个方法——就是接受它。心理学家、哲学家威廉·詹姆斯提出忠告：“要乐于接受必然发生的情况，接受所发生的事实，是克服随之而来的任何不幸的第一步。”事情既然如此，就不会另有他样。在漫长的岁月中，你我一定会碰到一些令人不快的情况。我们也可以有所选择。我们可以把它们当作一种不可避免的情况加以接受，并且适应它，或者我们可以用忧虑来毁了我们的生活，甚至最后可能会被弄得精神崩溃。

当我们的生活被不幸遭遇分割得支离破碎的时候，只有时间可以把这些碎片捡拾起来，并重新抚平。我们要给时间一个机会。在你刚刚受到打击的时候，整个世界似乎停止运行，而我们的苦难也似乎永无止境。

这不是说，在碰到任何挫折的时候，都应该低声下气，那样就成为宿命论者了。不论在哪一种情况下，只要还有一点挽救的机会，我们就要奋斗。但是当普通常识告诉我们，事情是不可避免的——也不可能再有任何转机时——我们就应该保持理智，不要“左顾右盼，庸人自扰”。

当你“不幸”遇到不幸时，你可以这样做：

先试着接受这不可避免的事实；

让时间去治疗你的伤痛；

采取一些行动，改变你的困境；

充分坚定信心，因为不幸只是过客。

挥挥手，向不幸告别；如果你沉迷了，那不幸只能陪在你的身旁，做你永远的伴侣了。

知难而上，让世界为你让路

1944 年，艾森豪威尔指挥的英美联军正准备横渡英吉利海峡，在法国诺曼底登陆，展开对德战争的另一个阶段。

这次的登陆事关重大，英国和美国合作无间，为这场战役投入了巨大的人力物力。然而人算不如天算，就在一切准备就绪、蓄势待发的时候，英吉利海峡却突然风云变色、巨浪滔天。数千艘舰船只好退回港湾，等待海上恢复平静。

这么一等，足足等了四天。天空像是被闪电劈开了一道裂缝，倾盆大雨连绵不绝，数十万名军人被困在岸上，进退两难。每日所消耗的经费、物资，实在不容小觑。

正当艾森豪威尔总司令苦思对策时，气象专家送来最新的报告，资料中显示天气即将出现好转，狂风暴雨将在三个小时之后停止。

艾森豪威尔明白这是千载难逢的好机会，可以攻敌人于不备，只是这当中也暗藏危机，万一气候不如预期中这么快好转，很可能就全军覆没了。

艾森豪威尔经过慎重的考虑之后，在日志中写下："我决定在此时此地发动进攻，是根据所得到最好的情报做出的决定……如果事后有人谴责这次的行动或追究责任，那么，一切责任应该由我一个人承担。"然后，他斩钉截铁地向陆、海、空三军下达了横渡英吉利海峡的命令。

艾森豪威尔受到幸运之神的眷顾，倾盆大雨果然在三个小时后停止，海上恢复了风平浪静。英美联军终于顺利地登上诺曼底，掌握了这场战争得胜的关键。

艾森豪威尔最大的成就，不只在于他英明果断的决策，还在于他肯为自己的决定负完全的责任。这是在高位者十分难得的表现。

真正的英雄其实不在于他的功绩有多么的浩大，而在于他有没有面对失败的勇气。失败只是可惜，并不可耻，逃避才真正可耻。况且失败只是一时，伴随而来的责任却是一世的。只有当你勇于承担、面对时，才能开出一条生路，迈向美好的明天。

心理调节术：战胜逃避5战术

在日常生活中，有很多朋友面对学习、事业、家庭上的困难和挫折总是喜欢抱怨，感觉到遭受了很大的打击，心灰意冷，刻意去回避，不能用解决问题的积极心态去应对，这样就不利于获得完美的人生。

1. 正视现实，接受挑战

当遇到困难时，如果我们选择了逃避，就失去了解决问题的机会。所以我们要接纳自己，正视困难，逃避解决不了任何问题，正确的做法是克服自身的不足和缺陷，摒弃逃避心理，勇敢面对，追求幸福生活。

人在一生中，会面临许多挑战和机遇，如果我们能勇敢接受挑战，才能有机会不断提高自我，发挥自己最大的潜能，看到人生更多的美景，体会更多的成功和快乐。

2. 勇于承担责任

遇到问题和矛盾，不要去纠结到底是谁的错和责任，在生活中，我们总会遇到一些麻烦，如果能多反省自己，对待别人更加宽容，同时不为外部的事情和干扰所困惑，理性对待一切，不回避矛盾和冲突，这样不仅自己内心会获得平静，也会赢得他人的尊重。

3. 自我疏导不良情绪

当对某些事感到痛苦时，要想办法疏导这些不良情绪，不要将这些情绪积压在潜意识中，一旦压抑太多，潜意识会忠实地依照讯息，在情境来临时去实现一些极端行为，让自己解脱，酿成不幸。

4. 用积极的心态对待人生

不要自暴自弃，逃避现实，终日抑郁寡欢，应当保持积极乐观的心，开朗豁达，有利于消除忧郁消极心理，战胜困境。

5. 努力学习，提长应对现实的能力

要树立终身学习的理念，与时俱进，提高自己的能力，顺应历史的变革，让自己更具竞争力，而不是因循守旧，因为不习惯社会的变化、科技的变革而逃避竞争，变得退缩，陷入绝望，这种不好的心态会使自己陷入不如意的境地，放弃所有努力，不利于个人的成长和进步。

第 14 章
怀旧心理调节：不为过去的事纠结不休

人为什么爱怀旧

怀旧心理的产生有社会原因，也有主观因素。

1. 从社会原因来看

由于社会结构与阶层发生了重大变化，社会资源与利益重新分配组合，社会地位与经济利益受到冲击的那一部分人，极易产生失落感，但又无能为力，只能通过怀旧的方式来表达对现实的遗憾。随着现代文明和大都市的大规模崛起，原有的生活环境在无情地解体。在大城市人们告别了四合院、胡同、里弄，但又被困在钢筋水泥的框架中；在乡村，诗篇一样的田野，不断被公路、铁路吞噬；工业污染了大地；电视使世界和人们接近，却又使人们的心灵彼此疏远。这一切都使一些人感到不适与恐惧。

2. 从主观方面来看

怀旧实质上是一种对现实生活的躲避和遁逃，是一种特殊的机制。它把我们所不想回忆的痛苦和压抑隐藏了、忘却了，以至于我们自己永远不会再想起。而另一方面，它又把我们过去生活中美好的东西大大强化了、美化了，以至于人们在几次类似的回忆后把自己营造的回忆当作真实。怀旧起源于个人的失落感。失落导致回首，以寻找昔日的安宁与情调。

另外，怀旧从心理学的角度出发，是一种习惯势力对个性的影响。

习惯势力是历史形成的旧意识形态的反映。这种旧的意识形态是以旧风俗、旧习惯、旧文化、旧思想沿袭下来的，当旧的意识形态仍为群众所习惯的时候，就将形成一种极大的势力。这种势力对个体心理产生很大的影响。习惯势力的存在常常是个体性格形成的一个重要因素。

怀旧，在怀念旧日的什么

怀旧心理其主要表现有：

1. 依恋过去的事情

保存大量的旧照片、旧服装、旧书、旧报纸；给孩子取旧时代的名字；有些饭馆酒楼仍取的是知青时期“向阳屯食村”“黑土地酒家”“老三届饭馆”“北大荒火锅城”之类的旧名称；流行歌曲的歌词也越来越“土”，什么“篱笆墙”“牛铃摇春光”“向你借半块橡皮”。歌曲创作向童年、乡村延伸。

2. 依恋过去的友人、恋人

有人十分热衷搞同乡会、同学联谊会。这包括幼儿园园友、小学校友、中学校友、大学校友……有的男士女士，过去曾有过一段恋情，因故未成连理，如今已届中年，旧情萌发，开始“第二次握手”。

3. 依恋过去的经历

有的人过分看重过去所取得的功绩，把所获得的奖状、勋章、奖品保存得完美无缺，时常追忆当年那辉煌的经历。相比之下，现在这荣誉的光环正逐渐在消失，心理时常有失落感。病态的怀旧行为阻碍个体适应环境，对社会变革产生阻力。在人际交往中只能做到“不忘老朋友”，但难以做到“结识新朋友”，个人的交际圈也大大缩小。有病态怀旧行为的人很难与时代同步，这有碍于他们自身的进步与发展，应进行适当的调节。

用双手握住你的今天

隆萨乐尔曾经说过：“不是时间流逝，而是我们流逝。”不是吗，在已逝的岁月里，我们毫无抗拒地让生命在时间里一点一滴地流逝，却做出了分秒必争的滑稽模样。

说穿了，回到从前也只能是一次心灵的谎言，是对现在的一种不负责的敷衍。

所谓“活在现在”，就是指活在今天，今天应该好好地生活。这其实并不是一件很难的事，我们都可以轻易做到。

昨天就像使用过的支票，明天则像还没有发行的债券，只有今天是现金，可以马上使用。今天是我们轻易就可以拥有的财富，无度的挥霍和无端的错过，都是一种对生命的浪费。

这世上再也没有什么能比今天更真实了。即使能回到从前，也会有太多的遗憾，就像一个早已愈合了的伤口，又被我们重新揭起。那些我们无法改变的事实，那些我们无力填补的空白，都是因为我们当初错过了“今天”的结果。或许，回不到从前，那声啼哭才更具有撼人心魄的力量；或许，回不到从前，那段逝去的童年才会更令人神往；或许，回不到从前，那场没有结果的初恋才能成为你生命之树上的永恒花朵……

不要回避今天的真实与琐碎，走脚下的路，唱心底的歌，把头顶的阳光编织成五彩的云裳，遮挡凌空而至的风霜雨雪。每一个日子都向人们敞开，让花朵与微笑回归你疲惫的心灵，让欢乐成为今天的中心。如果有荆棘刺破你匆匆的脚步，那也是今天最真实的痛苦。

迎接今天的最佳姿势就是站立，用你的手拂去昨天的狂热与沉寂，用你的手推开明天的迷雾与霞辉，用你的手握住今天的沉重与轻松。把迎风而舞的好心情留在今天，把若隐若现的阴影也留给今天。

从“白日梦”中苏醒

西方精神分析学大师弗洛伊德将空想命名为“白日梦”。他认为，白日梦就是人在现实生活中由于某种欲望得不到满足，于是通过一系列的空想、幻想在心理上实现该欲望，从而为自己在虚无中寻求到某种心理上的平衡。

一年夏天，一位来自马萨诸塞州的乡下小伙子登门拜访年事已高的爱默生。小伙子自称是一个诗歌爱好者，从7岁起就开始进行诗歌创作，但由于地处偏僻，一直得不到名师的指点，因仰慕爱默生的大名，故千里迢迢前来寻求文学上的指导。

这位青年诗人虽然出身贫寒，但谈吐优雅，气度不凡。老少两位诗人谈得非常融洽，爱默生对他非常欣赏。

临走时，青年诗人留下了薄薄的几页诗稿。

爱默生读了这几页诗稿后，认定这位乡下小伙子在文学上将会前途无量，决定凭借自己在文学界的影响大力提携他。

爱默生将那些诗稿推荐给文学刊物发表，但反响不大。他希望这位青年诗人继续将自己的作品寄给他。于是，老少两位诗人开始了频繁的书信来往。

青年诗人的信一写就长达几页，大谈特谈文学问题，激情洋溢，才思敏捷，表明他的确是个天才诗人。爱默生对他的才华大为赞赏，在与友人的交谈中经常提起这位诗人。青年诗人很快就在文坛有了一点小小的名气。

但是，这位青年诗人以后再也没有给爱默生寄诗稿来，信却越写越长，奇思异想层出不穷，言语中开始以著名诗人自居，语气越来越傲慢。爱默生开始感到了不安。凭着对人性的深刻洞察，他发现这位年轻人身上出现了一种危险的倾向。通信一直在继续。爱默生的态度逐渐变得冷淡，成了一个倾听者。

很快，秋天到了。爱默生去信邀请这位青年诗人前来参加一个文学聚会。他如期而至。在这位老作家的书房里，两人有一番对话："后来为什么不给我寄稿子了？"

"我在写一部长篇史诗。"

"你的抒情诗写得很出色，为什么要中断呢？"

"要成为一个大诗人就必须写长篇史诗，小打小闹是毫无意义的。"

"你认为你以前的那些作品都是小打小闹吗？"

"是的，我是个大诗人，我必须写大作品。"

"也许你是对的。你是个很有才华的人，我希望能尽早读到你的大作品。"

"谢谢，我已经完成了一部，很快就会公之于世。"

文学聚会上，这位被爱默生所欣赏的青年诗人大出风头。他逢人便谈他的伟大作品，表现得才华横溢，锋芒毕露。虽然谁也没有拜读过他的大作品，即使是他那几首由爱默生推荐发表的小诗也很少有人拜读过。但几乎每个人都认为这位年轻人必将成大器。否则，大作家爱默生能如此欣赏他吗？

转眼间，冬天到了。青年诗人继续给爱默生写信，但从不提起他的大作品。信越写越短，语气也越来越沮丧，直到有一天，他终于在信中承认，长时间以来他什么都没写。以前所谓的大作品根本就是子虚乌有之事，完全是他的空想。他在信中写道："很久以来我就渴望成为一个大作家，周围所有的人都认为我是个有才华有前途的人，我自己也这么认为。我曾经写过一些诗，并有幸获得了阁下您的赞赏，我深感荣幸。使我深感苦恼的是，自此以后，我再也写不出任何东西了。不知为什么，每当面对稿纸时，我的脑中便一片空白。我认为自己是个大诗人，必须写出大作品。在想像中，我感觉自己和历史上的大诗人是并驾齐驱的，包括和尊贵的阁下您。在现实中，我对自己深感鄙弃，因为我浪费了自己的才华，再也写不出作品了。而在想像中，我是个大诗人，我已经写出了传世之作，已经登上了诗歌的王位。尊贵的阁下，请您原谅我这个狂妄无知的乡下小子……"

从此后，爱默生再也没有收到这位青年诗人的来信。

爱默生告诫我们："当一个人年轻时，谁没有空想过？谁没有幻想过？想入非非是青春的标志。但是，我的青年朋友们，请记住，人总归是要长大的。天地如此广阔，世界如此美好，等待你们的不仅仅是需要一对幻想的翅膀，更需要一双踏踏实实的脚！"

往事如烟俱忘却

人不但要学会记忆，而且要学会遗忘。一个人如果把什么都记得很清楚，大脑里充满了各种各样的记忆，那实在是很恼人的事，而且有害于身心健康。在现实生活中，我们常会看到这样的现象：有些人脑子特别好使，把什么鸡毛蒜皮、恩恩怨怨的事都记得一清二楚，对什么事都斤斤计较，耿耿于怀，结果不但事业无成，还成了个病秧子；而另一些人则该记的记，该忘的忘，精力充沛，胸怀坦荡，事业有成，身心健康。由此可见，遗忘不仅是一种风度，而且是一种重要的养生方法。

遗忘，对痛苦是解脱，对疲惫是宽慰，对自我是一种升华。

在人生的旅途中，如果把什么成败得失、功名利禄、恩恩怨怨、是是非非都牢记心中，让那些伤心事、烦恼事、无聊事永远萦绕于脑际，在心中烙下永不褪色的印记，那就等于背上了沉重的包袱，无形的枷锁，就会活得很苦很累，以至精神萎靡，心力憔悴。如果我们善于遗忘，把不该记忆的东西统统忘掉，那就会给我们带来心境的愉快和精神的轻松。正像陶铸同志所说："往事如烟俱忘却，心底无私天地宽。"

遗忘是一种能力，一种品质，不是随便下个决心就能办到的。要学会遗忘，就要加强思想品德修养和心理素质的培养。要胸怀天下，心想大事，破除私心杂念，克服个人主义，淡泊名利，宁静致远，树立正确人生观和价值观。要经常进行自我心理调节，想大一点，想远一点，想开一点，从名利得失、个人恩怨中解脱出来，对已经过去的无关紧要的事物，要糊涂一点，淡化一点，宽容一点，朦胧一点，及时将这些东西从大脑这个仓库中"清除"出去，不让它们在记忆中占有一席之地。一个人学会了遗忘，就能放下过去那日益沉重的包袱，轻装上阵，精力充沛地面对现在，信心百倍地去迎接未来，就能开拓新境界，创造生命的亮丽风景线。

从怀旧中迈向崭新的人生

欧洲老派缙绅在回忆往事时因为有壁炉做背景，有香槟做道具，常能显出成熟男人的魅力和沧桑感。

东方人对往事的眷恋程度丝毫不亚于他们。这大约与东方民族的苦难经历、坚韧性格、宽容态度、淡泊心境和哲学观点有关。千百年来，吟诗填词的文人几乎个个都有这样的自觉性。现代人在这个方面，与其说继承了优秀传统，不如说因为有血缘的联系，怀起旧来更具风采。

怀旧是泛黄的黑白照片，是棉麻质地、没有多余装饰的衣服，是弥漫在潮湿空气中的樟木箱气味，是淡淡的从紫砂茶壶中倾注的香茗，是日记本里的枫叶标本，是圈点密布又有点点蛀洞的旧书，是锁上的锈斑和砚池的墨垢，是对梦境的演绎和加工，是一种以迟缓的语气略带伤感的叙述。也许你所在的城市中，就开有那样一家基于城市人的这种需要而设计的商店，而且生意兴旺得很，因为很多人都是那样陶醉于过去的“美好时光”。

在现代人的物质消费日趋急躁时，怀旧就成了一种永远也不会过时的时尚享受。不要以为怀旧是颓废的、保守的、无所作为的。其实清醒的怀旧一点也不消极。怀旧并不等于否认今天的辉煌，强调过去的一切都好过今天；相反，所谓怀旧就是从记忆的缝隙中推出值得肯定的东西弥补今天的失落和匮乏，从个人历史的书页中检索出值得复述的故事再讲一遍给自己听，从而过滤出新的涵义，成为从历史中引出、经现实过滤的精神珍藏。

从这个意义上说，怀旧是趋新的准备，现代人通过不断的怀旧克服浮躁、摆脱孤独、战胜恐惧，经过省察而走向成熟。

心理调节术：告别怀旧3技巧

以下的技巧有助于你调节怀旧心理，从怀旧中走出来。

1. 积极参与现实生活

如认真地读书、看报，了解并接受新生事物，积极参与改革的实践活动，要学会从历史的高度看问题，顺应时代潮流，不能老是站在原地思考问题。

2. 寻找最佳结合点

如果对新事物立刻接受有困难，可以在新旧事物之间寻找一个突破口。例如思考如何再立新功、再创辉煌，不忘老朋友、发展新朋友，继承传统、厉行改革等，从新旧结合做起。

3. 发挥积极功能

正常的怀旧有一种寻找宁静、维持心灵平和、返璞归真的积极功能。这方面的功能多一些，病态的、消极的心态就会减少。因此，也不应对怀旧行为一概反对，正常的怀旧还是要提倡的。

第二篇
别让情绪失控毁了你——放下坏脾气，培养自控力

情绪是心理的晴雨表、心灵的反射镜。情绪是一种心理现象，高兴、愉快、欢乐、喜悦、轻松、欣慰、悲伤、害怕、恐惧、不安、紧张、苦恼、忧郁等都属于情绪活动。

“怒伤肝”“忧伤肺”“恐伤肾”，不良情绪会损害你的身体，扰乱你的生活，令你灰心丧气，精神不振，一筹莫展。别让情绪失控毁了你！驾驭、协调和管理自己的情绪，让情绪为自己服务。放下坏脾气，提升自控力，掌控情绪，掌控自己，掌控人生。正如成功学大师卡耐基所说：“学会控制情绪是我们成功和快乐的要诀。”

第 15 章
悲观情绪调节：心若向阳，无畏悲伤

悲观情绪是怎样产生的

人人都会有一点悲观情绪，程度不同而已。如果悲观太甚，就有麻烦了。有的人长时间感到悲伤、忧郁，有很凄凉和痛苦的感觉，常常唉声叹气、焦虑不安；感到处处不如意，遇到亲友、同事不想打招呼，对任何事情都提不起兴趣；看见别人高兴、嬉笑，自己反觉更加痛苦，而且自卑感相当严重；甚至对生活和前途失去信心，有自杀的念头和行动。这样的人悲观心理很严重，已经严重妨碍了其正常生活、工作和学习，需要加以克服。

严重悲观者还可能出现一些躯体症状，比如失眠、头痛、头晕、心烦、胸闷、腹泻或便秘、乏力，性欲下降、月经不调等等。

此类人大多具有一些共同的性格特征，如内向、孤僻、依赖性强、情绪不稳定、抑郁质或胆汁质气质等等。

他们为何会如此悲观厌世呢？他们大多经历过生活不幸、工作困难、事业挫折等明显的精神创伤，具体地说，比如亲人死亡、车祸、夫妻分离、失恋、考试失败、失业、生活困难、工作条件不满意、人际关系紧张等。

哪些人容易悲观

生活中，有些人很容易产生悲观情绪的。

与世无争的好人容易悲观。他们心地善良，洁身自好，习惯在处理事务中忍让、退缩、息事宁人，常常是生活中的弱者，生性胆小、怯懦。他们不仅对自己的言行“负责”，甚至对别人的过错也“负责”。明明是别人瞪了自己一眼，他们也会觉得肯定是自己做了不好的事。

小心保护自己的人容易悲观。越是怕出错，越是将眼睛盯在过错上。一句话会后悔半天，人家并未介意的事他也神经过敏。他对人际冲突极为恐惧，解决人际冲突的办法也很奇怪。自己的孩子被人家打了，他还跟着打自己的孩子，因为孩子给自己惹是生非。与别人发生冲突，在对方恃强要挟之下，他会当众打自己耳光，以求宽恕。同时用这种办法来平衡自己的苦闷，“因为我该打，打了自己才心安理得”。

平常的人也有悲观情绪。表现为事情发生后的自我检查，找出不足的原因，从而在以后的行动中做积极的调整。就这一点来说，人人都会有悲观，它是人类进步的校正器。但极端的悲观却是心理不健康的表现，必须进行适当调适。

悲观成习的人绝不是个“马大哈”，他没学到“马大哈”对人对己的办法，不会得过且过，也不能对人对己都马马虎虎。相反，他们处事谨慎，处处提防自己行为不要出格。一旦有了行为的失检，总是害怕大难临头。同时，悲观的人也有很强的“良心”自监力，即使没有什么严重后果，他也决不饶恕自己。

喜剧与悲剧，由你导演

有一位年老的父亲，他有两个儿子，他们都很可爱。圣诞节来临前，父亲为了考验一下自己的两个儿子，分别送给他们完全不同的礼物。夜里父亲悄悄把这些礼物挂在圣诞树上。第二天早晨，哥哥和弟弟都早早起来，想看看圣诞老人给自己的是什么礼物。哥哥的圣诞树上礼物很多，有一把气枪，有一辆崭新的自行车，还有一个足球。哥哥把自己的礼物一件一件地取下来，并不高兴，反而忧心忡忡。父亲问他：“是礼物不好吗？”哥哥拿起气枪说：“看吧，这把气枪我如果拿出去玩，没准会把邻居的窗户打碎，那样一定会招来一顿责骂。还有，这辆自行车，我骑出去倒是高兴，但说不定会撞到树干上，把自己摔伤。而这个足球，我总是会把它踢爆的。”父亲听了没有说话。

弟弟的圣诞树上除了一个纸包外，什么也没有。他把纸包打开后，不禁哈哈大笑起来，一边笑，一边在屋子里到处找。父亲问他：“为什么这样高兴？”他说：“我的圣诞礼物是一包马粪，这说明肯定会有一匹小马驹就在我们家里。”最后，他果然在屋后找到了一匹小马驹。父亲也跟着他笑起来：“真是一个快乐的圣诞节啊！”

其实，在学习和生活中，很多事情也是这样，乐观情绪总会带来快乐明亮的结果，而悲观的心理则会使一切变得灰暗。

生命的艺术舞台只有喜剧和悲剧两种剧场，如果你选择喜剧，恭喜你，你将赢得人生的大奖；如果你选择悲剧，对不起，你将过早地被逐出艺术的殿堂。

如果你选择喜剧，你就要笑面人生，即使生活中困难再多，压力再大，也要以笑脸相待，而不能稍有不顺便拉长脸，眉头紧皱。当然，生活在这样一种嘈杂、浮躁、紧张的时代，人时常会因生存的压力而感到沮丧和低沉，即便是如此，悲观失望又有什么用呢？只能搞坏自己的心情，于事却是无补的。

多发现生活中的美好

生活是美好的，虽然也不免有一些伤心和痛苦，但这些都是生活的本色，我们要勇敢而乐观地面对它。大作曲家贝多芬是我们所熟悉的。他既有对和平生活向往的《田园》，又有勇往直前的《英雄》，还有向生活、困难挑战的《命运》。他的作品正反映出了他的不幸和对生活的态度。面对失明、失聪，他没有退缩，没有悲观，生活的馈赠激发了他的自强意志，生活的磨难化成了他作品的源泉和灵魂，音乐塑造了一个伟大、乐观、不屈的生命。

海伦·凯勒虽然又聋又瞎，但她却说：“我发现生命是这样美好。”身处困境的她看到了生活的美好，感悟到了生命的价值和真谛。乐观赋予她生活的勇气，使她以不屈的意志和勃然的生机战胜了厄运。戈壁滩上的胡杨树活着三百年不死；死了三百年不倒，倒了三百年不朽。飞沙走石中守住了生命的鲜活，孤苦凄然中昂起了信念的不屈。正是胡杨的这种勃然生机使戈壁中的它挺拔出了撼人的大气。大气的人，顶天立地；大气的人生，会像北极星一样璀璨永恒。面对生活，面对困难，我们也应以乐观的态度直视它。

有积极乐观，当然也有消极悲观，那些整天愁眉苦脸，看什么都不顺眼，甚至要寻死觅活的人就是如此。遇到一点困难，生活有挫折，就说命运对他们不公，就自毁自灭，甚至于堕落，这种例子已有不少。古时有寻世外桃源的，有隐居山林的，有“看破红尘”出家的等等。而今，已无法脱离社会的这类人，就甘愿沉沦，随遇而安，不求进取。这些人是生活的弱者，是懦夫。他们不敢吃苦，贪图安逸，总是幻想着一切都是美好的，他们也只能生活在幻想中。

尼采曾说：“受苦的人，没有悲观的权利；失火时，没有怕黑的权利；战场上，只有不怕死的战士才能取得胜利；也只有受苦而不悲观的人，才能克服困难，脱离困境。”

“人生愁恨何能免。”面对人生中的不顺，我们要做到精神不倒，让前方的星星照亮我们的前程。

心中有阳光，人生永远充满希望

有一个女孩子，她生性乐观积极，也很懂得过日子，更知道要如何排解自己的不快。

清晨醒来，她会对镜中的自己大声说：“今天是个好日子。”即使昨天的坏情绪尚未恢复，她还是会大声地说。

然后刷牙的时候，想着刷牙是一件多么令人愉快的事，牙齿将变得洁白干净，不会受到蛀虫的侵袭，口气清新。

洗脸也是一件非常愉快的事，因为清水的湿润，会使脸上的皮肤感到无比的舒畅。这都使她的脑细胞感到无比快乐。

她把细胞快乐论告诉人们，如果我们身上的每一个细胞都很快乐，我们自身当然也会非常地快乐。因为人的身体是由 60 兆～ 70 兆个细胞组合而成的，所以让所有细胞和睦相处，是生活中最重要的一桩大事。

在我们的细胞之中，有的会若无其事地看着我们痛苦，这可能是因为我们没有和这些细胞和睦相处的缘故吧。

女孩的细胞快乐论正是告诉人们必须从内心深处去爱身体中的每一个细胞，不停地与它们对话，让这些原本就健康、活跃的细胞更新苏醒，并发挥正常的功能。

虽然有人觉得这种与细胞对话的方式有些可笑，不过既然是一个不错的方法，就值得试试。渐渐地，你的生活模式就会发生改变。

每天清晨起床，对镜中的自己说："今天将是美好的一天。"

总是保持着笑容，变得比以前开朗，不再把事情看得太严重，反正天塌下来还有别人顶着，无论何时、何地，总是积极地挑战明天。开始懂得与大家和睦相处，而不是明争暗斗，从心底去爱人，而不是做做表面工夫……

不要过于以自我为中心，不要将工作、赚钱的行为视作生活的全部，而是要把它当做游戏般去处理。

当消极心情出现时，要让自己的心情转换成积极心态；当忧郁心情出现时，要立即想办法将自己的心情调适到开朗的状态。

当身体有痛苦时，除了休息及看医生外，还要时常与自己的细胞对话："我们必须联合起来共同摆脱生理困境。"自己一定要具备比以往更坚强的意志力，并试图回想让心情愉快的往事。

面对各种竞争与挑战，都要先深深吸一口气，然后做好积极应付的准备。

要知道，人不可能在一时之间就改掉长久的恶习，不过，只要有进步就可以了。而每天不间断地跟自己的细胞对话，会使我们更加认识内在的自己。

小柯曾因为房屋贷款之事而将自己搞得焦头烂额，每月的高额贷款压得他整天闷闷不乐，身体也愈来愈糟。可自从开始与自己的细胞对话后，他认识到借贷已是事实，不可能凭空消失，也不可能因自己的烦恼就立即减少数额。闷闷不乐不过是自寻烦恼，就算当时决定买房子是错误的，现在烦恼也为时晚矣。与其烦恼不堪，不如轻松生活，努力工作，早日把贷款还完。

人生只有一次，无可取代，为什么要因身外之物而烦恼，无辜损伤了自己的细胞。

不论外在环境是否狂风暴雨，只要心中有阳光，人生永远充满希望。当消极心情出现时，要让自己的心情转换成积极心态；当忧郁心情出现时，要立即想办法将自己的心情调适到开朗的地步。

赶走沮丧，让自己春风满面

每个人都会经历一些小的失意。有人遇到这些失意时，忧郁不安，悲观自怜，结果更加失意，以致失去了幸福和欢乐。有的人则会轻轻跨过，继续前行。后者不一定是因为乐观，但前者一定是悲观。

改变悲观心理的一个办法是，避免老是看到自己的不足，而应突出自己的优势，重视自己的优势。随着你的积极思维自然而然地增加，消极思维自然就会减少了。突出优势的另一面是最大限度地削弱失败的影响。尽管无法避免偶尔的失败，但是你可以控制失败对自己的影响，承认失败是生活中的一部分，会使自己的情绪好一些。过分强调失败，只会降低自信，使自己处于沮丧之中。

在工作和家庭环境没有改变的时候，“积极想象法”会使你对生活更乐观。你可以想象自己做了一些想做的事后度过一段非常愉快美好的日子。要知道，任何事情在想象中都是可能的。当你打算参加某项活动而又心存恐惧，就对自己说：“我能做好这件事，我比别人更善于控制自己的生活。”这种语言暗示法好处是你对自己所说的话语往往能影响你的自我感觉，明显改善沮丧情绪。

多数沮丧悲观者对未来担忧，正为自己建立越来越狭窄、有限的世界；假如你做些与他人合作的工作，受到他人的约束，你就得考虑自己以外的事情，生活也就会出现新的意义。愉快的社交活动对人们情绪的影响是任何一项奖赏都不能比拟的。当人们掌握了处理人际关系的技巧后，自重感增加，也会慢慢地赶走沮丧心情。

一个沮丧悲观的人老呆在屋子里，便会产生禁锢的感觉。然而，当他离开屋子，漫步在林荫大道，就会发现心绪突然变了，怒气和沮丧也消失了，心中充满了宁静，自然的色彩给人带来阵阵快意。另外，任何一种体育锻炼都有助于克服沮丧，经常参加体育锻炼会使人精神振奋，避免消极地生活下去。

照照镜子，如果现在的你看起来有些沮丧的话，快点赶走沮丧，让自己春风满面吧！

心理调节术：心中装满乐观

要摆脱种种悲观情绪，需要个人进行心理的积极调适。

1. 别盯住消极面

你可能对多少次受到别人的“抢白”和不公正的待遇记得很牢，或你总是对自己说：“我真倒霉，总被人家曲解、欺负。”那你当然没有一刻的轻松愉快。如果你把注意力盯在与别人友善、和好的事物上，并常常告诉自己，误解、敌视毕竟是次要的，并把愉快、向上的事串连起来，由一件想到另一件，你就可以逐步排遣自怨自弃或怨天尤人的情绪。

2. 不当欲望蠢人

乐观的人常常自我感觉良好，对失败有点可贵的“马大哈”精神。而悲观的人经常焦虑不安，后悔本应做得更好的事未能做好，对别人获得的每一个成就、荣誉都想无条件地取得，这种人最后总是既有无穷的欲望又有无穷的懊悔。

3. 莫过于挑剔

大凡乐观的人往往是“憨厚”的人，而愁容满面的人，又总是那些不够宽容的人。他们看不惯社会上的一切，希望人世间的一切都符合自己的理想模式，这才感到顺心。

挑剔的人常给自己戴上是非分明的桂冠，其实是在消极地干涉他人的人格。怨恨、挑剔、干涉是心理软弱、“老化”的表现。

4. 学会躲避挫折

遇到情绪扭不过来的时候，不妨暂时回避一下。打破静态体验，用动态活动转换惰性，只要一曲音乐，会将你带到梦想的世界。如果你能跟随欢乐的歌曲哼起来，手脚拍打起来，无疑，你的心灵会与音乐融化在纯净之中。同样，看场电影，散散步，和孩子玩玩都能把你带到另一个情绪世界。

5. 偶尔也要屈服

如果你出了工伤，只能依靠轮椅行动，那对你无疑是重大的打击。而残疾的身体，往往使人变得浮躁、悲观。但是，浮躁、悲观是无济于事的。你不如冷静地承认发生的一切，放弃生活中已成为你负担的东西，终止不能取得的希望，并重新设计新的生活。大丈夫能屈能伸，只要不是原则问题，不必过分固执。

6. 不要制造人际隔阂

别人在背后说自己的坏话，或者轻视、怠慢自己，想想不是滋味，于是以眼还眼，以牙还牙。结果你又多了一个人际屏障。那当然也使你整日诚惶诚恐，不知他人在背后又要搞什么。

正确的方法是：净化自己的诚意，不回避对方，拿出豁达的气量，主动表示友好。这样做，会使你找到最利于个人情绪健康的方式。

第 16 章
挫折情绪调节：输得起才能笑到最后

挫折心理产生的原因

挫折是指个人从事有目的的活动时，由于遇到阻碍和干扰，其需要得不到满足时表现出的一种消极情绪状态。一般学习上的困难、工作中的不顺利、同学同志之间的一时误会和摩擦、恋爱中的波折等，固然会引起不良情绪反应，但相对而言，毕竟是区区小事，影响不大。但严重的挫折，会造成强烈的情绪反应，或者引起紧张、消沉、焦虑、惆怅、沮丧、忧伤、悲观、绝望。长期下去，这些消极恶劣的情绪得不到消除或缓解，就会直接损害身心健康，使人变得消沉颓废，一蹶不振；或愤愤不平，迁怒于人；或冷漠无情，玩世不恭；或导致心理疾病，精神失常；也有的可能轻生自杀，行凶犯罪。青年人大都有远大理想，热情高，但涉世浅、经验少，很容易产生挫折感。那么挫折是怎样产生的呢？

挫折的产生一般可分为两类因素，即外在因素和内在因素。

1. 外在因素

又可分为实质环境与社会环境。

（1）实质环境：包括个人能力无法克服的自然环境的限制。严重的例如无法预料的天灾人祸，衰老疾病；轻微的如下雨无法去郊游等。

（2）社会环境：包括所有个人在社会生活中所遭受到的政治、经济、道德、宗教、风俗习惯等人为的限制。例如，因种族的不同，使一对相爱的男女无法结婚，或由于考试制度的关系，使一个具有特殊才能的人无法发挥其才能。

2. 内在因素

包括个人的生理条件与动机的冲突。

（1）个人的生理条件，指个人具有的智力、能力、容貌、身材以及生理上的缺陷疾病所带来的限制。如一个色盲者无法进医学院念书，或担任某些特殊的工作。

（2）动机的冲突，指个人在日常生活中经常同时产生两个或两个以上的动机。假如这些并存的动机无法同时获得满足，而且互相对立或排斥，其中某一个动机获得满足，其他动机受到阻碍，则产生难于做出抉择的心理状态，称为动机的冲突。

从挫折中学会成长

人生难免会遇到挫折，没有经历过挫折的人生不是完整的人生。没有河床的冲刷，便没有钻石的璀璨；没有挫折的考验，也便没有不屈的人格。正因为有挫折，才有勇士与懦夫之分。记住“天将降大任于斯人也，必先苦其心志，劳其筋骨，饿其体肤，空乏其身，行拂乱其所为，增益其所不能”。

巴尔扎克说：“挫折和不幸，是天才的进身之阶，信徒的洗礼之水，能人的无价之宝，弱者的无底深渊。”生活中的失败挫折既有不可避免的一面，又有正向和负向功能；既可使人走向成熟、取得成就，也可能破坏个人的前途，关键在于你怎样面对挫折。适度的挫折具有一定的积极意义，它可以帮助人们驱走惰性，促使人奋进。挫折又是一种挑战和考验，英国哲学家培根说过：“超越自然的奇迹多是在对逆境的征服中出现的。”

首先，挫折帮助你成长。人的成长过程是适应社会要求的过程，如果适应得好，就觉得宽心和谐；如果不适应，就觉得别扭、失意。而适应就要学会调整自己的动机、追求和行为。一个人出生时，根本不知道什么是对，什么是错，正是通过鼓励、制止、允许、反对、奖励、处罚、引导、劝说，甚至身体上的体罚与限制才学得举止与行为的适应和得当，学会在不同环境、不同时间、不同对象、不同规范条件下调整行为。反之，从小无法无天的孩子，一旦独立生活就会被淹没在矛盾和挫折之中。如德国天文学家开普勒，从童年开始便多灾多难，在母腹中只呆了七个月就早早来到了人间。后来，天花又把他变成了麻子，猩红热又弄坏了他的眼睛。但他凭着顽强、坚毅的品格发愤读书，学习成绩遥遥领先于他的同伴。后来因父亲欠债使他失去了读书的机会，他就边自学边研究天文学。在以后的生活中，他又经历了多病、良师去世、妻子去世等一连串的打击，但他仍未停下天文学研究，终于在他五十九岁时发现了天体运行的三大定律。他把一切不幸都化作了推动自己前进的动力，以惊人的毅力，摘取了科学的桂冠，成为“天空的立法者”。

其次，挫折增强你的意志力。现在的青少年长期生活在被服务的环境中，从进小学到读大学，直到工作选择，都由父母去承受压力，因而他们对各种困难体验都不深，缺乏忍耐力，没有坚强的意志，一旦遇到挫折就被击垮了。实际上生活中许多轻度挫折，是意志力的“运动场”，当你大汗淋漓地跑完全程，克服了生活的挫折，就会获得愉快的体验。

心理学家把轻度的挫折比作“精神补品”，因为每战胜一次挫折，都强化了自身的力量，为下一次应付挫折提供了“精神力量”。同时，挫折也有负面效应。在日常生活中，每个人对于挫折的反应并不相同。一方面这决定于对挫折的感情理解。如一个朋友批评了你，你可能会听从，甚至非常感激他，但如果把这位朋友的批评曲解，认为有损你的尊严，那你的反应也许就大不一样了。另一方面，感情上的失落比物质上的失落反应激烈。当你追求的目标代表着爱、名誉、地位、尊严时，一旦目标丧失，就会产生不良的心理影响，这是一种负面效应。人在遭遇挫折时，往往会感到缺乏安全感，使人难以安下心来，工作和生活都会受到影响。

增强承受挫折的能力

有一位青年，因为工作不顺利而闷闷不乐，面对一个挫折而消极处世，于是他的领导不再重用他了，然而他却依然不思进取，终于在某一天遭到淘汰的厄运。

有一些人在受挫折时总编造出一点理由，为自己开脱，这就像“技术差的厨师，总说炉火不好使”一样，没有真正认识到自己本身的不足之处，而怪条件不好。

对于挫折只能去面对它，正视它，坚持自己心中必胜的信念，相信这些挫折不算什么，再大的险阻困难也能承受。历史上的名人志士哪一个没有在自己的生命之旅中受过挫折？

正所谓：“不经一番寒彻骨，怎得梅花扑鼻香？”只要能坚定信念，勇敢去挑战挫折，就可以拨云见日，踏上成功的大道。

只有那些经不起风浪，不敢接受挑战的人，才会被挫折吓倒，对于真正心中充满了热情，怀有坚定信仰的人，挫折不过是一顿午饭中吃出来的一粒小石子，第一次咬到时也许是碰痛了牙齿，但只要辨清它的方向，确定它的位置，就可以把它从口中的食物中分离出来，并抛弃它。

生活中因为有挫折，才锻炼了我们的承受能力。它能时刻提醒着你何处跌倒，就从何处爬起来，继续往前走。一个挫折往往可以使人们从中学到许许多多的东西，明白自己的许多不足点。如果成功是一门学科，那么挫折就是一位老师，他善于用反面事例和材料教育人们明白成功的必备条件，从而使人们更好地去获得成功。

通向荣誉的路上，并不铺满鲜花，还潜伏着种种挫折。朋友，遇到挫折就勇敢去挑战它吧！记住，挫折并不可怕，可怕的是一个人已经失去了面对挫折的勇气！

扼住命运的咽喉

司马迁在遭受宫刑之后，发愤著书，写出了被鲁迅誉为“史家之绝唱，无韵之离骚”的名著《史记》。音乐家贝多芬，一生遭遇的挫折是难以形容的。他十七岁失去母亲，三十二岁耳聋，接着又陷入了失恋的痛苦之中。对一个音乐家来说，这打击是多么的大啊！可贝多芬不消沉、不气馁。他在一封信中写道：“我要扼住命运的咽喉，它妄想使我屈服，这绝对办不到。”他始终顽强地生活，艰难地创作，成为世界不朽的音乐家。

挫折虽给人带来痛苦，但它往往可以磨炼人的意志，激发人的斗志；可以使人学会思考，调整行为，以更佳的方式去实现自己的目的，成就辉煌的事业。科学家贝佛里奇说：“人们最出色的工作往往是在处于逆境的情况下做出的。”因此可以说，挫折是造就人才的一种特殊环境。

当然，挫折并不能自发地造就人才，也并不是所有经历挫折的人都能有所作为。

法国作家巴尔扎克说：“挫折就像一块石头，对于弱者来说是绊脚石，让你怯步不前；而对于强者来说却是垫脚石，使你站得更高。”只有抱着崇高的生活目的，树立崇高人生理想，并自觉地在挫折中磨炼，在挫折中奋起，在挫折中追求的人，才有希望成为生活的强者。

挫折是我们最挑剔的朋友，它时时刻刻都在准备与你翻脸。但是不管怎么说，它最终还是你的朋友，当你真正接纳了它并且决心战胜它的时候，你就会发现原来它也挺忠诚的。

挫折又是一剂良药，它有着“良药苦口利于病”的功效。你也许遇到过什么重大挫折，那时你会很悲伤，但你是否觉得软弱不是办法。这时你就应该抬起头来，向生活挑战，你会惊讶地发现，挫折不过如此。

挫折还是人生道路上的基石，没有经历坎坷，怎能认识到坦途的平稳，而没有基石，又怎会有坦途。朋友，请相信，挫折只是对意志的考验，只要有坚强的意志，就一定能登上成功的顶峰。

跌倒，别忘了立刻爬起来

安东尼十四岁的时候来到美国，因为他从七岁起就跟着裁缝师学裁缝，所以到了美国之后，很顺利地就在一家裁缝店中找到了工作。

到了十八岁时，安东尼决定要成立一家属于自己的店。

于是，他和弟弟及其他合伙人共同买下了一间礼服店，他更是信心十足地把所有的积蓄都投资在这里。但是，接下来发生的许多事情，却不断地考验着安东尼开店的决心。

先是在即将开业的前一天晚上，小偷偷走了他们将近八万美元的存货；接下来他再度进的货，又在一场意外大火中付之一炬。

后来，他才发现保险经纪人欺骗他，根本没有把他支付的保险费支票交给保险公司，所以这场火灾等于没有保险。

更惨的是，可以证明公司存货内容和价值的一位重要证人，却正好在这个时候去世了。

接二连三的打击实在让安东尼受够了，他决定到别的裁缝店工作。但是，过了没多久，他渴望拥有自己事业的欲望又开始蠢蠢欲动了起来。

于是，他再度鼓起勇气，开了一家裁缝兼礼服出租店。这一次，他决定多采纳别人的意见，但在大方向上他依然坚持自己做决定。因为，他始终相信：如果因此跌倒了，是他让自己跌倒的，如果他站了起来，那也是靠自己站起来的。

因为安东尼坚持着这个信念，所以不久之后，他的“法兰克礼服出租店”终于成为底特律的知名店铺。

因为害怕跌倒，所以很多人不敢骑脚踏车、不敢溜冰、不敢玩直排轮……因为害怕，所以丧失了许多乐趣。

在人生中也是如此。大部分人因为不想尝到失败和挫折的滋味，所以一辈子怯怯懦懦，不敢轻易尝试新事物、新方法，并且还因此沾沾自喜，殊不知这才是最大的失败！

跌倒的目的，就是为了让你在爬起来的时候，能看到更美好的东西！

所以，我们何必害怕跌倒？

我们应该怕的，是连尝试都不敢尝试，便在恐惧中失去机会。因为，失去了尝试的勇气，也就等于自愿放弃了成功的机会。

有输的魄力才有赢的机遇

适时认输，才能保存实力。美国的一位拳王说过，任何拳手都不可能打败所有的对手，好的拳手知道在恰当的回合认输。因为，及早认输，下次还有赢的机会，如果逞能，让对手把你打死了，或把你拖垮了，你就永远没有赢的机会了。

拳击还是光明磊落的竞技，在人生的长河中，竞争却是纷繁复杂的，其中不乏乱箭和暗器。面对不讲竞争规则的阴损小人，碰上怀着“谁也别想比我好”的病态心理的嫉妒小人，你斗得越勇，只会陷得越深。与其让生命的价值在乱斗中无端地折损，不如认个输，离开是非圈，用自己保存下来的实力，去寻找真正的竞技场。

当我们明白自己不如对手时，就应该认输。生活中常有竞争和角逐，但深知自己“斗”不过对手，还一味地跟人家“斗”，这又有何益处呢？“斗”得愈起劲，只会使自己输得更惨。选择认输，避开锋芒，以退为进，赢得潜心发展的主动权；将使我们得以冷静下来去认识差距，虚心向对手学习，从而有可能真正打败对手。

美国柯达公司在与日本富士公司竞争时，就颇有自知之明，勇于认输，不跟富士争第一。柯达公司甘拜富士下风，既减少了恶性竞争造成的大量人、财、物力浪费，又使他们能够根据自己的实际情况制定适宜的发展策略，还使他们老老实实向富士取经。结果柯达快速发展了，成了和富士不相伯仲的胶卷大王。

当我们知道自己不可能做到时，就应该认输。并不是所有的困难和挫折都可以逾越，并不是所有的机遇和好运我们都可以把握。在明知无力回天，败局已定时，我们应该认输。选择认输，不去坚持下完一盘根本下不赢的棋，而是弃之一边，将使我们及早从“死胡同”里走出来，避免付出更惨重的代价。

认输不是自甘消沉，它有积极进取的内涵。如果硬认死理，逞强好胜，盲目蛮干，一味地刚强地硬撑，只会给自己带来不必要的伤害，甚至牺牲，最终输掉自己。只有做到审时度势、随机应变、刚柔相济，懂得认输，才能保护自己，立于不败之地。

认输也是一种自我认识，一种积极的自我评价，在与别人竞争时，认同他人优势的同时，也看到了自己的缺陷与不足。面对自己的缺陷与不足，只有学会认输，才能正视自己的缺陷与不足。有错误和不足并不可怕，只要学会认输、知道自省，就能避免铸成大错以致最终抱憾终身；只要学会认输，就能及时调整人生的航向，去争取“赢”的机遇和时间。

心理调节术：调整自我，迎战挫折

人生的道路并不平坦，随时都可能遇到挫折和不幸，给人带来心理上的压力和痛苦。虽然我们不能避免所有的挫折和不幸，但我们却有办法去对付挫折，疏导压力。

1. 暗示法

美国加州理工学院的一位高材生培姬，平素聪明，开朗活泼，谈锋甚健。可在一次紧张的考试之后，她整天昏昏沉沉，连思考最简单的问题也感到困难，睡眠越来越差。她十分烦恼，骂自己是笨蛋，断定自己是脑子坏了，产生了厌世的情绪。

于是她来到了贝克教授主持的“心理门诊部”求治。贝克教授断定她是因挫折而引起抑郁症，便开了一张奇特的处方，要求她对照各种条目“每日三省”。

（1）肯定一切或否定一切，把事物看成非黑即白，总是对自己失去信心。

（2）不必要的类推。由于有过一次不顺心的经历，就认为会祸不单行。

（3）戴上有色眼睛，只看到事物的消极部分，这样就会很快断定任何事情都是消极的。

（4）不自觉的自卑心理，常常有一个抑郁的假设，在支配你的思想。

（5）夸大和缩小。用放大镜看待自己的缺点，同时又缩小了对自己力量的估计。

（6）情绪推理。比如常常感到好像做了什么坏事似的把自己的情绪当做自己做错事的证据。

（7）无所适从。这种思想的例子就是“我应当做这个”或者“我必须做那个”。你干一件事时所感到的内疚之情远远超过干这件事的动机。

（8）不准确的自我评价。有些人在碰到挫折时，也许会想“这是运气差”，而不是认为我犯了一个错误，这种开脱是荒谬的，说明一个人不能准确地评价他所做的事情。

贝克教授向她建议，当心情不舒畅或难以自制时，首先要记录一下自己的消极思想，在纸上就消灭它，别让它在自己的头脑中作怪。

培姬发现，贝克教授列举的种种“心病”特征仿佛都与自己有关。她按照贝克教授的叮嘱，每天坚持对照，挫折心情果然渐趋消失。意识疗法的主要精髓就在于重新建立自尊，它使你有信心，把自己当成一个值得尊敬的朋友。

2. 呼吸调节法

呼吸调节法是指通过调整呼吸来使身体得到松弛，进而缓解精神紧张。如深呼吸练习操，其程序如下：

（1）选择一个舒适的坐姿，闭上双眼，注意自己是用嘴还是用鼻呼吸及呼吸频率。

（2）注意身体的肌肉群，尽量放松。

（3）用鼻吸气，用嘴吐气，连续做几次平静的深呼吸。

（4）深吸一口气（可默数四下）、憋气（数四下）、缓慢地用嘴吐气（默数八下），自然呼吸几次后，继续做深呼吸，如此反复进行十次。

手掌置于腹部，自己能感到它的运动，将嘴“O”型，快吸气，短促喘气，进行十余次。

3. 良好的情绪培养法

培养乐观豁达的良好情绪有助于消除受挫情绪，提高自信心，对抗精神压力。措施有：

（1）改变生活情趣，对周围事物感兴趣并具有积极的探求心理，培养多样化兴趣。

（2）不要老是担心自己的健康和疾病，不要过分自我注意，自我暗示自己有什么不适和疾病。

（3）培养积极向上的人生态度，树立远大的人生观。

（4）热爱自己的学习和自己的工作，以学习和工作为自己的第一生活乐趣。

（5）广交朋友、热情待人，遇到烦恼和心理矛盾时，主动找知心朋友谈心请求帮助，以及时得到安慰和心理支持。

（6）不要怨天尤人，牢骚满腹。

（7）遇事当机立断，不要为小事左顾右盼，要珍惜美好时光。

（8）在学习、工作和生活中人际关系要处理好，不要勾心斗角，要同舟共济。

（9）不要过分计较个人得失，宽宏大量，乐于助人。

（10）遇到痛苦和积怨，不要抑制自责，闷在心中，要善于转移和分散注意力，必要时可大哭一场，发泄内心积聚的能量，这样有助于情绪稳定。

第 17 章
焦虑情绪调节：在不安的世界安静活

今天，你焦虑了吗

在心理门诊中，常看到这样奇怪的“心脏病”人。这些“心脏病”人，有很大一部分是患了心理障碍：焦虑症。

焦虑是人们对于所处的不良环境产生的一种不愉快的情绪反应。由于有焦虑的产生，迫使人们萌生出逃避或摆脱这种不良环境的主观意愿，故在一定程度上，焦虑是一种“保护性反应”。

任何人在一生中不可能一帆风顺，因此，每一个人都会有不同程度的焦虑体会。在正常情况下，人们针对所接触的环境或事务可以产生出不同的情绪反应。如高考前的学生吃不下饭，睡不好觉；比赛前有的运动员会四肢发凉、手心出汗、心跳加速等。随着处境的改善，产生的症状会慢慢消失，情绪趋于稳定，这就不能算病。只有对那些发生在日常生活中的很小挫折都会引起强烈的情绪反应的人来说，才能算病。在临床上，我们把由于很轻的原因所引发的，以比较严重焦虑为中心的一组症状称为“焦虑症”。

按照现代心理学的划分，焦虑症属于中度心理不健康的范畴。随着社会发展和竞争的日益激烈，患焦虑症的人数不断上升。西方国家的发病率为3%～5%，近年来，我国患者在人群中的比例也逐渐上升到2%～3%，尤其是在以脑力劳动为主的群体里，如科研、教学、机关、管理等职业中的患者人数要高于体力劳动者，因此对这部分人群的关注是十分必要的。

焦虑症多发生于中青年群体中，诱发的因素主要与人的个性和环境有关。

前者多见于那些内向、羞怯、过于神经质的人，后者常与激烈竞争、超负荷工作、长期脑力劳动、人际关系紧张等密切相关。亦有部分患者诱因不典型。

焦虑已是当今文明社会的一大公害。预计随着社会结构、社会关系以及人们价值观念的变化，人们将会有越来越多的焦虑。

我们为什么如此焦虑

人们为什么会面临如此众多的焦虑？我们必须从自然界、社会、人的心理及认识活动以及人格特征来分析。这些因素可以概括为：

1. 在工作、生活、健康方面均追求完美化

稍不如意，就十分遗憾，心烦意乱，长吁短叹，老担心出问题，惶惶不可终日。须知，世间只有相对完美，决无绝对完美。世界及个体就是在不断纠正不足，追求真善美中前进。应该“知足常乐”“随遇而安”，决不作追名逐利的奴隶，为自己设置太多精神枷锁，过得太累，把生命之弦拉得太紧。

2. 没有迎接人生苦难的思想准备，总希望一帆风顺、平安一世

其实不然，正如宇宙的自然规律一样，人生自始至终，都充满了矛盾，绝无世外桃源。人一降临人间，就会面临生老病死苦的磨难。没有迎接苦难思想准备的人，一遇矛盾，就会惊惶失措，怨天尤人，大有活不下去之感。其实，“吃得苦中苦，才能甜上甜”，要学会解决矛盾并善于适应困境。

3. 意外的天灾人祸

意外的天灾人祸会引起紧张、焦虑和失落感，或绝望，甚至认为一切都完了，等待破产、毁灭或死亡。假如碰到意外不幸时，建议你正视现实，不低头，不信邪，昂起头，挣扎着前进，灾难是会有尽头的，忍耐下去，一定会走出暂时的困境。有时往往会“山穷水尽疑无路，柳暗花明又一村”，出现“绝处逢生”的局面。有时乍看起来是件祸事，过后说不定又是一件好事。人生就是这样包含着“祸兮福所倚，福兮祸所伏”，好与坏，幸福与不幸的辩证关系。

4. 神经质人格

这类人的心理素质不佳，对任何刺激均敏感，一触即发，对刺激做出不相应的过强反应，承受挫折的能力太低，自我防御本能过强，甚至无病呻吟，杞人忧天。他们眼中的世界，无处不是陷阱，无处不充满危险。他们整日提心吊胆，脸红筋胀，疑神疑鬼。如此心态，怎么不焦虑?

焦虑的危害不可小觑

焦虑不仅可以引起心理上的变化，也可引起生理上的一系列变化。焦虑时，心烦意乱、坐立不安，搓手顿足、心绪不宁，甚至有灾难临头之感。工作学习时不能集中注意、杂念万千，做事犹豫不决。焦虑会影响睡眠，引起失眠、多梦或恶梦频繁，白天头昏脑胀，感觉过敏，怕噪音、强光及冷热，容易激动，常会有不理智的激情发作。生理方面，出现唇焦舌燥、口渴、多汗、心悸、血压升高及发热感，同时大小便次数增多。

严重时，有三种焦虑发作形式：

（1）濒死感。发作时胸闷，气不够用，心中难受，有快断气之恐惧，有人会在急诊室大呼："医生护士，快拿氧气来！"但决不会因此死人。

（2）惊恐发作。莫明其妙地出现恐惧感，如怕黑暗、怕带毛的动物、怕锋利的刀剪、怕床下有小偷……甚至素来胆大的人也会有恐惧，但指不出害怕的对象。

（3）精神崩溃感。此时心乱如麻，六神无主，有精神失控感，担心自己会"疯"而恐惧焦虑，但这决不会是精神病发作。

以上三种发作形式均短暂，只历时数小时，焦虑缓解后，一切如常、风平浪静。

长期处于焦虑状态可以引起诸多疾病，如焦虑性神经官能症、高血压、糖尿病、神经性皮炎等心身疾病。急性焦虑发作时，往往易引起脑血管破裂或心肌梗塞而死亡，故应对焦虑及时处理治疗。

急性焦虑与慢性焦虑

焦虑是当今文明社会的一大公害。预计随着社会结构、社会关系以及人们价值观念的变化，人们将会有越来越多的焦虑。

焦虑症多发生于中青年群体中，诱发的因素主要与人的个性和环境有关。前者多见于那些内向、羞怯、过于神经质的人，后者常与激烈竞争、超负荷工作、长期脑力劳动、人际关系紧张等密切相关，也有部分患者诱因不典型。临床上医师常把焦虑症分成急性焦虑和慢性焦虑两类。

1. 急性焦虑

主要表现为惊恐样发作，在夜间睡梦中多发生，有濒死的感觉。患者心脏剧烈地跳动，胸口憋闷，喉头有堵塞感并呼吸困难。由惊恐引起的过度呼吸造成呼吸性碱中毒（二氧化碳呼出过多导致血液偏碱性），又会诱发四肢麻木、口周发麻、面色苍白、腹部坠胀等，进一步加重患者的恐惧，使患者精神崩溃。这类患者就诊时往往情绪激动、紧张不安，常给医师一种心血管疾病发作的假象。一般急性焦虑发作持续几分钟或数小时，当发作过后或适当治疗后，症状可以缓解或消失。

2. 慢性焦虑

急性焦虑常在慢性焦虑的背景上产生，但更多患者主要表现为慢性焦虑的症状。一般慢性焦虑的典型表现为五大症状，即心慌、疲惫、神经质、气急和胸痛。此外还有紧张、出冷汗、晕厥、嗳气、恶心、腹胀、便秘、阳痿、尿频急等，有时很难与神经衰弱或其他专科疾病相区分，故需要医师对病情有全面细致的了解，以免误诊。有时候一些必要的辅助检查有助于排除器质性疾病，像心电图、X 线胸片、消化道造影、胃镜等可以帮助医师查出疾病。不过，焦虑症的主观症状虽然严重，但客观体征却是很轻或阴性。

坦然乐观，不再焦虑

对焦虑情绪进行剖析，就会发现焦虑是因为没有很好地调适自己的心理。

有些人认为自己的言行举止、吃喝穿戴都要“看着别人做，做给别人看”。实际上那是很错误的。俗话说“人比人气死人”。其实，人类是地球上最高级的社会性动物，人本身是极其多样性和多元化的。正像大象、小兔、犀牛和长颈鹿不能相互比较一样，每个人有自己的“自我意像”，每个人的个性、能力、社会作用等，都是他人不可替代的。所以，要排除来自社会的压力所造成的焦虑，就必须改变自己的想法、活法。

不要“看着别人活，活给别人看”，要问一问自己：我的生活目标是什么？我是谁？我是不是每天有所进取？学会正确认识自己，愉快地接纳自己，以自我评价为主，正确对待他人的评价。

在社会交往中，让自己坦然、真诚、自信、充满生命的活力，充分展示你的人格魅力，就会赢得成功。

活得积极自主，潇洒自在，为自己寻求快乐。焦虑、烦躁等消极情绪对解决任何问题都无济于事。要学会心平气和、乐观、勇敢、自信，这是克服焦虑的精神良药。

焦虑症的自我预防和控制

每个人都会产生焦虑，但焦虑是可以战胜的。拥有良好心态，积极预防，是可克服焦虑的前提。

1. 要有一个良好的心态

首先要乐天知命，知足常乐。古人云：“事能知足心常惬。”对自己的所走过的道路要有满足感，不要老是追悔过去，埋怨自己当初这也不该，那也不该。理智的人不注意过去留下的脚印，而注重开拓现实的道路。其次是要保持心理稳定，不可大喜大悲。“笑一笑十年少，愁一愁白了头”“君子坦荡荡，小人常戚戚”，要心宽，凡事想得开，要使自己的主观思想不断适应客观发展的现实。不要企图让客观事物纳入自己的主观思维轨道，那不但是不可能的，而且极易诱发焦虑、忧郁、怨恨、悲伤、愤怒等消极情绪。其三是要注意“制怒”，不要轻易发脾气。

2. 自我疏导

轻微焦虑的消除，主要是依靠个人。当出现焦虑时，首先要意识到这是焦虑心理，要正视它，不要用自认为合理的其他理由来掩饰它的存在。其次要树立起消除焦虑心理的信心，充分调动主观能动性，运用注意力转移的原理，及时消除焦虑。当你的注意力转移到新的事物上去时，心理上产生的新的体验有可能驱逐和取代焦虑心理，这是一种人们常用的方法。

3. 自我放松

活动你的下颚和四肢。当一个人面临压力时，容易咬紧牙关。此时不妨放松下颚，左右摆动一会儿，以松弛肌肉，纾解压力。你还可以做扩胸运动，因为许多人在焦虑时会出现肌肉紧绷的现象，引起呼吸困难。而呼吸不顺可能使原有的焦虑更严重。欲恢复舒坦的呼吸，不妨上下转动双肩，并配合深呼吸。举肩时，吸气；松肩时，呼气，如此反复数回。

4. 幻想

如闭上双眼，在脑海中创造一个优美恬静的环境，想象在大海岸边，波涛阵阵，鱼儿不断跃出水面，海鸥在天空飞翔，你光着脚丫，走在凉丝丝的海滩上，海风轻轻地拂着你的面颊……

5. 放声大喊

在公共场所，这方法或许不宜，但当你在某些地方，例如私人办公室或自己的车内，放声大喊是发泄情绪的好方法。不论是大吼或尖叫，都可适时地宣泄焦躁。

6. 自我反省

有些神经性焦虑是由于患者对某些情绪体验或欲望进行压抑，压抑到无意识中去了，但它并没有消失，仍潜伏于无意识中，因此便产生了病症。发病时你只知道痛苦焦虑，而不知其因。因此在此种情况下，你必须进行自我反省，把潜意识中引起痛苦的事情诉说出来。必要时可以发泄，发泄后症状一般可消失。

7. 自我催眠

焦虑症患者大多数有睡眠障碍，很难入睡或突然从梦中惊醒，此时你可以进行自我暗示催眠。如：可以数数，促使自己入睡。

心理调节术：4 步成功治愈焦虑

下面是一种简单有效的控制焦虑发作的方法，包括四个步骤。

步骤一，叫停

一旦你感到有某种身体的不适（比如心跳加快、头晕），同时有某种不祥的预感时，立刻说“停止”。如果你曾经发作过焦虑症或正处于焦虑症发作时期，可以在手腕上套一个橡皮圈，在你说停止时，拉一下橡皮圈弹自己的手腕，给自己以提示。

步骤二，找原因

想想长时间坐着突然站起时，头晕是正常的，并不是什么不祥的预兆。但是由于控制不了灾难性的想法，焦虑症就容易爆发。每个人都会有头晕、心跳加快、胸闷的时候，那只是正常的生理反应。在这些反应发生时，先找到原因。想想：“我干了些什么？（一直坐着又站起，所以会头晕）”“今天天气怎么样？（天气预报说气压很低，所以感到胸闷）”“我昨晚休息得好吗？（整晚没睡，所以很疲劳）”找到原因，就可控制焦虑的发作。

步骤三，转移注意力

转移注意力就是把注意力集中在与你目前的感觉无关的事情上，使自己无暇进行灾难性的推测。调动你所有的感官去注意周围环境：假设你走在一个广场上，你感到隐隐的不安，这时你可以马上去注意广场周围有什么建筑？这些建筑有什么特点？你以前进去过吗？假设你正参加一个集会，不祥之感袭来，你可以马上观察你旁边的人或是某个主持人在说什么、干什么。

步骤四，控制呼吸

焦虑症发作时病人呼吸急促，这会导致二氧化碳减少，进一步加剧身体症状，如头晕、四肢刺痛。

对于没有进行过呼吸训练的病人来说，简单的方法是用双手将一个没有漏洞的纸袋（不能用塑料袋）紧紧地套在自己的鼻子和嘴上，做深呼吸十次。

用下面的“控制呼吸法”呼吸，不仅有“急救”的作用，还能够降低你总的焦虑水平。这需要平时的训练。方法如下：

腹式呼吸：保持坐姿，身体后靠，不要驼背，五指并拢，双掌放于肚脐上。

把你的肺想象成一个气球，用鼻子长长地吸一口气，把气球充满气，保持两秒钟。这时你看到你的手被“顶起”。再用嘴呼气，给气球“放气”，看你的手是否在慢慢回落。

慢呼吸：学会腹式呼吸后，开始学计时，不让呼吸变快。你要用四秒的时间吸气，再用四秒的时间呼气。

控制呼吸的方法，必须每天坚持练习多次。在你练习的时候，它已经在帮助你降低对焦虑的易感度。更重要的是，如果不能达到不假思索地使用这种呼吸法，在焦虑发作时，是派不上用场的。

第 18 章
忧郁情绪调节：驱散心头的乌云

精神上的“流行感冒”

在人的一生中，有三个时期较易得抑郁症，即青春期、中年及退休后。

抑郁的类型有两种：一种是由于精神上受到打击而出现的过度反应；另一种并没有特别的原因。

每个人都会有心情不好的时候。抑郁是人们常见的情绪困扰，是一种感到无力应付外界压力而产生的消极情绪，常常伴有厌恶、痛苦、羞愧、自卑等情绪。它不分性别年龄，是大部分人都有的经验。对大多数人来说，抑郁只是偶尔出现，历时很短，时过境迁，很快就会消失。但对有些人来说，则会经常地、迅速地陷入抑郁的状态而不能自拔。当抑郁一直持续下去，愈来愈严重以致无法过正常的日子，即称为抑郁症。

根据世界卫生组织统计，全世界有 3% 的人患有抑郁症。

抑郁症在西方社会被称为“精神上的流行性感冒”，其传播范围之广，受其影响之容易，可以从“流感”二字看得出来。

抑郁症患者会对周遭的事物失去兴趣，因而无法体验各种快乐。对他们而言，每件事物都显得晦暗，时间也变得特别难熬。通常，他们脾气暴躁，而且常试着用睡眠来驱走抑郁或烦闷，或者他们会随处坐卧、无所事事。大部分人所患的抑郁症并不严重，他们仍和正常人一样从事各种活动，只是能力较差，动作较慢。

郁郁寡欢为哪般

阿青，大一女生，首次远离家乡和父母独自一人来到大学求学。刚进大学的她对一切事物都觉得很新鲜，又觉得难以适应。此后，她做很多事情都觉得很困难，上课无法集中注意力，成绩总是排在班上的后儿名。渐渐开始觉得大学生活和学习没什么意思，对各种活动开始失去兴趣，有孤独感、无助感、无依靠感，不愿与人交流，不愿参加任何集体活动，整天呆在宿舍里，也不跟宿舍同学说话，只是自己一个人躺在床上听音乐，或者自卑自怜，以泪洗面，表现出退缩、冷漠，易产生疲倦感，也时常感到头晕头痛，终日精神抑郁，闷闷不乐，或长吁短叹，情绪极为低落。

忧郁是指忧愁郁闷的消极情绪。如感到悲伤、苦恼、没有活力等，也会伴随着对生活感到无趣、没有价值等，是一种非积极的情绪。

忧郁是生活中一种较为常见的情绪问题，如果这种情绪持续存在会严重地影响一个人的生活质量，使人备受折磨。

忧郁常表现为愁眉不展、忧心忡忡等情绪低落。大都郁郁寡欢、闷闷不乐、自怨自艾、沉默萎靡，常给人以心事重重的感觉。具体来说：

（1）每天都毫无事实或毫无逻辑依据地对某些生活环境表示过度焦虑和担忧。

（2）自我评价过低或有内疚感。经常出现消极的、引发焦虑的自言自语。

（3）呈现运动紧张症状，例如坐立不安、疲惫不堪、肌肉紧张或颤抖。

（4）呈现自主神经性症状，例如心悸、呼吸急促、头晕、口干、吞咽困难、恶心或者腹泻。

（5）呈现过度警醒症状，例如紧张不安、注意力溃散、容易受惊、难以入睡或彻夜不眠以及长时间的易激惹状态。

（6）过分倾向于取悦他人而抑制自己的需要和愿望。对他人及他人的反应高度敏感。

（7）有完美主义倾向。

你的忧郁从哪来

为什么人会得忧郁症？专家认为可能导致你患上忧郁症的原因有以下方面：

1. 遗传基因

忧郁症跟家族病史有密切的关系。研究显示，父母其中一人得忧郁症，子女得病几率为25%；若双亲都是忧郁症病人，子女患病率提高至50% ~ 75%。

2. 环境诱因

令人感到有压力的生活事件及失落感也可能诱发忧郁症，如丧偶（尤其老年丧偶，几乎八九成的人会得此病）、离婚、丢掉工作、财务危机、失去健康等。

3. 药物因素

对一些人而言，长期使用某些药物（如一些高血压药、治疗关节炎或帕金森症的药）会造成忧郁症状。

4. 疾病

罹患慢性疾病如心脏病、中风、糖尿病、癌症与阿兹海默症的病人，得忧郁症的几率较高。甲状腺机能亢进，即使是轻微的情况，也会患上忧郁症。忧郁症也可能是严重疾病的前兆，如胰脏癌、脑瘤、帕金森症、阿兹海默症等。

5. 个性

自卑、自责、悲观等，都较易患上忧郁症。

6. 抽烟、酗酒与滥用药物

过去，研究人员认为忧郁症患者借助酒精、尼古丁与药物来舒缓忧郁情绪。但新的研究结果显示，使用这些东西实际上会引发忧郁症及焦虑症。

7. 饮食

缺乏叶酸与维生素 B_{12} 能引起忧郁症状。

这些忧郁症状，你有吗

忧郁症主要表现为情绪低落、思维迟缓、兴趣索然、精力丧失、自我评价过低，因而导致生活能力退弱和职业功能减低、工作效率下降。

1. 仪表

这种病人的仪表颇具特色，他们往往衣着随便，不知梳洗，给人一派颓废潦倒的印象。面容愁苦，甚至两眸凝含泪珠，如若稍启诱，便泪如雨下。动作减少，甚至端坐半晌而姿势不变，有的人从外表上看不出明显的悲哀忧郁，有的甚至完全难以觉察。有的强颜欢笑，但从其眉间还会不时流露出一丝愁情哀意，明眼人不难看出患者内心的悲痛。

2. 精神运动性迟缓

这种病人的行动显得迟缓（激越型者例外），往往很少有自发动作，严重者甚至端坐一隅，纹丝不动，思维过程也很缓慢，以致影响言语速度，若与之交谈常数问一答，答前有长时间沉默，使多数人心焦难忍。

3. 忧郁心境

是忧郁障碍的特征性症状，如情绪低沉、感情灰暗、忧心忡忡、心烦意乱、苦恼忧伤、悲观绝望、丧失兴趣，觉得生活没意思，打不起精神，大有度日如年、生不如死之感，为了掩饰自己有时还要强装笑容。忧郁心境呈现昼重夜轻的节律变化，这是忧郁症，特别是内源性忧郁症的典型症状。病人一般在早晨忧郁情绪最明显，自杀、自伤行为也多在这段时间发生，午后情绪渐渐好转，傍晚情绪可以恢复到正常，上床后又陷入了困境。这种情绪上的变化，可能与 5－羟色胺分泌的昼夜节律有关。

4. 悲观思想

大体分为三种：

（1）想到当前，病人似乎戴上了“灰色眼镜”，对任何事情只是看到消极的一面，对生活毫无自信可言，觉得自己是社会的累赘。

（2）考虑将来，所想的均为最坏的前景，自己必然一败涂地，感到孤立无援，似乎到了生活的尽头。死亡则为解脱，有的病人出现自杀企图，甚至做出自杀的周密计划。

（3）反省过去，为了一些小事而自责自罪、夸大罪孽。大多数病人的悲观情绪与想法归结到一点就是自我责备，但也有些病例同时还会责怪他人，甚至有的人会怨天尤人，故不能就此否定忧郁症的可能。

5. 焦虑、激惹与激越

焦虑很常见，有的病人易被激惹，往往为小事激动。激越是指坐立不安，病人自己体验到神情紧张、焦虑不安、难以自控。旁观者看显得手脚无措、坐立不安，重者无法静坐。

6. 兴趣丧失

几乎每个病例都有此病状。他们对以往的日常生活和学习工作以及业余爱好变得兴趣索然，觉得任何事情对自己都无意义。

7. 精力减退

主观感觉精力不足、疲乏无力，总觉得力不从心，对做任何事情都显得十分被动。缺乏积极性和主动性，给人以无精打采、精疲力竭、精神崩溃之感。

8. 生物学症状

睡眠障碍：主要为中、后期失眠，也可见入睡困难和恶梦，最具特征的是早醒，一般比平时提早 2 ~ 3 小时醒来，醒后再也难以入眠；胃肠功能减弱；食欲减退、口干无味、消化不良、呃逆反酸、便秘、体重减轻；个别病人也有贪食现象。

性功能障碍：性欲减退、阳痿、性感缺失、闭经。

忧郁情绪可涉及其他各内脏器官，并出现相应的躯体不适症状。

9. 忧郁妄想

在严重忧郁状态下出现的妄想，主要有自罪妄想、贫穷妄想、疑病妄想、虚无妄想、嫉妒妄想等。

10. 木僵

轻度木僵病人的言语、动作和行为显著减少、缓慢、举止笨拙。严重木僵病人运动完全抑制、不语不动、不吃不喝，往往长时间保持一个固定不变的姿势。忧郁症病人多为忧郁性木僵和心因性木僵。

哪些人易患忧郁症

忧郁症常见的状况是：

（1）女性患者是男性患者的两倍。但是重度及复发者男女相似。

（2）女性随年龄变化，35 ~ 45 岁年龄组发病率最高。

（3）男性发病率随年龄增加而增长。

（4）忧郁症在社会最高阶层和最低阶层中最常见。

（5）已婚者比单身者（青少年除外）低。

（6）少数病人患季节性忧郁症，冬季里发病。更少数忧郁症在夏季复发。

（7）轻度忧郁症远多于重度忧郁症。

另外，下列因素导致人们易患忧郁症：

（1）认真的人，喜欢照顾别人的人，事业上有贡献的优秀者，易患忧郁症。

（2）忧郁症的社会和环境因素：工作紧张、繁忙的人，人际关系不良，生活环境有改变者易患忧郁症。后者包括与亲人生死离别，丧失心理体验者，事业和生活失败受挫者，生活环境有改变者。

（3）对自己、对过去和未来持消极看法者易患忧郁症。

（4）下列因素也增加患忧郁症的几率：幼年丧母；家中有三个或三个以上的 14 岁以下孩子的妇女；缺乏亲密可信的亲友；其他长期存在困难者。

正确认识忧郁症

忧郁症让我们深受其害，要克服忧郁症，首先对忧郁症要有正确的认识。

1. 忧郁症是每个人都可能得的心理疾病

它不能说明你心胸狭窄，也不能说明你品质低劣或意志薄弱。总之，忧郁症与感冒没有任何区别。它只是一种普通的疾病。中国人心理健康的观念比较淡薄，对健康的认识基本上还停留在生理健康的层次。这种状况应该被逐渐打破。所以，如果你或你的亲人得了忧郁症，千万不要感到见不得人或低人一等，仿佛做了什么亏心事一般。其实，我们已经说过，神经衰弱基本上就是忧郁症。既然我们能勇敢地说自己得了神经衰弱，为什么就不能告诉别人，自己得了忧郁症呢？这纯粹是一个观念问题。从某种意义上说，得忧郁症可能说明你是优秀的。天才总是要忧郁的。

2. 忧郁症是可以治好的

这一点非常重要，因为忧郁症患者由于戴上了有色眼镜，常常悲观绝望，甚至企图杀死自己。其实，这是不理性状态下的不理性想法，所有治好的人回头想想自己原来的感觉，都会觉得好笑。所以，如果你忧郁了，就告诉自己，我的情绪感冒了，我的情绪现在正在发烧，还会打喷嚏，现在很痛苦，但只要吃点药就会好的。

3. 忧郁症与精神分裂是两码事

忧郁症是可以治好的，而精神分裂基本上很难治愈，且会复发。忧郁症也不会发展为精神分裂。你忧郁了，说明不是精神分裂的素质。这其实是一个好的信号，这辈子你想精神分裂都分裂不了。

4. 忧郁症对你的发展很可能是件好事

它让你陷入反思和内省，治愈后你可能会达到比以前更高的层次。所以，如果你忧郁了，不要认为自己是不幸的。塞翁失马，焉知非福。

应对抑郁“六不要”原则

至于抑郁症的治疗与调适，我们完全可以用抑郁症心理自助法，让快乐重新回到你的生活中。

所谓抑郁症心理自助法，是不依赖心理医生或其他专业人员，患者自己通过心理调适、自己训练、自我心理保健等方法消除抑郁、恢复健康的纯心理方法。应该说，简便有效，适用于广大抑郁症患者。

面对情感创伤和忧郁情绪时，以下六种思维方法和做法是不正确的和不可取的，此乃“六不要”原则，是我们必须力戒和避免的。

（1）当情感受到伤害时，本人和他人竭力去否认或压抑痛苦感觉。例如失去亲人时，人们应该规劝患者本人不要去想他（她）。

（2）认为压制悲伤的做法是坚强的，是克服悲伤的好方法。

（3）感到这样悲伤痛苦的感受对本人太可怕了，无法忍受，认为不喜欢痛苦而想躲开它是人之常情。

（4）对自己过分自责内疚。例如与妻争吵不和，离家而去，做丈夫的深深自责内疚，认为自己无能，毁灭了婚姻，亦毁灭了一生的幸福等等。

（5）遇到失败挫折后，悲观失望，对世界的一切都看得过分黑暗，认为自己没有未来和前途。

（6）继续使自己暴露在同一痛苦的情境中。一位妻子不幸嫁给有性虐待或人格障碍的丈夫，经常遭受虐待迫害对她来说是极端痛苦，但是她可能被丈夫短期花言巧语蒙蔽，依然回到他的身边，继续这样痛苦的经验。

之所以说这六种选择和反应是错误的或者是精神创伤时不要采取的方法，是因为患者如果采取这样的应付措施，只能使自己的悲伤和痛苦延长时间，更难以恢复心理平衡和康复；使各种躯体疾病的诱发几率增加，长时间存在严重忧郁情绪，并可引致更为严重的忧郁反应。

心理调节术：让忧郁症烟消云散

情绪低落既有生理方面的原因，也有心理方面的原因。对其中任何一种原因引起的情绪低落都应引起重视，即使是你觉得不太重要的因素，譬如压力，它就像麦秸一样，太重了会将骆驼脊背压断的。

以下方法能帮助你预防和调适忧郁症：

1. 注意睡眠、饮食和运动

我们不可忽视那些有可能导致情绪低落的基本生理因素。如果你睡眠不佳，食欲不振，听任自己处于不良的生理状态，你就很容易出现低落情绪，因为日常活动耗尽了你的精力，很快就会把你压垮。失眠是低落情绪的一种很普遍的后果，反过来它又很容易引发忧郁症。在忧郁症发作期间，你很难对失眠采取什么直接的对策，因为你需要集中精力对付忧郁症。因此在你情绪较好的时候，就应该养成良好的睡眠习惯。

对于酒精饮料也要特别注意。对于易发忧郁症的人，这是一个很大的问题。酒精能暂时使你逃避问题和烦恼，但不能最终解决问题，会给你带来更深的忧郁。

过度的节食会使你心情烦躁、忧郁、疲倦和虚弱。在我们的社会中，妇女普遍希望自己的体重和体形得到控制，然而她们往往把自尊心和体型外貌乃至节食过于紧密地联系在一起了。

运动能防止忧郁症的发作，有助于增强体力。它也能较快地提高情绪，短时间内缓冲忧郁。

2. 明确你的价值和目标

如果你很容易发作忧郁症，应该检查一下你的人生目标和价值，检查一下你是怎样消磨时间的。反复出现低落情绪的一个重要原因是你实际做的事情同你真正看重的事情不相称。这种不相称本身并没有明确表现出来，都表现为笼统的忧郁情绪。

举一个简单的例子。马六表面上看来是很成功的。他在大学时成绩不错，取得学位之后，他加入一个大企业。他挣了很多钱，然而却受着忧郁症的折磨。他寻求专家帮助，通过心理治疗才弄清，原来他并不怎么看重他所取得的成就。渴望他的工作能对别人有更加直接的利益，那才是他所看重的。于是他开始寻求别的职业。广告上有一个职位能让他应用自己的财务专业知识为社会服务，虽然这个职位的薪水远远低于他原来的工作，他还是毅然申请了这个职位。因为他相信工作中的乐趣取决于是否能从事他所看重的工作。他获得了这个职位。两年之后，虽然他的情绪仍然时有起伏，但再也不像从前那样经常发生深度忧郁了。

如果你还没有写下你的价值和目标的个人声明书，建议你做一下。它能帮助你评价目前的工作和个人生活是否符合你的价值观。如果不是的话，它能帮助你选择最有利于摆脱忧郁苦恼的改变方案。

3. 将欢乐带入生活

忧郁常常导致自尊心的下降甚至自暴自弃。易感忧郁的人往往比较善良，体贴他人，利他主义，却往往过低评价自己，贬低自己，拒绝应得的欢乐。即使在情绪正常的时候，他们也总是觉得自己没有资格享受欢乐。他们总是把别人的需要放在第一位。有许多父母就是这样。他们把儿女的需要放在大大高于自己的需要之上，而不给自己留下一点点时间和空间。

即使你现在还不认为你有资格享受自己的欢乐，至少你也应该做你自己所喜欢的事情。无论工作怎么忙，你也必须找时间来让自己轻松一下，做一点你觉得能使自己高兴的事情。眼前的欢乐能帮助你预防未来的忧郁。将欢乐带进生活的确是良好心境的基本策略之一。

4. 不要孤注一掷

世上没有一帆风顺的事情。每个人都会遇到诸如工作进展不顺，或夫妻关系发生矛盾，或个人爱好得不到满足等各种问题。因此如果将所有的自尊心都绑在生活的某一件事情上，你肯定会变得非常脆弱。回顾一下你的忧郁历史，它是不是与你生活中的某一个方面的进展情况紧密相连？比方说，当工作不顺利的时候你是不是就情绪低落？如果你的忧郁过程确实与你生活中某一个方面有密切的关系，就表明你很可能是太孤注于这一掷了。

为了避免发生这种片面的依赖性，最好是有生活的多个方面：朋友，家庭，工作，爱好和兴趣，家庭内和家庭外的，社会的和个人的。每一个部分都能增强你的自尊心。当生活的某一个方面进展不太顺利的时候，你还可以从其他的方面获得安慰和支持。

5. 建立可靠的人际关系

当发生不利事件时，有一个可以完全信赖的人，无论是亲戚、配偶或朋友，都是防止忧郁的最重要保证之一。如果你还没有这么一个亲密的、可以依靠的人际关系，你的朋友也不能向你提供能帮助你防止忧郁的感情支持，你就应该想办法开始建立这样的支持关系。

第 19 章
愤怒情绪调节：管控好怒火的阀门

关于愤怒的“ABC 理论”

愤怒是个人的欲求和意图遭到妨碍时产生的一种消极情绪体验。许多人由于情绪的自我调控能力较差，冲动性较为明显，因此常常在不该发脾气的时候发脾气，因为一点儿小事就会相互打起来，因为别人的某些做法不够合理而冲他们大喊大叫……

在日常生活中，引起愤怒的原因很多，每个人都不可避免地会产生愤怒的情绪体验。愤怒是一种有害的情绪状态，常常会给人带来意想不到的麻烦，人在愤怒时，意志力会变得薄弱，判断力、理解力都会降低，理智和自制力也容易丧失，而且，长期、持续的愤怒对个体的健康损害也是极大的。《内经》上说：“喜怒不节，则伤脏，脏伤则病起。”当人愤怒时，交感神经兴奋增强，从而使心率加快，血压升高。所以，经常发怒的人，容易患高血压、冠心病，而且可使病情加重，甚至危及生命。愤怒可使食欲降低，影响消化，经常发怒可使消化系统的生理功能发生紊乱。愤怒还会影响人体腺体的分泌功能。过度的愤怒甚至还会使人丧失理智，引发犯罪或其他后果，因此控制愤怒的情绪十分重要。

生活中我们总会因为一些事情而陷入愤怒之中。愤怒虽然只是一种情绪，但却具有极大的破坏力。但是，引起愤怒的直接“元凶”却不是事件本身。有心理学家认为，人的情绪不是由于某一事件直接引起的，而是因为经受了这一事件的人对事件的不正确的认识和评价，形成了某种信念，在这种信念的支配下，导致了负面情绪的出现。这一观点在心理学上被称作“ABC理论”，其中，A代表某一事件，B代理信念，C代表情绪与行为。A并不会直接导致C的发生，而是通过中间的B起作用的。著名心理医生卡尔孟宁格也曾经说：“态度比事实重要得多。”

当我们被烦恼、愤怒、绝望等负面情绪包围时，不仅要从事物本身寻找原因，更重要的是及时检查自己的态度，看看我们是否在用消极的态度评价所发生的事情。正如成功学大师拿破仑·希尔所说：“我们怎么对待生活，生活就怎么对待我们。”

控制愤怒的小窍门

“攻击性”只能增加对别人的敌意。通过显示良好的情绪智商，你可以更加容易地在控制自我上获得成功。

当你爆发愤怒情绪时，无论什么原因，不但会使你的肾上腺分泌急速上升，更重要的是，你根本得不到任何益处。用怒气来恐吓伙伴绝不是最好的交流方式。通过控制你的进攻性的情绪，你不但可以赢得自爱而且可以提高说服力。这样无论你是在同事、朋友还是陌生人面前，都会知道采取平和态度而不是轻易发火的重要性。这是情绪智商的一个基本原则。

那些容易生气的人，其实有的时候并没有意识到他们在做什么。拿孩子举例来说：家长有的时候发威并不意味着真的发火。当然，有的时候突然提高你说话的声调是必要的，但是这不应成为生活中的习惯，除非你想看着你的朋友们都和你对立起来。下面是一些控制愤怒情绪的小窍门。

1. 提高你的情绪智商

听要比争吵好。想象一下你遭受到了语言攻击，并且完全失去了控制。练习着对“进攻者”把这些说出来，即使这并不是很容易。有的时候，你的对手会放弃争吵，因为这不像网球比赛：如果没有人接球，那么比赛就不存在了！如果一点小的误会就会使你轻易生气，那么如果你在一个雕刻师的位置上，可以想象你将做出什么反应。这并不是说闭上嘴就好了，而应该试着去解决问题并思考是不是值得为此而争吵。

2. 控制你的声音

提高你的声调是你不能够很好地控制自己的表现。如果大声笑，那没有任何问题，但是当你生气大叫的时候却在浪费呼吸。试试下面这个小窍门：当你的对手大叫时，你降低你的声音。说话越来越慢，并且声音越来越小。那么你的对手在没有意识到的情况下就已经跟随你降低了声音。谁会在温柔的声音下发怒呢？

3. 控制你的压力

现代生活充满了压力，人们有时会在没有什么实际原因的情况下就发火。放松，做自己感兴趣的事情，并且学着如何在和外界失去联系的情况下放松。当怒气上升时，做做深呼吸并用一点时间来分析考虑一下应该如何去做。

浇灭你的愤怒之火

愤怒犹如火山爆发。愤怒的人会变得毫无宽恕能力，甚至不可理喻，思想上总是围绕着报复打转，根本不计任何后果。

这样不但破坏了人际关系，也毁坏了自己。因此及时地浇灭愤怒之火，是自我保全的有效手段。

愤怒是人的最大冲动。寻找缓冲剂，缓和冲动，或使两个愤怒争吵的人先分开一下，有利于浇灭愤怒之火。事实上，如果能在发火之前投入缓和及冷却的因素，是可以完全浇灭怒火的。

缓冲有很多种方法。其中有：

（1）转移。发怒者可将注意力转移到其他事情上，以免负面的思维继续恶化。多数转移注意力的活动都有助于平息怒火，诸如看电视、电影、阅读等，但疯狂采购或大吃大喝则没什么效果，因为你在逛街或暴饮暴食时可能仍在思索引发愤怒的事件。

（2）压抑怒火。压抑怒火是给自己创造思考的时间。但火山是不能压抑的，必须疏导，让能量慢慢有节制地释放。

（3）给自己深思的时间。要求自己首先要有一定的时间思考。但思考一定要多方面、多角度，并要求角色互换。如果在冷却期间不断思索引发愤怒的事件，往往达不到冷却的效果。

（4）独处。至少怒火不会烧到别人。独处有时候也能够让怒气冷却。

（5）逃避。走入一个怒火不会再被激起的区域。

（6）宣泄。沙袋拳击、冲浪、破坏一些无关紧要的东西往往能够有效释放能量。

（7）深呼吸、放松肌肉、温水浴、凉水冲头等松懈、降温的方式也很有帮助。

平息怒气的最佳方案

一般来说，愤怒发作本身就是片面的产物，在愤怒当中是无法全面考虑问题的。全面考虑问题一般是在缓冲以后，或自己认识到愤怒，而开始控制或积极化解的时候。

1. 检视诱因

怒火总是由某一事件或想法引发，这是导火索。引发愤怒的思绪同时也是浇息怒火的关键。后续的事件、想法或思维则起着累积和煽风点火的作用。解铃还需系铃人，要平息愤怒就要拔除愤怒的种子。发现诱因，并对其做出分析，调整期望，往往能够很快地降温、灭火。因此，越快越好。时机愈早效果愈大。

2. 考虑前因后果

想象一下后果，看看值不值得。气病了自己没人同情，还让对手看笑话。再看看那件引发愤怒的事情，对你、对环境的损失是不是大于愤怒造成的损失。分析愤怒是否于事无补。分析一下环境和条件的变化，想想有没有别的方案或能不能有效地计划修正。将事情纳入理性，怒火就会自然而然地消失。

3. 提高觉悟

我们应该给别人犯错误和改正错误的机会。认识到伤害了别人就等于伤害了自己。在分工和合作的时代，尽可能化敌为友，关系恶化只会降低系统效率。

4. 划清责任

不要认为一件事做得不好就是对方的责任。更不要把外界责任泛化，归咎于整个社会或整个集体。往往大多数人都是无辜的。即使民族矛盾，也要考虑广大善良的人民。这也能够使将来的行动有的放矢。

5. 改变思考的角度

我们花愈长的时间思索引发愤怒的原因，便愈能编织出合理的愤怒理由。深思使怒火更旺盛。因此必须完全抛开使你愤怒的事件，重新以更乐观的心态看事情。

这些是平息怒气的最佳方案。

面对中伤，保持冷静

在二十世纪六十年代的美国，有一位很有才华、曾经做过大学校长的人，出马竞选美国中西部某州的议会议员。此人资历很高，又精明能干、博学多识，看起来很有希望赢得选举的胜利。但是，在选举的中期，有一个很小的谣言散布开来：三四年前，在该州首府举行的一次教育大会中，他跟一位年轻女教师“有那么一点暧昧的行为”。

这实在是一个弥天大谎，这位候选人对此感到非常愤怒，并尽力想要为自己辩解。由于按捺不住对这一恶毒谣言的怒火，在以后的每一次集会中，他都要站起来极力澄清事实，证明自己的清白。其实，大部分的选民根本没有听到过这件事，但是，现在人们却愈来愈相信有那么一回事，真是愈抹愈黑。公众们振振有词地反问：“如果他真是无辜的，他为什么要百般为自己狡辩呢？”如此火上加油，这位候选人的情绪变得更坏，也更加气急败坏、声嘶力竭地在各种场合为自己洗刷，谴责谣言的传播。然而，这却更使人们对谣言信以为真。最悲哀的是，连他的太太也开始转而相信谣言，夫妻之间的亲密关系被破坏殆尽。

最后他失败了，从此一蹶不振。

人们在生活中有时会遇到恶意的指控、陷害，更经常会遇到种种难以忍受的恶语中伤。遇到这些不如意，如果我们不能保持冷静，暴跳如雷，大动肝火，结果只能像上面故事中讲的一样，把事情搞得更糟。克制自己的愤怒情绪，只有冷静，才能让你保持足够的清醒，想出真正解决问题的办法。

发怒前先问自己两个问题

有一个商人一次乘火车时，将一大笔小费给一名服务员，请他第二天早晨五点到达鹿园站时务必把他叫醒。商人解释说他有一个非常重要的约会，由于他是个嗜睡的人，他担心自己不能准时起床。

“一定照办，先生！”服务员回答，“你放心吧！”

可是第二天早上九点商人醒来时，发现他仍在火车上，而且远离鹿园站至少有二百英里。他气急败坏地找来服务员，劈头盖脸地把他大骂了一顿，甚至用上了一些他退伍后未曾用过的粗话。然后才悻悻地下了火车。

“那简直是我一生中见过的最疯狂的人。”碰巧目睹了这场风波的列车长说道。

“如果你认为他疯狂的话，你该去瞧瞧今早五点被我喊醒的他是怎样疯狂地发怒呀！”服务员说。

不要因愤怒使自己疯狂，在你想对别人发怒之前，不妨先想两个问题：这值得吗？难道自己一点错也没有吗？你愤怒的心，或许会有另外一种感觉。

心理调节术：9招全面遏制愤怒

当你动怒动气时，以下的几招可以帮助你有效地制止你的怒气。

第1招：关注愤怒

学会区分短期的愤怒和长期的怨恨。找个笔记本记下你在不同情境下对不同人的愤怒程度，并分清自己的愤怒共有多少种类。这会帮助你决定在什么时候、什么情况下表达愤怒，表达什么样的愤怒，如何表达愤怒。

第 2 招：认清你想通过愤怒来达到什么目的

不要被愤怒蒙住了眼睛，看看愤怒背后的欲望是什么。如果你希望和别人交朋友，而他（她）让你失望，你就扇人家耳光的话，那么你就永远失去了和他（她）亲近的机会。

相反，你可以说出你真正的感觉："我很重视我们的友谊，但有些事情威胁到了我们的友谊，这让我很失望。让我们谈谈，一起来解决这个矛盾怎么样？"

第 3 招：将愤怒暂时搁置

比如，愤怒的时候从 1 数到 10。愤怒的当时写一封信，可以是写给你发火的对象也可以是写给报刊、杂志或领导。这封信写得越详细越好，把这封信放一天再读一遍，再考虑是否真的值得发火。

愤怒时先别去想这件事，过一段时间再想，替这些情绪找到出口。体育锻炼是一种很好的释放方式：慢跑、打球、在没人的地方大喊大叫等都可以。

第 4 招：意念控制

在发火时，心中念念有词：别动气，别跟他一般见识，有什么天大的事要发这么大的火呢？会收到一定的效果。

第 5 招：对事不对人

说"这件事情真的让我很动气"是针对事件，说"你这混蛋，怎么做出这种事情"就是针对人了。

第 6 招：找出获得爱和快乐的方法

你的愤怒有些是来自于你的基本需要和欲望不能满足，你感到深深地受伤或无助，你想要生活中有更多地快乐和关爱。愤怒并不排除爱、感激等积极情感。你可以深爱某人，为他（她）感到怒不可遏，但仍然继续爱着他（她）。实际上，愤怒的产生往往是由于爱得太深，我们常说："爱之深，责之切。"在上述情况下，你需要找出获得爱和快乐的方法，愤怒才会消失。发泄愤怒只会让你更受伤。

第 7 招：冷静分析，避免矛盾扩大

如果你成了别人愤怒的目标和牺牲品，那么要问问自己："我一定要接受这个人给我安排的位置吗？我一定要为这种事感到受伤吗？"其他人和你一样也会去寻找替罪羊。你可以去做志愿者，但不要做“志愿羊”。即便别人选择了你，你也可以避开。但不要上钩，不要去打和你没关系、你也赢不到什么的战斗。

第 8 招：真诚、负责地表达你的愤怒，不要用暴力的方式

暴力只会带来更多的愤怒、伤害和复仇，无论是口头的还是躯体的攻击都不会熄灭怒火。告诉别人是什么让你感到愤怒或受到伤害，告诉他们你真正希望他们做的是什么。以不攻击的方式，将不满表达出来，与其说“你错了，你简直是离谱”，不如说“我觉得受伤，你的所作所为没有考虑到我的需要”。

第 9 招：对自己的愤怒负责

不要给愤怒寻找假、大、空的理由，你需要的是解决问题的方法，而不是空洞的胜利。

第20章
冲动情绪调节：自控的人生不失控

冲动——“发狂的野马”

冲动是指由外界刺激引起、爆发突然、缺乏理智而带有盲目性、对后果缺乏清醒认识的情绪和行为缺陷。

这种情绪和行为可起源于内部感受或外部影响，此时自控力降低。严重者可有情感爆发（愤怒、激越），甚至导致自伤或伤人的暴力行为。

冲动靠激情推动，带有强烈的情绪色彩，其行为缺乏意识能动调节作用，因而常表现为感情用事、鲁莽行事，既不对行为的目的作清醒的思考，也不对实施行为的可能性作实事求是的分析，更不对行为的消极和不良后果作理性的评估和认识，而是信马由缰、忘乎所以，结果往往后悔莫及，甚至铸成大错，遗憾终身。

在现实生活中，人总是很容易产生冲动。在一种氛围中，在一种情景下，冲动的情绪会急速冲破理性的防线，使人的情绪、思维和行为出现非常规的反应。人在冲动时候，大脑就容易短路。人在短路大脑的控制下，要对棘手问题做出及时、正确的反应几乎是不可能的。简单地说，就是因为人在冲动的时候容易做出一些平时连想都不会去想的事情，从而造成对自己或是对他人的伤害。

理性地面对社会百态，理性地处事，是为人的高素质的体现，也是心平气和、情感睿智的反映。

冲动是疯狂的魔鬼

当一个人冲动时，其全部的注意力都集中在导致他冲动的这一件事情上，对于其他的诸如后果之类的问题根本就没有时间和空间去考虑。因此有人说，“冲动是魔鬼”。无数个令人扼腕叹息的悲剧一再向众人诠释了这句话。包括我们，在自己的经历中也多少有些体会。

心理学家认为，人在受到伤害时，动气和冲动是正常的反应。而第一个念头便是想攻击伤害自己的人，但在行动前最好先问问自己：这样做能否达到目的？对解决事情有无帮助？

这是一个真实的故事：在临近高考还有 23 天的那天早上，在一个时常洋溢着欢乐笑声的班集体里，同学们正在全神贯注地填着志愿表。一切都是那么的平静，谁也不敢相信一场流血事件即将发生……

小全，全年级师生公认的一名高材生，拥有无限的前程。但他做事很冲动，只要情绪一来就根本不知道什么是冷静，什么是君子动口不动手。其实他并不想伤害别人，更不想毁了自己的前途。那是理智与他无缘呢，还是他自己放弃了对理智的索求？

事情的起因很简单，一位同学从小全身边走过时，不小心碰了他一下，小全不高兴地说：“走路看着点！”

那位同学不以为意地说：“怕碰就别在这里坐着。”小全的火气“腾”地一下窜了上来，对着那个同学的面门就是一拳……

待他冷静下来后，他才发现不应该发生的一切已成了现实。他把那位同学的双眼给打瞎了，年满 18 岁的他将要面临严峻的刑事处罚。

冲动让一个前程似锦的少年走向了囹圄，知道此事的人无不欷歔。

因为冲动而使自己受伤害的例子举不胜举。比如，自己向来尊敬的人，如果做出令我们伤心的事情，我们很可能立即讽刺回去；受了陌生人的气，恨不得用原子弹炸他等等。其中，办公室是最容易滋生怒火的场所，当我们看到能力平平的同事晋升，而自己却备受冷落时便会怒火中烧；天天为公司卖命，偶尔早点下班，主管就语带讥讽地说：“今天才上半天班就自动下班了呀！”便一怒之下跑到老板面前拍桌子，把辞呈往老板面前重重一摔，然后自以为很帅地说："我不干了！"这些做法在当时可能是出了一口气，但最后吃亏的还是我们自己。

是谁点燃了冲动的导火线

冲动是一种受情绪左右的靠激情推动的行为缺陷，一般不考虑后果。通常在受到外界强烈刺激的情景下出现。此时意识偏狭，语言举止很难受到中枢神经的有力调节和控制，结果语言出格、行为失当、贸然行事，以致带来不同程度的破坏性。

冲动也可以在怨恨和愤懑长期郁积于胸无法排遣，而在外界出现微不足道刺激的情景下发生，此时外界的刺激只是个导火线，同样也会产生破坏性的后果。某种需要因人为因素长期得不到满足或始终得不到公正待遇、与某人长时期矛盾隔阂而难以消解等，这时就会因一件小事而大发雷霆、大动干戈，以释放日积月累的内在紧张性。

冲动还可以在我行我素惯了、容不得半点冒犯而偏偏遇到抵触的情景下发生，在这种情况下稍受抵触便走极端，或硬上蛮干，谁也休想阻挡，或绝情寡义，顾不得友谊亲情，结果自己常常被弄得尴尬万分、狼狈不堪。

哪些人爱冲动

研究发现，这些人的冲动指数相当高：

（1）价值观不正确，摆不正自己的位置的人。

（2）无所事事，没有明确的事情分散体力精力的人。

（3）在节律周期的临界日，特别是情感曲线的临界日的人。

（4）人体内环境失衡，如甲亢等内分泌失调的人。

冲动往往未经仔细考虑就快速采取行动，造成很多负面后果。表现为做事缺乏耐心、感情用事、鲁莽行事。对攻击性冲动失去控制，导致袭击、自伤行为或毁坏物品等行为。具体来说：

（1）行动太快，来不及深思熟虑，这种倾向导致许多不良后果。当攻击冲动失控，将会导致人身攻击、自我毁灭行为或毁坏财物等情况发生。

（2）希望要求能立即得到满足，如愉快延迟或满意度降低就会行为失控。一般来讲，难以等待任何事情，例如排队、等人。

（3）冲动性的成瘾行为存在。在作出冲动行为之前，有一种紧张感或情绪唤起。在产生自我失调的冲动行为时，则感到愉快、满足或放松。

（4）对于所厌恶的东西或高兴的刺激反应过强。

心平气和，遇事理智

冲动之下，往往会做出超出理智的行为，造成严重的后果。因此，遇事要保持理智，冷静处理，避免冲动的发生。

1. 凡事都要理智

理智可以驾驭和主宰冲动情绪和冲动行为，认清行为的目的，考虑行为是否得当和可行，尤其要清醒地预见到行为的消极后果，这样冲动就能缓解以至消失。只有用理智来衡量并支配自己的情绪和行为，才能更好地控制冲动。

2. 转移冲动情景，合理释放冲动

尤其当冲动是由外界强烈刺激引起时，就要立即转移注意力，或者回想其他事情，或者迅速离开情景场地，把外界刺激与冲动的联系隔断。

3. 要逐步养成处变不惊、淡泊名利

处变不惊就不会在外界强烈刺激前惊慌蛮干、一意孤行；淡泊名利就不会斤斤计较、患得患失、耿耿于怀，也就不会冒失行事。

4. 学会停止、观看、倾听、思考和行动前作计划

减少触发冲动行为的想法，增加能够控制行为的自我暗示。减少冲动行为发生的频率，增加仔细思考后行动的频率。

5. 学会接纳不同意见的良好习惯

乐于接纳不同意见就能改变我行我素的性格，不要一遇抵触即暴跳如雷、

火冒三丈，这样就会心平气和，避免出现冲动。

6. 有意识地控制自己的情绪，理智地、客观地处理问题

但是，控制并不等于压抑。积极的情感可以激励你进取、上进，加强你与他人之间的交流与合作。如果你把自己的许多能量消耗在抑制自己的情感上，不仅容易患病，而且将没有足够的能量对外界做出强有力的反应，因而一个高情商的人应是一个能很好地调控自己情绪的人。

心理调节术：为冲动“刹车”

以下的方法有助于你克制和摆脱冲动。

1. 冲动的正面是冷静，而冷静的内涵则是理智

理智者遇上不顺心之事，一般都能三思后行。除了那些丧失理智和法律意识淡薄之人外，凡吃五谷者都有一时激愤或消沉的时候，这是个危险时段，很多不正确的判断常常是在这不冷静的时刻作出的，判断失误必然导致行为欠妥，如果人们能在最短的时间内让头脑降温，就会掐掉一根危险的导火线。

2. 提高文化素养

能否理智行事又与文化程度的高低成正比。这点，和深圳法院的调查报告完全吻合：“冲动杀人的犯罪人最多仅有初中文化程度，文化程度低下，缺乏自控能力是逞一时之快杀人的重要原因”。众所周知，法律对一些欲铤而走险的人能起警示作用，可是，如果文化程度低下，加之法律意识淡薄，“无知无畏”，那就极其容易经不起旁人的撺掇而走向犯罪的深渊。

3. 以外人的眼光看问题

“当局者迷，旁观者清”这话不无道理。在日常生活中，我们每个人都曾作过局外人观看过别人吵架，这时候，无论是哪一方的言行，其失当和偏颇之处你大概都能觉察。因此，如果人们能以局外人的头脑，观察自家局内人之身，则善莫大焉。

第 21 章
抱怨情绪调节：以本事代替脾气

你抱怨生活了吗

抱怨是表达自己对人、对事的哀伤、痛苦或不满的情绪，是在责怪或埋怨自己不想要、不喜欢的事情。

在生活中，我们的身边充满了各种各样的抱怨：抱怨孩子不懂事，抱怨家人不体谅自己，抱怨付出多、薪水低，抱怨上级不公平，抱怨公司制度不合理，抱怨人生不如意……有的抱怨是我们说给别人听的，有的抱怨是别人说给我们听的。我们就像陷入了抱怨的泥潭，无法自拔……在庸常生活的抱怨中，找不到灵魂的出路，囿于抱怨的牢房。不知道如何走出抱怨的世界，给自己一个完美的世界。

抱怨就像思维的一种慢性毒药。在我们的大脑中毒的同时，我们的人生态度、行动被“抱怨”这种强烈的毒性感染。在抱怨的生活中，我们的意志不断受到消磨，就像可以“溃堤”的蚂蚁一样，精神之堤瞬间被生活的洪水化为乌有。

抱怨，是生活中常见的一种行为，也是必不可少的行为。但大多数人的抱怨都是啰嗦、无聊的唠叨，给自己的生活、工作带来不利的影响，进而危害他们身心的健康。大多数的抱怨都没有实质性意义，因为人们抱怨的是没有办法改变的事实，或者是不需要改变的事实，这样不利于问题的解决，反而使情况越变越复杂。有些人的抱怨不是为了使事情发生变化，而是为了推卸责任，这种抱怨比较自私。

抱怨是对自己信仰的不尊重，也是一种不信任，是对自己意志不够坚定找合理的理由与借口。向生活抱怨的人会想尽一切方法给自己找合理的理由与借口让自己过得尽可能舒服、惬意。做不完作业，那是因为作业太多；做不完工作，那是因为老板太过苛刻。抱怨的人很少会想到失败，做不到恰恰是因为自己先砍掉了通向成功彼岸的强大翅膀。仔细想想，你有没有向生活抱怨过，或正在抱怨着呢？

抱怨只会让事情越来越糟

生活中只要有人的地方，就会有人与人之间交叉错乱的情感纠葛发生。面对这些杂乱纷扰的磕撞与碰触，人们难免会心情烦躁，产生诸多抱怨。生活之事有大有小，可大也可小，如亲密的朋友中途突然离去，公交车上的拥挤磕碰，知名教授的重大演讲等。面对生活中的大小之事，有的人积极面对，有的人抱怨不堪；有的人一笑了之，有的人斤斤计较；有的人就事论事，有的人对人不对事。生活有多大，人的差异就有多大。

任何事情都存在度的界限，一旦超过这个界限，矛盾就会发生，伴随而来的不满和抱怨情绪就会困扰我们的心智。

抱怨是一种回避问题的消极态度，抱怨只会让事情越来越糟。

这里面就要涉及两个问题：一个是矛盾的产生，一个是和解的态度，而抱怨是处于两者之间的中介变量。

生活的摩擦直接导致抱怨的产生，有了抱怨人们就有了面对问题、解决问题的态度。这里最为关键的还在于抱怨的性质与强度。如果人的抱怨是为了能更有效地解决问题，那么抱怨太轻，起不到解决问题的目的；抱怨过重，又会引起对方的反感，也不利于问题的解决，所以中度的抱怨是最为理想的水平。如何抱怨适中，这是哲学的艺术，更是生活的思考与感悟。

我们一般所讲的抱怨都局限于第二种，是对生活中矛盾冲突的碎碎念。没有实质性的意义，对于问题的解决没有丝毫的引导作用。公交车上的拥挤，我们都经历过。在推搡中，被别人不小心踩一脚，或你“无意”还回一脚，大骂他人不长眼睛，被人大骂不长眼睛，是否能够让被踩了的脚没有被踩呢？抱怨司机开车如蜗牛一般，抱怨人多得如蚂蚁一般，是否能够让拥挤的车空间变得宽敞无比呢？是否能够让司机在道路阻塞的夹缝中疾驰飞行呢？如果可以的话，那就尽情抱怨吧！

事实上，周围抱怨的声音没有片刻停止，大家依旧你来我往地互相推搡，不去侵犯他人也绝对不能让他人侵犯，在狭窄的车空间里呼吸依旧难以顺畅，司机的喇叭按了又按，车上的人下不去，车下的人上不来，彼此的抱怨唾骂还是不绝于耳，响彻四周。抱怨有用吗？既然没有用，那就请闭嘴吧！用宽容的心，用理解的情，用真挚的笑容，用温馨的语言打破僵局，营造崭新的局面，也许在其乐融融的氛围中，等待就不会那么漫长。

当你遇到倒霉不愉快的事情时，应当及时控制自己的心情，一旦抱怨情绪出现苗头的时候，你就应该立刻把它扼杀掉，千万不能任其肆意发展，否则你的情绪会越来越糟糕。不但这样，还有更严重的后果，你的人生会陷入“倒霉连锁链”中，必定暗淡无光。

牢骚太盛是成功的死敌

街谈巷议，茶余饭后的聊天中，常常可以听见一些人牢骚满腹。他们往往都认为自己是世界上最委屈的一个，简直比窦娥还委屈。他们抱怨工作职位低，赚钱少，老板苛刻；抱怨生活上老婆丑、不温柔……总之，生活中一切不合他意的地方都要发一通牢骚，发一阵脾气，以泄私愤。

人总会有灰心气馁、不满意的时候，此时发点牢骚倒也未尝不可，但如果整天牢骚满腹，不论大事小事，好事坏事，只要不合我意就怨天尤人，就未免有点不正常了。

有这样一个故事：

相传，有个寺院的住持，给寺院里立下了一个特别的规矩：每到年底，寺院里的和尚都要面对住持说两个字。第一年年底，住持问新和尚心里最想说什么，新和尚说：“床硬。”第二年年底，住持又问他心里最想说什么，他回答说：“食劣。”第三年年底，他没等住持问便说：“告辞。”住持望着新和尚的背影自言自语地说：“心中有魔，难成正果，可惜！可惜！”

新和尚对待世事都持一种消极的心态，所以才不能安于现状，一味抱怨。而他的抱怨，也让他失去了修成正果的机会。

牢骚也好，抱怨也罢，都是因为抱有的心态不对，看问题的角度不对，如果能够以积极的心态，换个角度，相信人的心情会一下子好起来。事物在一个人心中的好坏，决定于此人的心态，而不是事物本身，正所谓“以我观外物，外物皆着我色”。牢骚满腹者，不妨转换一下心情，让乐观主宰自己，心情肯定会一下子好起来。下面这个故事讲的正是这样的道理：

中国有一位著名的国画画家俞仲林擅长画牡丹。

有一次，某人慕名要了一幅他亲手所绘的牡丹，回去以后，高兴地挂在客厅里。

此人的一位朋友看到了，大呼不吉利，因为这朵牡丹没有画完全，缺了一部分，而牡丹代表富贵，缺了一角，岂不是“富贵不全”吗？

此人一看也大为吃惊，认为牡丹缺了一边总是不妥，拿回去预备请俞仲林重画一幅。俞仲林听了他的理由，灵机一动，告诉买主，既然牡丹代表富贵，那么缺一边，不就是富贵无边吗？

那人听了他的解释，觉得有理，高高兴兴地捧着画回去了。

同一幅画，因为心态不同，便产生了不同的看法。所以，凡事都应持一种积极的心态，往好处想，不是看什么都不顺眼，这样就会少些烦恼、苦痛、牢骚，多些欢乐、平安。

现实就是如此，我们必须坦然面对，不能只知发牢骚、发脾气，否则，如果在牢骚中错过了人生正点的班车，那又将会在抱怨中错过下一次坐正点班车的机会。

现在，停止你的抱怨

抱怨是一件随时都会发生的事情。

早上起床晚了，抱怨的人会想“唉！又要扣工资了”，不抱怨的人会想“是不是我太累了？是该找个时间好好休息一下了”；走在路上，与别人撞了一下，抱怨的人会想“没长眼睛啊”，不抱怨的人可能根本就没意识到，最多会想“他也不是故意的”；到了公司，有个同事对面走过连个招呼也没打，抱怨的人会想“对我有意见？我还懒得理你呢”，不抱怨的人可能想都没想，最多会想“他也是想着做事，没留神”；工作上辛辛苦苦完成了一个任务，自认为无可挑剔，哪知交上去了才发现还有个小错误，抱怨的人会想“为什么事先没想到啊，真是白辛苦了”，不抱怨的人会想“我这么小心还是有疏漏，下次要吸取教训，要更加小心了”；喝口水呛着了，抱怨的人会想“怎么这么倒霉，喝水都要找我麻烦”，不抱怨的人会想“现在有点急躁了，沉稳一点”；吃饭咬到沙子，抱怨的人会想“谁洗的米，沙子都不去掉”，不抱怨的人会想“有沙子是正常的，怪我不小心没看到”；下班了，领导说大家留一下，晚上要开会，抱怨的人会想“又开会，怎么不在工作时间开啊？我和女朋友的约会怎么办”，不抱怨的人会想“原来这就是鱼与熊掌不可兼得也”；晚上回到家，累得不行，抱怨的人会想“为什么生活会这么累啊”，不抱怨的人会想“又过去一天了，今天还真有不少收获，现在马上好好休息，明天还要好好工作”……

有这样一个故事：

画家列宾和他的朋友在雪后去散步，他的朋友瞥见路边有一片污渍，显然是狗留下来的尿迹，就顺便用靴尖挑起雪和泥土把它覆盖了，没想到列宾对他说，几天来我总是到这儿来欣赏这一片美丽的琥珀色。在生活中，当我们一直埋怨别人给我们带来不快或抱怨生活不如意时，想想那片狗留下的尿迹。其实，它是“污渍”，还是“一片美丽的琥珀色”，都取决于你自己的心态。

一个人的做事态度决定他一生的成就。我们的工作，就是生命的投影。它的美与丑、可爱与可憎，全操纵在我们的手中。

一个天性乐观、对人生充满热忱的人，无论他眼下是在洗马桶、挖土方，还是在经营着一家大公司，都会认为自己的工作是一项神圣的天职，并怀着浓厚的兴趣去完成它。

事实证明，抱怨解决不了任何问题。当我们开始抱怨时，证明我们已经无能为力了。

咽下怨气，才能争气

南京大学的一位毕业生，一心想到美国留学，学习美国的高新技术，以便将来更好地报效国家。

他通过了所有的出国考试，成绩都很优秀，也联系好了去美国的学校，只要给签证就可以出去了。但这位同学其貌不扬，性格又有些内向，每次去签证都被拒签。

当他最后一次去签证被拒签后，他的愤怒终于爆发了，他指着签证官的脸大声喊道："你们美国有什么好，老子还不去了，我在中国照样可以学到高新的技术！"

一向傲慢的美国签证官员被他的愤怒惊呆了，他在中国签证这么多年，还没有一个人敢指着他的脸大声说话。

美国佬也恼怒了，大声喊道："你为什么说我们美国不好？"

那位大学生回答道："一个以貌取人、拒绝人才进入的国家就是不好。"

签证官说道："我今天就给你签证，让你到美国去看一看，美国到底是好是坏。"

人若下决心争一口气，天必佑之。那位大学生正是在傲慢的美国人面前不低声下气，敢争一口气，结果降服了他，顺利地拿到了去美国的签证。

大多数国人，只会抱怨，只会生气，不敢争气，甚至连"在中国一样可以学到先进技术"这样充满自信的"争气话"都不敢说。

许多人间奇迹正是由一些受到排挤和打击后发誓"一定要争口气"的人所创造的。

美国劝业银行创立的根源，在于该银行总经理佛勒先生被他人激怒之后，决心争一口气给对方瞧瞧。

当初，佛勒与某大银行的一位经理见面时，偶然说起他想在长岛设立一家银行，若能如愿以偿，将来生意一定会发达，前途未可限量。

但是那位经理怎样回答他呢？他不但对于这个计划不作半点评论，而且露出十分轻蔑的样子说："好啊！只要你的命够长，也许有一天，你是可以在这里开一家银行的。"

说着，便起身告辞。

佛勒先生后来告诉别人说："当时我听了他的冷言冷语，不觉燃起万丈怒火，这是什么话！

"'只要你的命够长'，这不是等于说我是一个庸碌无能、怠惰成性、专等机会的人吗？这不是等于讥讽我'这辈子也开不了银行吗'？这样大的一个耻辱，岂是一个堂堂男子汉所能忍受？好，我立刻打定主意，尽快着手开设一家银行给他瞧瞧，而且非使我的银行营业额，超过他的记录不可。

"我真的这样做了，而且不到四年，我们银行的存款数额，果然已经超过他的一倍以上。"

佛勒先生得出一条人生经验："生气不如争气，用努力来发泄胸中怨气。"

当你觉得别人各方面都比你强时，抱怨一下也可以，但不要没完没了地怨天尤人，甚至去损害别人，残害自己。你最应该做的是化怨气为争气，化脾气为志气。通过自己的努力和奋斗，去拉小和别人之间的差距，最终超越别人，争一口气，让天看，让地看，更让小瞧过你的人看！

与其抱怨，不如改变

生活中许多失业者都有一个共同的特点，那就是充满了抱怨。失业的痛苦困扰着他们的身心，使他们觉得自己仿佛被命运挤到墙角（其实是他们自己走到了命运的墙角），因此只有通过抱怨来平衡自己。然而，这种抱怨的行为恰好说明他们所遭遇的处境是咎由自取。

季某是北京一所名牌大学的毕业生，能说会道，各方面的表现都不同凡响。他在一家私营企业工作两年了，虽然业绩很好，也为公司立下了汗马功劳，可就是得不到老板的提升。

季某心理有些不平衡，常常感叹老板没有眼力。一日，和同事喝酒时季某发起了感慨："想我自到公司以来，努力认真，试图在事业上有所成就。我为公司建立了那么多的客户，业绩也很不错。虽然兢兢业业，成就人所共知，但却没人重视，无人欣赏。"

世上没有不透风的墙，本来老板准备提升季某为业务部经理，得知季某之言，心里不是滋味，后来放弃了提升他。季某之所以得不到老板的提升，就在于他不了解老板的心理，而只是一味地从自己的利益出发，抱怨老板没有识人之“能”。

抱怨是无济于事的，只有通过努力才能改善处境。人往往就是在克服困难的过程中，形成了高尚的品格。

相反，那些常常抱怨的人，终其一生，也无法形成高尚的品格，自然也就无法取得任何成就。我们不妨假想一下，你喜欢与那些抱怨不已的人为伍，还是与那些乐于助人、充满善意、值得信赖的人一起共事呢？哪一种同事更受欢迎呢？

有时候，在工作中，我们会碰到一些并非自己职责范围内的工作。只要我们站在公司的立场上，为公司着想，而不是置身事外，采取观望态度，那么，我们所做出的努力就会得到回报。在现实中，我们难免要遭遇挫折与不公正待遇。每当这时，有些人往往会产生不满，而不满通常会引起牢骚，希望以此引起更多人的同情，吸引别人的注意力。

从心理角度上讲，这是一种正常的心理自卫行为。但这种自卫行为同时也是许多老板心中的痛，牢骚、抱怨会削弱员工的责任心，降低员工的工作积极性，这几乎是所有老板一致的看法。

抱怨的人很少会积极想办法去解决问题，也很少把主动独立完成工作看成自己的责任，却将诉苦和抱怨视为理所当然。一个人一旦被抱怨束缚，不尽心尽力，应付工作，那么在任何单位里将自毁前程。中软国际副总裁林惠春先生说：“抱怨是失败的一个借口，是逃避责任的理由。这样的人没有胸怀，很难担当大任。”

抱怨是没有意义的，最多只是一时的发泄，什么也得不到，甚至还会失去更多东西。

聪明的做法是停止去计较过去的事，不要再对自己遭遇的不公正待遇而耿耿于怀。

一些人遇到困难的时候，总觉得如陷深渊而不能自拔，只有通过抱怨来平衡心态。然而，抱怨不能改变任何事情，只有艰苦努力才能够改善环境。

心理调节术：走进不抱怨的世界

抱怨是人生的腐蚀剂，抱怨与事无补，只有使事情变得更糟糕，长时间的抱怨还会使人变得愚蠢和麻木。

那么，该如何摆脱抱怨呢？下面介绍几种方法：

1. 正视自己，为自己准确地定位

你会发现，在生活中演绎好自己的角色才是最美好的事情。

2. 接受现实中的一切

你会看到曾经忽视的风景，家人、朋友、社会，原来一切都是美好的，只因自己被抱怨的迷雾遮住了双眼。

3. 培养乐观精神

对于一个坚定的成功者而言，乐观向上的心境是摆脱烦恼、战胜抱怨、走向成功的必要条件之一。

4. 改变你的习惯用语

不要说“我累坏了”，而要说“忙了一天，现在真轻松”。

不要说“你们怎么不自己想想办法”，而要说“我知道我将怎么办”。

不要总是在集体或组织中抱怨不休，而要试着去赞扬每一个人。

不要说“为什么偏偏找上我，上帝啊”，而要说“上帝，考验我吧”。

不要说“这个世界简直就是乱七八糟”，而要说“我得先把自己家里收拾好”。

5. 从事有益的娱乐和教育活动

你不妨看看那些介绍自然美景、家庭健康及文化活动的媒体。

观看电视节目或电影时，要根据它们的质量与价值来决定其取舍，而不是注意其商业价值或是某种突然而起的轰动效应。

6. 远离抱怨者

情绪是会互相感染的，与快乐的人在一起，我们容易快乐，与悲观的人在一起，我们更容易悲观。一个不好的环境，会让我们出现不好的心理状态。采用离开抱怨者一段距离，可以让大脑不会被抱怨攻击，受到伤害。

第22章
偏执情绪调节：遇事不钻牛角尖

因何情人眼里出西施

“情人眼里出西施”，说的是为爱慕之情所迷，觉得所爱女子无处不美。黄庭坚的诗“草茅多奇士，蓬荜有秀色。西施逐人眼，称心斯为得”便是由这句古话而来的。情人在相恋的时候，很难找到对方的缺点，认为他（她）的一切都是好的，做的事都是对的，就连别人认为是缺点的地方，在双方看来也是无所谓的。

心理学家认为，这种效应是由知觉者的情感引起的，对他人的一种主观倾向。由于我们在知觉他人时有一种情感效应，我们对他人的评价就容易出现偏差，这一偏差表现为当某人或某物被我们赋予了一个肯定的、令我们喜欢的特征之后，那么这个人就可能被我们赋予许多其他好的特征。其实，这就是一种典型的偏激情绪的表现。

再有，中国有句古话叫“爱屋及乌”，意思是如果爱一个人，连他家屋上的乌鸦都会喜爱。要知道，依我国自古流传的迷信习俗，乌鸦是“不祥之鸟”，它落到谁家的屋上，谁家就要遭遇不幸。那么，为什么还会有“爱屋及乌”的现象呢？

其实，这也是偏激情绪的典型表现。无论在人际交往，还是认识事物时，人们常从对方所具有的某个特性而泛化到其他有关的一系列特性上，从局部信息形成一个完整的印象，即根据最少量的情况对别人或其他事物做出全面的结论。它实际上是个人主观推断泛化和扩张的结果。在偏激情绪状态下，一个人或事物的优点或缺点一旦变为光圈被扩大，其缺点或优点也就隐退到光的背后，被别人视而不见了。

反之，如果某人或某物存在某些不良的特征，那么我们就会被认为他的所有的一切都是坏的。正所谓“一好百好，一恶百恶”，这些都是人的偏激情绪导致的偏见认识。

一叶障目不见泰山的偏激

偏激是指人的意见、主张等过火。多存在于青少年中。性格和情绪上的偏激，是做人处世的一个不可小觑的缺陷。性格和情绪上的偏激是一种心理疾病。它的产生源于知识上的极端贫乏，见识上的孤陋寡闻，社交上的自我封闭意识，思维上的主观唯心主义等等。

偏激的人以绝对的、片面的眼光看问题。总是带着有色眼镜，以偏概全，固执己见，钻牛角尖，对人家善意的规劝和平等商讨一概不听不理。偏激的人怨天尤人，牢骚太盛，成天抱怨生不逢时，怀才不遇，只问别人给他提供了什么，不问他为别人贡献了什么。偏激的人缺少朋友，人们交朋友喜欢“同声相应，意气相投”，都喜欢结交饱学而又谦和的人，老是以为自己比对方高明，开口就梗着脖子和人家抬杠，明明无理也要搅三分，试想，这样的人谁愿和他打交道？比如，有的学生一次考试考好了，就以为自己什么都好，洋洋自得，容易产生骄傲情绪。而有时一次考试不理想，就消沉到底，一蹶不振，认为自己什么都不行了。

偏激在情绪上的表现是按照个人的好恶和一时的心血来潮去论人论事，缺乏理性的态度和客观的标准，易受他人的暗示和引诱。如果对某人产生了好感，就认为他一切都好，明明知道是错误、是缺点也不愿意承认。

偏激在行动上的表现是莽撞从事，不顾后果。有的人往往认为友谊就是讲义气。当他们的朋友受了别人“欺侮”时，他们往往二话不说，马上就站出来帮朋友打架，把蛮干、鲁莽当成英雄行为。

由于知识经验不足，辩证思维的发展尚不成熟，不善于一分为二地看问题，往往抓住一点就无限地夸大或缩小，自以为看到了事物的全部，极易出现以偏概全的失真判断，导致错误的结论。尤其是中学生正值青春期，内分泌功能迅速发展，大脑皮层及皮层下中枢的兴奋度常迅速地增强或减弱，从而形成情绪的波动不安，出现偏激认识和冲动行为。

我们需要不断地丰富自己的知识，增长自己的阅历，培养辩证思维能力，全面、灵活、完整地评价事物，冷静、客观地看待问题。同时，多参加有益的社交活动，培养勇敢、顽强、坚韧、机智、果断、团结、互助等良好的意志品质，有效地增强自控能力。此外，还要掌握正确的思想观点和思想方法，不放纵、迁就自己，说话、做事多冷静思考，才能有效地克服那种“一叶障目，不见泰山”的偏激心理。

我们为什么如此固执

固执是一种心理现象，从本质上来讲它暗含两个意思。一个是坚持己见，不懂变通，也就是我们经常讲的执迷不悟、冥顽不灵；另一个意思是坚持不懈，不屈不挠，即坚持我们认为是正确的事情或观点，也就是人们常常讲的择善固执的意思。两个意思，两种性质。

执迷不悟的固执是指人们在认知过程中无法将客观和主观、现实与假设很好地区分开来。心理咨询师认为，人本身对事物是有自己认知的，对事件的态度是由自己的评价来决定的，而且这种评价依赖于其自身的经验。如果一个人缺乏客观的认知态度，或者因自尊心太强而放不下面子，一味地按照自己的主观感受行事，并过分地固化，就会产生执迷不悟。

执迷不悟的固执最怕撞见的是那种明知是错误的还死不悔改的人。这种人自尊心太强，或许是因为自我安全感太过缺乏，因此他们往往比一般人的自我防护欲要高；或许是因为虚荣心太强，他们需要从这种执拗的状态中满足自己的虚荣心。不管是哪种方式，固执都从中得到了发展与巩固，进而妨碍到与他人的正常交往。

这种人往往自以为是，听不见别人的意见，只想别人接受自己的观点。此外，自尊心强的人本身具有一种盲目的自我崇拜心理，有种高估自己的优越感，但这种被高估的能力又不具有坚实的基底，或者从骨子里头固执的人就有自卑的情结。只不过自卑心理导致的寻求超越让他们产生了强烈的自尊需求。固执地坚持自我就成了维持自尊需求的一种手段，即使坚持的东西是错误的，他们也在所不惜。这种类型的人很难从执迷不悟的漩涡中解脱出来，除非他们选择放弃高傲的姿态，虚心地接受现实中发生的一切。

《论语》有语：子绝四——毋意，毋必，毋固，毋我。翻译过来的意思就是说：不悬空猜测，不绝对肯定，不拘泥固执，不唯我独是。老子也告诉人们："不自见故明，不自是故彰，不自伐故有功，不自矜故长。自见者不明，自是者不彰，自伐者无功，自矜者不长。"意思就是说自以为清楚者不明白，自以为是者不正确，自己夸耀者必然无功，自高自傲者不会长进。所以，在我们生活中，不要以为自己什么都清楚或什么都正确，只有这样才能认识清楚，判断正确；也不要夸耀自己了不起或自高自傲，如此，才会有功，才能有所长进。

固执人的心理补偿

固执，生活中并不少见，常有因它而造成朋友分手、恋人告吹、夫妻失和、父子反目。

心理学家认为，固执与那种"不正常的"愚蠢的叫做顽固的倔强相近似。它是一种偏执型人格障碍，其主要特点是敏感多疑、好嫉妒、自我评价过高、不接受批评、易冲动和诡辩、缺乏幽默感。现代医学研究表明，固执的人不但妨碍了健全的精神面貌，而且还会导致神经系统与内分泌系统的功能紊乱，进而影响到人的正常生理代谢过程，使人体的免疫能力降低，易患多种疾病。如神经官能症、消化道溃疡、高血压、冠心病等身心疾病，并使人早衰，缩减寿命。因此，有必要给这些人一些心理补偿，以减轻其身心的伤害。

1. 从书籍中获得抚慰

法国数学家、哲学家笛卡尔说过："读一些好书，就是和许多高尚的人谈话。"实验表明，经常阅读伟大人物的传记，更能使那些固执的人得到心灵上的慰藉。丰富的知识使人聪慧，使人思想开阔，使人不至于拘泥于教条的陈规陋习。但是应该注意的是，越有知识越要谦虚，这是做人的美德。为人处世要尊敬和信任他人，多培养宽容的态度。不要过于欣赏自己的成绩，议论别人的不足。不要去计较那些微不足道的事情。要和勤奋好学、谦虚谨慎、品德优良的人多交往，养成虚心向别人求教的习惯。

2. 克服虚荣心，培养高尚的情趣

人无完人，谁都会有缺点和错误，这用不着掩饰。我们要以真诚的态度来对待生活，要树立远大的目标，追求美好、崇高的东西。不要整天把心思放在修饰打扮和赶时髦上。更不要夸夸其谈，不懂装懂。

3. 加强自我调控

要善于克制自己的抵触情绪以及无礼的言语和行为。对自己的错误，要主动承认，善于应用幽默，自我解嘲地找个台阶下来，不要顽固地坚持自己的观点。

4. 养成善于接受新事物的习惯

固执常和思维狭隘、不喜欢接受新东西，对未曾经历过的东西感到担心相联系。为此我们要养成渴求新知识，乐于接触新人新事，并学习其新颖和精华之处的习惯。

喜欢走极端的偏执狂

电视剧《渴望》曾经轰动全国，其中王亚茹这一角色人们可能还记忆犹新。王亚茹几乎是观众一致公认的“最没人情味”的人，她自负清高、傲慢不逊、冷漠无情、孤僻多疑、不苟言笑、不善交际、生性嫉妒、执拗刻板；她与慧芳、小芳、月娟、刘大妈等人格格不入，对自己的父母及唯一的弟弟，也常常是怒目以对，对待恋人罗冈更是冷若冰霜、不近情理；就连唯一与她交往的老同学刘莉，也常因受不了她那古怪的脾气而几次欲撒手而去。她我行我素、随心所欲，说话办事全凭个人意愿及激情冲动，根本不考虑旁人的喜怒哀乐，不考虑社会影响，这几乎使她到了人见人恨的地步。王亚茹的这些行为模式表现说明，她是一个偏执心理较强的人。

偏执的人往往是极度的感觉过敏，对侮辱和伤害耿耿于怀；思想行为固执死板，敏感多疑、心胸狭隘；爱嫉妒，对别人获得成就或荣誉感到紧张不安，妒火中烧，不是寻衅争吵，就是在背后说风凉话，或公开抱怨和指责别人；自以为是，自命不凡，对自己的能力估计过高，惯于把失败和责任归咎于他人，在工作和学习上往往言过其实；同时又很自卑，总是过多过高地要求别人，但从来不信任别人的动机和愿望，认为别人存心不良；不能正确、客观地分析形势，有问题易从个人感情出发，主观片面性大；如果建立家庭，常怀疑自己的配偶不忠等等。持这种人格的人在家不能和睦，在外不能与朋友、同事相处融洽，别人只好对他敬而远之。

偏执的人常常广泛猜疑，常将他人无意的、非恶意的甚至友好的行为误解为敌意或歧视，或无足够根据，怀疑会被人利用或伤害，因此过分警惕与防卫，或是将周围事物解释为不符合实际情况的“阴谋”，或是过分自负，若有挫折或失败则归咎于人，总认为自己正确，或是好嫉恨别人，对他人过错不能宽容，或是脱离实际地好争辩与敌对，固执地追求个人不够合理的“权利”或利益……

一些人喜欢走极端，与其头脑里的非理性观念相关联，这是具有偏执心理的人的一大特色。

从此不再偏执

要改变偏执行为，首先必须分析自己的非理性观念。如：

（1）我不能容忍别人一丝一毫的不忠。

（2）世上没有好人，我只相信自己。

（3）对别人的进攻，我必须立马予以强烈反击，要让他知道我比他更强。

（4）我不能表现出温柔，这会给人一种不强健的感觉。

现在对这些观念加以改造，以除去其中极端偏激的成分。

（1）我不是说一不二的君王，别人偶尔的不忠应该原谅。

（2）世上好人和坏人都存在，我应该相信那些好人。

（3）对别人的进攻，马上反击未必是上策，而且我必须首先辨清是否真的受到了攻击。

（4）我不敢表示真实的情感，这本身就是虚弱的表现。

每当故态复萌时，就应该把改造过的合理化观念默念一遍，以此来阻止自己的偏激行为。有时自己不知不觉表现出了偏激行为、事后应重新分析当时的想法，找出当时的非理性观念，然后加以改造，以防下次再犯。

如果你意识到了平日里自己的行为有些偏执，那么，提醒自己不要陷于“敌对情绪”的旋涡中。事先自我提醒和警告，处世待人时注意纠正，这样会明显减轻敌意心理和强烈的情绪反应。要懂得只有尊重别人，才能得到别人尊重的基本道理。要学会对那些帮助过你的人说感谢的话，而不要不疼不痒地说一声“谢谢”，更不能不理不睬。要学会向你认识的所有人微笑。可能开始时你很不习惯，做得不自然，但必须这样做，而且努力去做好。要在生活中学会忍让和有耐心。

抛弃大脑中的世俗偏见

偏见是由于对他人或其他群体缺乏事实根据的、偏执于某一极端的、不符合事实的认识而产生的结果。偏见的特征是以有限的或不正确的信息来源为基础，因而对一些人的看法往往是捕风捉影的，道听途说的，人云亦云的。有偏见的人，看人处事容易走极端，往往“抓住一点，不计其余”，如果说某个人好，就是什么都好，如果说某人不好，就是一无是处。

那么，怎样克服偏见呢？

1. 避免先入为主

如果有些人平时在人际关系中总是喜欢道听途说，靠印象做出判断，就难免要陷入“先入为主”的泥潭，对他人形成偏见。

2. 避免“循环证实”

有些人对他人的偏见十分强烈，而且这种偏见一旦形成后，久久不能消除，还自认有许多“理由”，究其原因是受了“循环证实”的影响。所谓“循环证实”，就是心理学上所说的“互动”效应，即你对某人抱有反感，久而久之，对方也会对你产生敌意，于是，你就相信自己最初的判断是正确的。反感对反感，敌意对敌意，两人的偏见和隔阂越来越深。遇到这种情况，自己应首先主动理智地改变偏执的态度和行为，切断偏见的“恶性循环”。

3. 增加直接接触

许多偏见往往是由于彼此间缺乏开诚布公的交谈接触而形成和产生的。要克服偏见，就必须跨越敌意和不信任的心理障碍，加强直接接触，不管你是喜欢还是不喜欢。

4. 提高知识修养水平

可以说，偏见是无知和愚昧的产物。一个人知识修养水平越高，观察和分析问题的能力越强，偏见越少。反之，则容易受流言蜚语、道听途说的愚弄，而对人形成偏见。

不戴有色眼镜看人

我们常听说，“天上九头鸟，地下湖北佬”“湖南妹子不可交，面如桃花心似刀”“重庆辣妹”等，这些都是人们在不进行具体分析的情况下，以偏概全而导致的偏见。

前苏联心理学家曾做过这样一个经典的实验。

将一个人的照片分别给两组被试者看，照片的特征是眼睛深陷，下巴外翘。分别向两组被试者介绍照片上的这个人的情况。对甲组说，这是一个罪犯，对乙组说，这是一位著名学者。然后让两组分别对此人的照片特征进行评价。

结果显示，甲组被试者认为：深陷的双眼表明他凶狠、狡诈，内心充满仇恨，下巴外翘证明他顽固不化的性格。乙组被试者认为：深陷的双眼表明此人思想的深度，下巴外翘表明此人具有探索真理的顽强精神。

对同一个照片的面部特征所做出的评价为何有如此大的差异？

我们在认知一个人的时候，很容易根据自己头脑中已经存在的与此人相联系的某一类人的固定印象来对其进行判断。

把他当罪犯来看时，自然就把他眼睛和下巴的特征归类为凶狠、狡猾、顽固不化，而把他当成学者来看时，就会认为是思想的深邃和意志的坚忍。

在日常生活中，我们总是习惯于感情用事，看人待物偏激走极端，把人进行机械的归类，把某个具体的人看成是某类人的典型代表，把对某类人的评价看做是对某个人的评价，甚至会根据一些不是十分真实的间接资料来对并未接触过的人进行刻板评价，因而影响了正确的判断。这是一种非常普遍的偏见。

实际上，北方人不见得都豪爽，南方人也不见得都“精明”。河南人不都是骗子，湖北人也不都是九头鸟，湖南人并不都是飞车党，东北人更不都是头脑简单的野蛮汉。山西人并不见得都喜欢吃醋，山东人不见得都喜欢吃大葱。重庆女孩并不都很泼辣，湖南妹也不见得就是面如桃花心似刀。内蒙古人不见得都善于骑马，天津人也不都是爱“逗你玩儿”。

偏见使人囿于自己的一孔之见，使人用“有色眼镜”看问题，使人懒于思索问题、拒绝接受新的东西，使人难于得出正确的判断和结论，使人越来越无知和愚昧……总之，为偏见缠身的人们，是很不容易理解他人的，不管对方是不是具有美好的愿望和善良的动机。

因此，我们看待人和事物，不要戴“有色眼镜”，这样才能不会产生偏见，导致错误的认识。

心理调节术：与偏执说“再见”

偏执情绪会导致错误的认识，甚至采取错误的行为，给我们的工作和生活带来严重的危害。因此，需要远离和消除偏执情绪。

1. 重视提高自身修养

大凡君子，必有修养。提高自身修养可以读书明理，尤其是一些有关道德修养和人际交往的书籍，更应该多读一些，以充实自己。也可以多与心胸宽广的人进行交流，常会受到启发，使人豁然开朗、茅塞顿开，同时也会受到感染，见贤思齐；还可以内省养性，通过审视自己在人际交往中所表现出来的种种偏执观念和行为，不断给自己敲警钟。

2. 要从内心祛除爱走极端的偏激毛病

这就要求改变头脑中对人和事的歪曲认知和非理性观念，树立符合实际的合理想法，如“世上万事万物无不具有两面性，金无足赤，人无完人，都不是十全十美的，自己也是如此”“我只是一个平常人，与人应和睦相处，相互理解，相互关爱。他人对自己偶有冒犯，也应谅解，以宽容心对待”。有了这些认识和想法，就可自我阻止偏激行为。

3. 自我观察分析时要保持平静、沉着的情绪状态

要谦虚谨慎。只有事事处处谦虚谨慎，才能心胸开阔、虚怀若谷，才能集思广益、博采众长。

4. 要力求做到以宽待人

凡事都要有一定度量，不能事事、处处患得患失。得失是相对的，有得就有失，有失也会有所得，只想得不想失是不现实也不可能的。因为人人都想得，也就无得可得，到头来只能失去豁达大度的人间美德，只有谦让容人才能最终获得他人的信任、尊重，才能为他人所接受。

5. 要在人际交往中主动磨炼自己的心胸和气量

要彻底矫正偏执，不是一朝一夕的事，也不是懂得了道理，下定决心就能立时解决的，这仅仅是个基础，关键还是要在人际交往的实践中接受锻炼，尤其是在不利于自己或自身声誉、利益受损的时候，要逐步做到沉得住气，把它看得开一些。即使些许或局部利益受损，也不必放在心上，要丢得开、放得下，尽管开始时会有痛苦，但久而久之，必然会习以为常，胸襟会逐渐开阔起来。

第 23 章
强迫情绪调节：别跟自己不去

明知不合理，不做又不行

张某，男，19岁，家在农村，父母均为农民。在家他排行老大，下有一弟一妹。从小张某就很懂事，知道父母很辛苦，对自己要求极为严格，一点儿时间也不许自己浪费，成绩一直名列班上前几名，初一后还任班干部，深得老师喜欢。初一后半学期，父亲节约开支给他买了块手表，作为奖励。初二上半学期，张某开始害怕将手表弄丢了，结果真的在一次早操中将手表丢了。他深知父母挣钱不容易，内心极度内疚，常常有意识地到寝室和马路边努力寻找，希望能够发现，但始终没找到，也不敢告诉父母，成绩也开始下降。

后来张某家添置了沙发，平时他喜欢坐在沙发上看书。一次母亲说别坐坏了，以后不准坐在沙发上看书，从此他果真再也不敢坐沙发，后来发展到看见椅子也害怕了。初中他勉强读完，其后一直待业在家，成天为看病四处奔波，父母为此花去了不少钱，他更觉得不好受。张某最苦恼的，还是小便失禁，老想去厕所，但又自觉不该去。越想控制则想去厕所的念头越强烈。尤其是吃饭之后想去厕所，拼命克制自己不去，结果吃了饭就吐，按胃病治了很久也未奏效。如此症状持续了三年，什么事也做不了，真是苦不堪言。近段时间以来，张某老是想着自己是否渴了或者饿了，椅子该不该坐，泡在盆里的衣服是现在洗还是过一会儿洗，见到电灯就要反复检查电灯开关，出门要反复看门是否关好锁好等等。与他人交往时，他总害怕别人笑话他，认为别人的眼睛都在看自己。后来在医生的指导下，服用一段时间的氯丙咪嗪等药，饭后不再呕吐，能克制一点自己害怕的想法和行为，但停服不久则症状再次出现。经医生诊断，张某患有典型的强迫型情绪障碍。

一个人承受的压力一旦达到极限程度时，可能会出现强迫自己的情绪现象。一般来说很多人的性格中都存在这种强迫性，总是为不必要的事情担心或强迫自己反复去做某一件事。很多人每天都会重复着去做同一件事，好像这样做才能更放心。比如：总要再检查一遍后院的门是否上了锁；总觉得手上摸了脏东西而不停地洗手。

强迫是一种以源于自我且又违反自己意愿而重复出现缺乏现实意义的、不合情理的观念、情绪、意向或行为等强迫症状为主，具有有意识的自我强迫和反强迫并存且冲突强烈，虽力图克制但又无力摆脱特点的情绪。强迫会出现强迫思想或强迫行为。强迫思想是因为有了压力后，持续出现一些自己不愿去想它却又一再出现在脑中的意念。而强迫行为则是一个人因内心的压力导致像不断洗手、检查门锁、关灯等行为，明知道这些行为并不合理，但是不做又不行，一定要做了才觉得心安或舒坦。

“洁癖”是强迫症的一种

心理咨询室里来了一位愁容满面的母亲，带着她的女儿。她一坐下便说：“我女儿闹得家里人都不得了。她有‘洁癖’，老说四周弥漫着种种病毒、细菌，就一直打扫卫生，不停地洗衣服、洗手，最长的一次，出了一趟门，回来不吃不睡整整洗了20个小时的衣服，手上都洗得掉了一层皮。大夫，你说这可怎么办？”

这位母亲所说的“洁癖”实际上是一种情绪障碍，心理学上称为强迫症。有两种表现形式：强迫性思维和强迫性动作。这种病日常生活中并不少见，如信已投出，怀疑是否贴错了邮票；出门时房门关好后还要检查是否确实关闭了，如果这种想法或动作反复出现且不能自控时就属于强迫症。其实质是患者的理智认识无法摆脱自己的一些想法、情感和动作，越想控制它，它就越会出现，从而引起强烈的内心冲突。病人通常伴有焦虑、抑郁情绪，重者影响工作、学习及生活。这个女儿患的是强迫性动作。

强迫情绪多在遗传因素和家庭环境的影响下，加之本人的性格特点（如过分认真、循规蹈矩、犹豫不决等）以及不良的社会因素长期作用下，逐渐形成的。从这位女儿的病史中了解到父母从小对其要求十分严格，做事必须认真，一丝不苟，尤其是其母亲特别爱干净。6 岁时她又亲眼目睹其姨死于肝炎的惨状。可以说她童年的生活经历和环境的影响，是其日后产生心理障碍的根源。特别是一年来工作压力很大，科室里的一位同事正患肝炎，这些不愉快的生活事件，引发了她幼年的恐惧心理在其成年后的再现，即用儿童的态度对待本来不值得恐惧的事物。

强迫情绪的诱发因素

强迫作为一种情绪疾病，其发生机制非常复杂，具有相似症状的患者其心理机制可能千差万别。强迫的病因，目前认为主要与心理、社会、个性等因素有关。

另外，近年来大量研究发现强迫情绪的发病可能存在一定遗传倾向，在神经 - 内分泌方面也存在功能紊乱，造成诸如 5- 羟色胺、多巴胺等神经递质失衡，无法正常发挥其生理功能。

1. 心理社会因素

现代社会竞争激烈，工作压力大，人们在与竞争激烈的社会交往中出现的不适应现象，可引起强迫症状的产生。工作紧张，家庭不和睦及夫妻生活不尽人意等可使患者长期紧张不安，最后诱发强迫情绪的出现，症状的内容与患者面临的心理社会因素的内容有一定的联系。意外事故、家人死亡及受到重大打击等也使患者焦虑不安、紧张、恐惧，诱发强迫情绪的产生，症状的表现形式与精神创伤有直接的联系。

2. 生化因素

有人认为强迫情绪患者 5-HT 能神经系统活动减弱导致强迫症产生，用增多 5-HT 生化递质的药物可治疗强迫情绪。

3. 遗传因素

家系调查发现，患者的父母中有 5% ~ 7% 的人患有强迫症，远远较普通人群高。另外由于人格特征主要受遗传的影响，而人格特征又在强迫情绪的发病中起一定作用，故也提示强迫情绪与遗传有关。

这些强迫行为，你有吗

强迫情绪的表现主要是强迫症状。包括强迫观念、强迫情绪、强迫意向和强迫行为。具体来说：

1. 强迫观念

反复和持续出现某些观念、想法或冲动，在患者看来它们是强行闯入并毫无意义的，如强迫思考、强迫表象、强迫怀疑，总是担心、顾虑、强迫对立思维、强迫回忆。

2. 强迫情绪

是试图忽视或控制想法或冲动，或试图用其他想法和行为抵制它们，但失败后产生的情绪。主要是强迫性恐惧和厌恶。如对自己言行的正确性反复产生怀疑，对某些事物担心或恶心，明知不对，却无力自拔。如担心自己会伤害人、会说错话或作出不理智的行为或担心自己受到细菌污染等。

3. 强迫意向

是具有想要做某种违背自己意愿的动作和行为的内在驱使、内在冲动。如强迫计数、强迫洗手、强迫眨眼、强迫耸肩、强迫摇头、强迫咬指甲等。

4. 强迫行为

有屈从性强迫行为，如反复检查煤气是否关好、门是否锁上；对抗性强迫行为，如反复在内心告诫自己不要把强迫意向转变成实际行为；强迫性仪式动作，如进家门必须先跨左腿、出门之前必须按序化妆等。

遏制和击退强迫症

强迫情绪和行为如果得不到及时的矫正，会给我们的身心造成严重的危害，应当积极采取措施预防和阻止强迫的发生。

（1）首先要认清这种行为是强迫行为，并真正认清这种思想的本质。强迫性思想被认为是失去理性的，不能接受的，并且是被人所抵触的。

（2）直面刺激和反应阻止。必须使自己直接地面对感到恐惧的刺激，从而摆脱仪式化的逃避行为。使患者了解强迫观念与随后的行为之间没有必然的关联。意识到想象的危险和所期待的消极结果之间没有必然的联系，那么恐惧反应就会自然地消退。

（3）改变对强迫行为的某些错误解释。识别歪曲的思维和错误信念并取而代之，以减少它对日常工作和生活的影响。比如有的患者认为自己的某些想法可能会害死他人，因此感到非常恐惧，这个时候就可以进行一个思想实验，以验证患者假设的现实性，从而摆脱对负面影响的担忧。

（4）即转移注意力。安排紧凑而有规律的生活，培养新的多方面的兴趣爱好，建立新的兴奋灶抑制强迫症的兴奋，经常参加集体活动，等等。

（5）解决引发强迫观念和行为模式的关键的生活冲突和情绪应激。减少强迫观念和行为占据或干扰的时间。最大限度地减少强迫观念和行为的干扰，维持正常的日常生活。

心理调节术：向强迫说“停”

以下的方法，能够帮助你矫正和克服强迫情绪和强迫行为。

1. 当头喝棒法

当你开始进行强迫性的思维时，大声喊“停”，或给周围的人信息让他喊“停”，但要注意信息要给得及时。当你在自疗的过程中遇到困难时，请别忘了向你身边的朋友或家人寻求帮助，大喊一声“我不要受‘强迫’”！

2. 听其自然法

此法在于减轻和放松精神压力，任何事情听其自然，该咋办就咋办，做完就不再想它，不再评价它了。如好象有东西忘了带就别带它好了，担心门没锁好就没锁好了，东西好象没收拾干净就脏着乱着呗。经过一段时间的努力来克服由此带来的焦虑情绪，症状是会慢慢消除的。

3. 刨根究底法

根据精神分析学说，让患者意识到造成心理问题的真正原因，有助于症状的消除，所以你可以依靠自己或亲人，从以下几条线索来探究童年的创伤性事件：

（1）幼时受过的伤害性事件（如毒打、诱拐、诱奸等）。

（2）幼时对他人造成的伤害性事件（如使人致残、死亡，使财物严重受损）。

（3）幼时与你最仇恨的人和你最歉疚的人在一起生活的经历。同时你还应该探究症状的最初起因和隐藏的含义。

4. 满灌法

简单地说，就是一下子让你接触到最害怕的东西。比如说你有强迫性的洁癖，请你坐在一个房间里，放松，轻轻闭上双眼，让你的助手在你的手上涂上各种液体，而且努力的形容你的手有多脏。这时你要尽量地忍耐，当你睁开眼，发现手并非你想象的那么脏，对思想会是一个打击，即“不能忍受”只是想象出来的。若确实很脏，你洗手的冲动会大大增强，这时你的助手将禁止你洗手，你会很痛苦，但要努力坚持住。随着练习次数的增加，焦虑会逐渐消退，但此法适合意志力较强的人。

5. 系统脱敏法

先学会放松的方法，然后由易到难列出强迫性行为的次数和激怒情境，再对每种情境下的强迫行为逐渐进行放松脱敏。就洗手癖而言，应一步步地减少洗手时间，增加脏物的刺激量，依次执行下去。

6. 放松疗法

倾诉重要的想法、信念和过去的生活事件，以便最大程度地摆脱强迫观念和强迫行为的困扰。采用放松方法，降低紧张。当患者对爱的信任取代恐惧感时，强迫症状能够很快好转。

第 24 章
压抑情绪调节：解开自我束缚的绳子

心中压着块“大石头”

压抑是指心理和思想上感到束缚、抑制、沉重、烦闷的消极情绪。压抑是一种较为普遍的病态社会情绪。心理学上专指个人受挫后，不是将变化的思想、情感释放出来，转出去，而是将其压抑在心头，不愿承认烦恼的存在。压抑能起到暂时减轻焦虑的作用，但不是完全消失，而是变成一种潜意识，从而使人的心态和行为变得消极和古怪起来。

压抑通常表现为心情沉闷、烦恼不堪、牢骚满腹、暮气沉沉，时不时有股无名火，似乎一切都令人生厌，既不能分享他人的喜悦，也不能分担他人的忧愁，对他人的喜怒哀乐无动于衷，难以产生共鸣，失去广泛的兴趣，成天拘泥在自我约束之中，心中似有块石头难以消除，严重时还会有绝望之感。

（1）压抑表现为心情沉闷，心里仿佛有块石头压着，有明显的束缚感。常被不满、烦恼、空虚、寂寞、孤独、疑惑的感觉所困扰。

（2）有强烈的发泄欲望和冲动。经常吐怨言、发牢骚，似乎有股无名火在心中燃烧。唉声叹气，感觉活得太累；感官变得不敏感，思维显得不灵活。

（3）抑制自己，表现得若无其事，使别人不易觉察出他内心的反应。通常的表现是精神萎靡不振，干什么事都打不起精神。缺乏朝气，缺少活力。

（4）有时为了避免情绪的反应，就索性回避或远离某些有关的刺激物或某些场合。与人交往缺乏热情，对他人的喜怒哀乐缺乏共鸣，心情恶劣等等。

（5）身体机能也出现下降趋势，表现为胃口不好、茶饭不思、失眠多梦、胸闷气短、体虚易出汗等等。

压抑感如不及时排解，久而久之，会对身心造成极大伤害。

层层叠叠的压抑感

压抑是一种自我否定的情绪现象。心理学上专指个人在生活中，把意识所不接受的，使人感到困扰或痛苦的思想、欲望，不知不觉地抑制到无意识之中，使自己不能意识到其存在，逐渐形成了压抑情绪。压抑能起到暂时减轻焦虑的作用，但不是完全消失，而是变成一种潜意识，从而使人的心态和行为变得消极起来。久而久之，容易产生自卑、沮丧、自我封闭和孤僻等病态心理。

压抑感一般在以下几种情景中最易发生：

（1）当某种需要得不到满足，而这种需要又十分强烈却又无可奈何时，压抑感就会油然而生，无论这种需要是合理的还是不合理的，是正当的还是非正当的，是有条件满足的还是根本不可能满足的，只要这种需要是梦寐以求的却又无法得到满足，就一定会感到压抑、烦闷。

（2）当社会的总体要求与自己的愿望和追求相背离时，就会感到受束缚、受压制，但又不能为所欲为，这时也会产生压抑感。

（3）当学业、职业负担过大，竞争的压力过重，社会、单位、学校、家庭对自己的期望值过高时，就会感到时时处处力不从心而产生压抑感，这时就会感到焦虑、消沉。

（4）当人际关系不协调甚至产生隔阂而又无力扭转时，就会感到无奈、沉重而产生压抑感。

尽管一个人自卑、忧郁时也会产生或伴随压抑感，但以上这些情景的出现则一般更容易产生压抑感。

压抑与忧郁不同。虽然忧郁能产生压抑感，压抑也时会伴有忧郁，但忧郁仅表现为忧愁郁闷，通常没有被约束、被压制的感觉；而压抑则表现为心情沉闷，心里仿佛有块石头压着，有明显的束缚感、抑制感，且有强烈的发泄欲望和冲动，以致经常吐怨言、发牢骚，似乎有股无名火在心中燃烧，因而忧郁与压抑虽同属情绪失调，但内心体验是不一样的。

向别人倒倒你的“苦水”

倾诉，就是将自己压抑在内心的喜怒哀乐，尤其是怒和哀，毫无保留地倾吐给他人。这是一种感情的排遣，也是一种心理调节术。人生在世，不如意事常有八九，难免产生苦闷和烦恼。这些苦闷和烦恼如果长期郁积在心头，就会成为沉重的精神负担，损害身心健康。英国一位心理学家认为，积贮在心中的烦闷忧郁就像一种势能，若不及时加以释放，就会像定时炸弹一样，一旦触发即可酿成大难。若及时加以发泄或倾诉，便可少生病，保健康。

倾诉，是一种释放压抑等不良情绪的行之有效的方式之一，也是摆脱恶劣心境的必要手段。倾诉的对象很多，既可以是足以信赖的亲人，也可以是言无不尽的知己，还可以是素不相识的陌路人。

美国内战时期，林肯总统曾写信给他的一位乡下的老邻居，请他到华盛顿来，说有些问题要和他讨论。这位老邻居到了白宫后，林肯同他谈了关于宣布释放黑奴是否适当的问题。几个小时后，林肯与他的老朋友握手道别，竟然没有征询他的任何意见。“谈话之后他似稍感安适，”那位老朋友说。林肯并没有要建议，他只是要一位友善的、同情的倾听者，这样他可以没有任何压力地发泄心中的苦闷。

适当的发泄有益身心

一提起“发泄”，人们便认为它是贬义词。其实在医学上，“发泄”却是中性词，甚至是褒义词。人们每天都会遇到一些不愉快的事情，如果不愉快的情绪积压在心中，就这会造成很大的心理压力。所以，要善于及时释放心理压力，医学上把它叫做“发泄”。

正当发泄大致有两种方法，一是嘴巴发泄，二是手头发泄。

嘴巴发泄又分两种，一是自言自语。比如，有人受了上司的气，不敢对上司发作，只好买一瓶酒，一边自饮自斟，一边骂骂咧咧。别看他形象不佳，但他的大方向是正确的。骂完了，气也消了，再蒙头睡一觉，什么事也没有了。不过，喝酒别太多，否则，气是出了，又闹出个酒精中毒可就不合算了。二是对人倾诉。当你有“一肚子气”时，不妨找一个亲近的人，理解你的人，把肚子里的怨气全部倒出来，这样可以得到解脱。但这必须选准对象，因为不理解你的人不可能静听你的“倾诉”，听别人发牢骚毕竟不是一件愉快的事情。如果他一边听你的诉说，一边做别的事情，一副心不在焉的样子，反而会使你更加生气。不理解你的人还会和你唱反调，说一些“嘿，你真不应该那样……”之类的话，简直是火上浇油，把你气个半死。

手头发泄亦可分为两种：一是用文字发泄。在你受了某人某事的气之后，利用你手中的笔，一“写”为快，把它记下来，或者写一封措词激烈的信，将对方骂一通。但请记住，这种信，只可以写，不可以发。美国第十六任总统林肯就常使用此法发泄胸中怒气。他在外面受了别人的气，回家就写一封骂对方的信。第二天，家人要为他发信，他却不让：“写信时，我已经出了气，何必把它发出去惹是非。”二是以创作发泄，这是发泄的最高境界。凡高将苦闷发泄在画布上成为油画大师，巴尔扎克将生活的压力发泄在稿纸上成为一代文豪……

此外还有一种“手头发泄”方法：摔盆打碗砸东西。因这不是正当发泄的方法，这里并不提倡。有人在外头受了气，回到家对着家里人吹胡子瞪眼、摔盆砸碗，将心理压力转嫁到亲人身上，这样做就大错特错了。

疏解积压的伤痛

多年前一位医学专家说了一句话：“癌症是没有哭出的泪水。”一句话道出医学界多年的研究心得。压抑的情绪容易引起癌症，暴发的情绪容易引起心脏病。适当的疏解和表达情感是养生保健的重要环节。情感是自然的，如果不能适当地表达，不但造成身体的干扰，也是开心的障碍，甚至于会破坏和睦的人际关系。积压的伤痛会使人通过看电视、工作、过度沉迷于口腹之欲、情欲来麻痹自己，长期压抑会使人情感麻木。

我们情感表达的方式来自幼小的教育，当我们受伤、受委曲、难过或受挫折时，父母亲有没有容许我们疏解情绪？或他们用一些转移注意力，恐吓、打骂、羞辱、瞒骗等方式阻断我们的哭闹，因而伤痛深藏在内心。

这些没有疏解的伤痛积存在身体内作怪。一般男孩子不许哭，女孩子不许发脾气，因而许多男士的心中积压了悲伤，许多女士心中积压了愤怒。我们小时候所被教导的情感压抑方式也会教导下一代。这些累积的伤痛一旦被触犯时，便会像洪水泛滥，伤自己，也伤他人。

当孩子表达情感的时候，我们的反应是什么？如何疏解自己的情感，如何教导孩子疏解感情？

帕姆是一位幼儿教育专家，也是托儿所的老师，当孩子哭时，她会提醒自己“哭是康复，不是疼痛”。她的经验是孩子需在关注下才能疏解情感，特别是哭闹的孩子，以下举两个例子来解说。

有位小女孩在车还没到托儿所时就大声哭闹，因为出门时，她所准备要带到学校的几个洋娃娃和衣服放在门口，忘了带上车，发现时已快到托儿所了。帕姆抱着哭泣的孩子询问她忘了带什么。她说：“洋娃娃。”“还有呢？”“娃娃蓝色的裙子。”“还有呢？”“红色的衣服。”“还有呢？”孩子边哭边说，在十分钟关注下泪水发泄完了，她说：“我要去玩了。”

另一位小女孩的父母亲告诉她他们要离婚，当时她没有情感反应，父母担心她会在托儿所发泄，因此事先告诉帕姆留意一下。当孩子们去玩泥团时，这位小女孩一把抱住所有的泥团，不和其他孩子分享。帕姆说：“这个是大家一起用的。”一讲完孩子就大哭。帕姆抱起她问她什么事伤心。她边哭边说她的父母亲要离婚，她不要爸爸搬出去，她要爸爸留在家里。当一个孩子不乖时往往是因为有伤痛，如果打其他孩子，也许因为他之前被打，或内心有伤痛，才会打其他孩子。帮助孩子疏解情绪才是正确的根治方法。

不但孩子需要在关注下才能释放情感，成人也一样，倾吐心声是最有效的方法，听的人尽量不要表达意见，只要听。

据说失去亲近的人的伤痛，需要在旁人关注下200小时，才能哭完泪水。

因为每一个人都有累积的伤痛，一旦旁人与我们谈心时，我们常迫不及待地告诉他们我们的体验，能静心聆听的人有最多的朋友。情感的反应是在静下来时才能感受到，在忙碌中这些都不会被觉察。这也是为什么很多人很怕静下来，会不断地找热闹，忙碌是因为无法面对内心升起的感受。

心理调节术：压抑的矫正指南

压抑是我们心情忧郁、不开朗的重要因素之一，必须加以预防和克制。

1. 学会从光明的一面观察事物

任何一件事情，从不同角度去观察，就会给人以不同印象，从而发现事情的正面的积极意义。世上有好人，也有坏人；有光明，也有阴暗，要正确面对。看待社会不能过于理想化，要看到社会成员之间实际上存在不平等的地位和待遇上的差距。人与人不能互相攀比，不能用自己的标准去衡量社会的公平性，而应正视社会、承认差别，努力去缩小与别人的差距。

2. 要正确看待自己

遇到挫折，应先从自己的主观方面去寻找原因。“勤能补拙”，用自己的勤奋特长去弥补不足之处；坚信“人无完人”，每个人都有长短处，只要积极有为，长善救失，“天生我材必有用”；要停止自我比较，不要担心不如别人；要自己接受自己，确立一种自强、自信、自立的心态。

3. 培养多种兴趣爱好

培养兴趣爱好可以陶冶身心、调节情绪，为自己增加愉快的体验，使自己能不时看到成绩和进展。为自己的情绪寻找合适的出路，如在激动的时候去做体能运动和锻炼；在紧张不安的时候去找好朋友谈谈，倾吐胸中抑郁。

4. 积极做些富有建设性的工作

压抑会产生厌倦、懒惰的行为。越是懒于动手做事的人，越容易发生心理危机。为了与懒惰作斗争，不妨列出一个工作、学习、生活日程表，包括早练、读书、写作、交友、上街、娱乐等。不论大小事情都列入其中，并认真、专心地去做。假如没有心情编计划，只要先行动起来就够了，你不必等到想做事的时候才开始，因为你没有做事的欲望，可能永远也懒得动。一旦你成功地完成了一项工作，心里就会踏实得多。

5. 培养协调人际关系的能力

理解并协调诸如需求与能力、社会要求与个人愿望、竞争与奋斗以及人际交往中人与人之间的关系等。多和志同道合的朋友交流，多参加集体活动。在人际交往中要互帮互爱、心理相容，既能悦纳他人，也要被他人所接纳，只有理解并协调好这些关系，才能消除产生压抑感的源头。要主动帮助别人，乐于助人，使自己精神健康。

第 25 章
孤僻情绪调节：走出画地为牢的小圈子

独往独来的“独行侠”

孤僻是指孤寡怪僻而不合群的情绪表现缺陷。作为一种情绪缺陷，孤僻的人自视甚高，常显出一副瞧不起人的样子，但是其内心却很虚弱，害怕受到伤害，因而不愿与人交往，在不得不与人交际时，也显得行为怪僻、奇特和做作，常会给人一种神经质的感觉。

孤僻常表现为独往独来、离群索居，如同独往独来的“独行侠”。他们对他人怀有厌烦、戒备和鄙视的心理；凡事与已无关、漠不关心，一副自我禁锢的样子。如果与人交往，也会缺少热情和活力，显得漫不经心、敷衍了事。具体来说：

（1）不关心别人，不愿与人交往。常担心受到讥讽、嘲笑、侮弄和指责。对别人的事情冷漠、不关注。

（2）经常闷声不响、郁郁寡欢。在以下情景中表现得更为突出：自身不受别人理睬而不得不独处时，常会有失落感和自尊心受伤感。

（3）当遇到各种挫折时，常会产生虚弱感和自卑感而心灰意冷，将自我孤立起来。

（4）常常会神经过敏，以为别人都瞧不起自己。

哪些人容易产生孤僻感

孤僻情绪是因缺乏与人的交流而产生的孤单、寂寞的情绪体验。孤僻的人一般为内向型性格，主要表现在不愿与他人接触、待人冷漠，猜疑心较强，容易神经过敏，办事喜欢独来独往，但也免不了为孤独、寂寞和空虚所困扰。心理上的孤僻并不等于一个人独处。孤僻的人不管是置身于人群，还是独居一室，都同样的孤僻和冷漠。

孤僻会使人产生挫折感、狂躁感，令人心灰意冷，严重的还会厌世轻生。

以下几种人容易产生孤僻情绪：

1. 青年期的心理特点，使孤僻情绪在青年人中比较多见

青年人正处在生命发展过程中的准成熟状态，世界观和人生观刚开始建立，自认为已经长大成人，常常委屈地感到自己不被理解，有一种莫名其妙的孤独感。

2. 缺乏事业心

缺乏事业心、上进心，无所作为、内心空虚的人，容易产生孤僻情绪。

3. 性格特点

内向型性格的人容易孤僻，因为他们的自我中心观念比较强，内心深处有比较强烈的抗拒感，往往对外界事物和周围人群表现得很淡漠，喜欢把自己封闭在一个狭小的天地里。

4. 幼年的创伤经验

父母离婚、父母的粗暴对待、伙伴欺负等不良刺激，使儿童过早地接受了烦恼、忧虑、焦躁不安的不良情绪体验，会使他们产生消极心境，进而变得畏畏缩缩、自卑冷漠、过分敏感、不相信任何人，最终形成孤僻的性格。

5. 交往挫折

有些人缺乏必要的社会交际能力，在人际交往中遭到拒绝或打击，自尊心受到伤害，便把自己封闭起来。越不与人接触，社会交往能力就自然越得不到锻炼，结果就越孤僻。

不要把孤独当孤僻

孤僻常在以下几种情景中表现得更为突出：

自身不受别人理睬而不得不独处时，常会有失落感和自尊心受伤感，这时就会显得更加孤僻而不愿与人交往。

当与别人交往而当众受到讥讽、嘲笑、侮弄和指责时，常会产生神经过敏，以为别人都瞧不起自己，这时就会闷声不响、郁郁寡欢，或者恼怒异常、撒手离去。

当遇到各种挫折时，常会产生虚弱感和自卑感而心灰意冷，这时就会自我孤立起来，闭门谢客，拒人于千里之外。

如果这些情景不明显或不存在，尽管时不时也会流露出孤僻征兆，但一般未必有明显的自我感觉，即自己未必会意识到有孤僻人格表现缺陷。

孤僻与孤独不同。孤僻尽管也有孤单寂寞的感觉，但举止常较怪僻，使人难以接受，也不愿与人交际，喜欢自我禁锢和单独活动，是一种人格表现缺陷，尽管自视甚高，常显出一副瞧不起人的样子，但内心虚弱，害怕被人刺伤，因而不愿与人交往，在不得不与人交际时，也显得行为怪僻、奇特和做作，常会给人一种神经质的感觉。

孤独不像孤僻那样属于人格表现缺陷，而只是一种郁闷无助的异常的心理体验，一般渴望人际交往，在交际中行为正常，不会给人一种怪异的感觉。通常渴望与人交往，也不存在厌烦他人、对他人有戒备的心理，在与人交际时一切如常，绝不会有做作、使人感到不舒服的表现。

孤僻的矫正指南

孤僻是一种病态情绪和不正常行为，应当加以矫正和克服。

（1）主动与人交往。这是矫正孤僻最重要的措施。人只有在交往中才能被人理解、被人接受，也才能认知别人、悦纳别人。

（2）主动参与各种活动。参加各种活动的目的在于扩大交往面，并体验活动中的乐趣。

（3）培养积极情绪，使自己变得更乐于交际，也更善于交际，从而使孤僻在不知不觉中消失。在活动中多关心别人、帮助别人，这样与人相处就更为融洽、更为人信任而与人融为一体。

（4）要善于进取。要进取，就要奋斗，就要拼搏，并在奋斗和拼搏中体验人生乐趣，才会感到心中充实，这样孤僻感就会自然消遁。

（5）培养广泛的兴趣。兴趣狭窄，活动也势必狭窄，没有感兴趣的活动，孤独感就会趁虚而入。而如果兴趣多样，活动就会丰富多彩，生活也就生气盎然，就不会有寂寞感、郁闷感。

（6）多学一些交际方法，以便于与具有各种观点、习惯、知识、经历、性格、兴趣的人打交道。如果只习惯于与某一类型的人交际，无异于在一棵树上吊死，也势必交际狭窄，人为地自我孤立起来而强化孤僻感。因而在与人交往时，不能以自己的爱好强求别人，而要尊重并习惯于别人的特点，这样在与人交往时才能左右逢源、心情愉悦，使孤僻感难以在心中滋生。

走出自我囚禁的“孤岛”

性格孤僻的人，心态封闭，往往就不愿与人沟通，很少与人讲话。他们不愿意向别人敞开自己的心理世界，不相往来，也不顾及其中的利害关系，不善解人意。在与人相处时，反面的态度（如仇恨、嫉妒、怀疑等）多于正面的态度（如尊敬、信任、喜悦等）。因此，自我封闭的人不能建立和谐的人际关系，基本上没有知心的朋友。

这种不合群的性格，不仅有碍于和谐的人际关系建立，不适应现代人际交往的需要，而且还会使人心理上缺乏安全感和归属感，形成退缩感和孤独感，从而有碍于人的身心健康。试想：你独处深宅，孤陋寡闻，信息从何而来？你没有朋友，孤家寡人，遇到困难谁来帮助你？你没有几个知心朋友，你的苦恼无处倾诉，也没人为你出谋划策……

如果拒绝与人接触，把自己囚禁成一座孤岛，我们就会变成痴人，我们的心很快就会被荒芜吞噬，结果只能是自我封闭，离群索居，被人孤立，处处吃亏。

因此，尽快摆脱你的孤独现状吧！不要再作茧自缚了，敞开心扉，勇敢地走进大家的生活中去吧！感受集体的欢乐与痛苦，分担大家的风雨和成就，你的个人魅力就会在集体中实现和升值。

孤独的人，会把自己锁在黑暗的世界，孤独地品味自己的寂寞，只会让自己更加孤独，更加悲伤。

走出画地为牢的小天地，从自我束缚中挣脱出来，融入社会人际圈中，你会发现自己在广阔的天空中自由自在游翔。不要紧锁心门，害怕他人窥见，要自信地与他人交往，坦诚地向他人诉说我的寂寞，这样别人也可以给你最深最真的祝福。

敞开心灵的大门，做回最真的自己，你发现自己过得很充实、很愉快、很自在。

心理调节术：敞开心灵的大门

如何消除孤僻情绪呢？应注意做到以下几点：

1. 完善个性品质

孤寂封闭的性格，是在生活环境中反复强化逐渐形成的。具有自我封闭性格的人，兴趣狭窄、清高孤傲，难以融入集体。要努力克服孤傲的心理，增加心理透明度，以开放的心态主动与人交往，吸纳别人的长处，享受、体会人际交往的情意和欢乐。

2. 正确评价自己和他人

孤僻者一般不能正确地评价自己，要么总认为自己不如人，怕被别人讥讽、嘲笑、拒绝，从而把自己紧紧地包裹起来，保护着脆弱的自尊心；要么自命不凡，认为不屑于和别人交往。孤僻者需要正确地认识别人和自己，多与别人交流思想、沟通感情，享受朋友间的友谊与温暖。还要正确认识孤僻的危害，敞开闭锁的心扉，追求人生的乐趣、摆脱孤僻烦扰。

3. 培养健康情趣

健康的生活情趣可以有效消除孤僻心理。利用闲暇潜心钻研一门学问，或学习民用技术，或写写日记、听听音乐、练练书法，或种草养花、养宠物等等，都有利于消除孤僻。

4. 学习交往技巧

看一些交往书籍，学习交往技巧，同时多参加正当、良好的交往活动，在活动中逐步培养自己开朗的性格。要敢于与别人交往，虚心听取别人的意见，同时要有与任何人成为朋友的愿望。这样，在每一次交往中都会有所收获，纠正了认识上的偏差，丰富了知识经验、获得了友谊、愉悦了身心，会重树你在大家心目中的形象。可以从先结交一个性格开朗、志趣高雅的朋友开始，处处跟着他学，并请他多多提携。

5. 树立坚定的事业心和奋斗目标

一个有所爱、有所追求的人，不会孤寂；一个为事业忙碌的人，也不会孤僻。因此，要树立坚定的事业心和奋斗目标，为之努力拼搏，孤僻自然会被热情所埋没。

第三篇
别让心智失态误了你——生活中的心理调节学

交友，恋爱，择业，工作，人际的纠结，婚姻的烦恼，就业的危机，工作的压力，各种生活困境让我们迷茫困惑不知所措；种种烦恼让你应接不暇；人到中年，上有老，下有小，婚姻、家庭、事业带来的压力让你喘不过气来。

不良心理状态对人生的危害不亚于病菌，心理上的失态导致生活的失控，饮食失衡，睡眠失调，生活紊乱失控，健康每况愈下。良好心理状态对人生的作用则胜过保健品，培养愉快的心情，调节自己的情绪，保持乐观向上的精神状态，是确保生活快乐幸福的灵丹妙药。

第 26 章
人际交往中的心理调节策略

人际关系的心理影响因素

人际关系受到认知、情感、人格、能力四种心理因素及行为举止因素的影响。

1. 认知因素

认知因素是人际知觉的结果，包括三个方面，即自我认知、对他人的认知和对交往本身的认知。对自我的认知会影响人际交往中的自我表现，对他人的认知会左右对他人的态度和行为，对交往本身的认知会影响交往的目的、广度和深度。人际交往是双方彼此满足对方心理需要的过程，不能只考虑自己的满足而忽视对方的需要，否则会引起交往障碍。

2. 情感因素

人际交往中的情感因素，是指交往双方相互之间在情绪上的好恶程度、情绪的敏感性、对交往现状的满意程度以及对他人、对自我成功感的评价态度等。

人际交往中的情感表现应该适时适度，随客观情况的变化而变化。不良情感反应会影响交往。比如，如果交往中反应冷漠，对常人可因之而喜怒哀乐的事情无动于衷，会被他人认为你麻木、无情，不宜交往；如果情感反应过于强烈，不分场合和对象地恣意纵情，别人会觉得你轻浮不踏实；如果情感不够稳定，变化无常，也会让人觉得你不宜交往。

3. 人格因素

人格因素对人际交往有至关重要的影响。一些不良的人格特征，如虚伪、自私自利、不尊重人、报复心强、嫉妒心强、猜疑心重、太过苛求、自卑、自傲、孤独固执等，容易给人留下不愉快的感受乃至一种危险感，会影响人际交往。因此，好的人际交往离不开双方良好的人格品质。

4. 能力因素

交往能力欠缺是影响人际交往的原因之一。比如有些人，交友愿望强烈，然而总感到没有机会；想表现自己，却出了洋相；想关心他人，但不知从何做起；想赞美他人，可怎么也开不了口；想调解他人的矛盾，可好心经常办坏事，等等。人际交往的能力不是固定不变的，可以通过有意识的锻炼来提高，关键要多进行交往实践、多动脑筋。

5. 行为举止

交往行为举止，包括交往的举止、气度、表情、手势以及言语等所能测定与记载的一切量值。适度、优雅的交往举止，会给人留下好的印象，有效改善人际关系。行为举止的决定因素是交往心理，当然，培养锻炼也是很重要的。

在上述几个因素中，情感因素起着主导作用，制约着人际关系的广度、深度和稳定度。通常所言的友情、亲情、人情都是着重从情感方面来说的。可以说，情感的相互依存是人际关系的首要特征。但一般来说，在非组织关系中，是情感成分承担着主要的调节功能；而在正式组织关系中，行为举止是调节人际关系的主导成分。

人际交往必知的心理效应

生活中，我们每天都需要与人进行交流，每天都在形成着各种各样的印象，可这些印象往往并不能反映客观事实。为什么呢？是因为一些交往心理效应的作用。了解这些心理效应是非常有意义的：利用这些效应的积极作用，克服这些效应的消极作用，利于我们留给他人好印象，利于建立良好的人际关系。

1. 首因效应

“首因”也可以说是第一印象，一般指人们初次交往接触时各自对交往对象的直觉观察和归因判断。人际交往中，首因效应对人们交往印象的形成起着决定作用。

初次见面时，对方的表情、体态、仪表、服装、谈吐、礼节等形成了我们对对方的第一印象。现实生活中，首因效应作用下形成的第一印象常常左右着我们对他人的日后看法。因为第一印象一旦形成，就不容易改变。初次印象是长期交往的基础，是取信于人的出发点。

因此，我们在人际交往中应该注意留给他人好的第一印象。如何做呢？首先，我们应该注意仪表，比如衣着要整洁、服饰搭配要和谐得体等；其次，我们要注意自己的言谈举止，为此必须锻炼和提高言谈技能、掌握适当的社交礼仪。

2. 近因效应

首因效应一般在交往双方还彼此生疏的阶段特别重要，而随着双方了解的加深，近因效应就开始发挥它的作用了。近因效应是相对于首因效应而言的，是指交往过程中，我们对他人最近、最新的认识占了主体地位，掩盖了以往的评价，也称为“新颖效应”。比如，你的一个平凡的老邻居突然做了官，你就会一扫其平凡的印象，对其刮目相看。再比如，多年不见的朋友，在自己的脑海中的印象最深的，其实就是临别时的情景；一个朋友总是让你生气，可是谈起生气的原因，大概只能说上最近的两三条；你的一个好朋友最近做了一件对不起你的事情，你提起他来就只记得他的坏处，完全忘了当初的好处……这一切都是近因效应的影响。

近因效应给了我们改变形象、弥补过错、重新来过的机会。例如，两个朋友因故“冷战”一段时间后，一方主动向对方表示好感或歉意，往往会出乎意料地博得对方的好感，从而化解了恩怨。

3. 晕轮效应

所谓晕轮效应，正如本书前文所提及的，是指我们在评价他人的时候，常喜欢从其某一点特征出发来得出或好或坏的全部印象，就像光环一样，从一个中心点逐渐向外扩散成为一个越来越大的圆圈，因此有时也称光环效应。晕轮效应对人际交往有很大的影响。多数情况下，晕轮效应常使人出现“以偏概全”“爱屋及乌”的错误，影响理性人际关系的确立。话说回来，晕轮效应可以增加个体的吸引力而助其获得某种成功，这或许是有利的一面。

为了防备晕轮效应的不利影响，我们要善于倾听和接受他人的意见，尽量避免感情用事，全面评价他人，理性和人交往。如果想利用晕轮效应的有利面，我们在与人交往时应采用先入为主的策略，全面展示自己的优点、掩饰缺点，以留给他人尽量完美的印象。

4. 刻板效应

我们在评判他人时，往往喜欢把他看成是某一类人中的一员，而很容易认为他具有这一类人所具有的共同特征，这就是刻板效应。比如，北方人常被认为性情豪爽、胆大正直；南方人常被认为聪明伶俐、随机应变；商人常被认为奸诈，所谓“无商不奸”……

刻板效应在人际交往中既有积极作用，又有消极作用：积极作用在于它简化了我们的认识过程，因为当我们知道某类人的特征时，就比较容易推断这类人中的个体的特征，尽管有时候有所偏颇；消极作用，常使人以点代面、固执待人，使人产生认识上的错觉，比如种族偏见、民族偏见、性别偏见等就是刻板效应下的产物。

5. 定势效应

定势效应也称心理定势效应。心理定势，是指人们在认知活动中用老眼光——已有的知识经验来看待当前事物的一种心理倾向。或许你听过这样一个故事：有一个农夫丢失了一把斧头，怀疑是邻居的儿子偷的。于是他观察邻居的儿子的言行举止，没有一点不像偷斧头的贼。后来农夫在深山里找到了丢失的斧头，再看邻居的儿子，怎么也不像一个贼了。这个农夫就是受了心理定势效应的左右。

在人际交往中，定势效应常使人们对他人的认知固定化。比如，与老年人交往，我们往往会认为他们思想僵化、墨守成规、过时落伍；与年轻人交往，又会认为他们“嘴巴无毛，办事不牢”；与男性交往，往往会觉得他们粗手粗脚、大大咧咧；与女性交往，则会觉得她们柔柔弱弱、心细如针；与一向诚实的人交往，我们会觉得他始终不会说谎；碰到了曾经圆滑过的人，我们定会倍加小心。知道了定势效应的负面影响，我们就应该注意克服，看待别人要“与时俱进”，要有“士别三日，当刮目相看”的精神。

6. 投射效应

投射效应，就是以己论人，常常以为别人与自己具有同样的爱好、个性等，常常以为别人应该知道自己的所想所思。投射效应是一种严重的认知心理偏差，它是由怀疑引起的对别人人格的歪曲。“以小人之心度君子之腹”就是投射效应的典型写照。当别人的想法或行为与我们不同时，我们习惯用自己的标准去衡量别人，从而认为别人是错的。喜欢嫉妒的人常常认为每个人每天都在嫉妒。

克服投射效应的消极作用，我们应该辩证地、一分为二地看待自己和他人，严于律己、客观待人，尽量避免以自己的标准去判断他人。

人际交往的“八项注意”

尽管人际关系纷繁复杂，每个人的交往动机、要求和期望差别巨大，但仍然有共同的心理原则可言。

用通俗、具体的语言来讲，人际交往可以有八条一般的心理原则：

1. 平等原则

交往中，彼此在人格上平等，互惠互利，因此要平等相待，不可盛气凌人。

2. 诚信原则

“诚”是人际交往的根本，自古以来就受到人们的崇尚。以诚待人，才会赢得别人的真诚相待。世故圆滑、尔虞我诈，永远不会有真诚的朋友。

不要轻易做出许诺，一旦做出了，就应认真履行。倘若言而无信，不仅得不到真正的友谊，还可能众叛亲离。

3. 宽以待人原则

交往中，不可严以对人、宽以对己，这样有悖公平，只会导致对方反感。只有严于律己、宽以待人，方能赢得对方敬重。

4. 距离美原则

人际交往中，双方要保持适度距离，不要过于亲近。人际关系本质上是人际心理关系，而每个人都需要保持一定的心理自卫距离。过于亲近会引起对方的不安全感，影响双方关系。

5. 自尊自爱原则

人际交往中要自尊自爱，不要热衷于接受他人的馈赠。好朋友诚心诚意地相互赠送一些小礼物，利于联络感情、增进友谊，这是很正常的。可对于交往不深的人的礼物，尤其是异性间的馈赠，最好谢绝，不可来者不拒，否则可能受制于人。

6. 虚心原则

要虚心听取真正朋友的忠告，不要讳疾忌医。你也可以在充分尊重对方人格的前提下，提出自己的见解供其参考，不要遇事好为人师。

7. 大度原则

再好的朋友之间也难免会产生一些小误会，这种情况下要设身处地，多替对方考虑。即使错在对方，也不要不依不饶，应该大度地谅解对方，这样才能有持久的友谊。

8. 戒骄戒躁原则

人际交往要戒骄戒躁。即使你的身份地位发生了变化，高于对方，也不能摆出一副了不起的架势，对老朋友尤其忌讳。

人际交往的最佳距离

交往中需要与人保持一定的距离似乎是人人都知道的道理。可最佳的距离是多少？恐怕知道的人就不多了。

最佳距离的多少首先取决于你交往的对象是谁。美国学者研究发现，46～61厘米是一个人的私人空间，其女友或男友可以安然地呆在私人空间内。如果一个人发现有第三者呆在自己男友或女友的私人空间内，这个人肯定会吃醋，甚至大发雷霆。私人空间可以延长到76～122厘米，这个空间最适合讨论个人问题。当你与爱人约会的时候，和他（她）之间的距离最好不要超过46厘米，否则他（她）会觉得受到了你的冷淡，可能引起误会。与同事或领导讨论公事，最佳的空间距离为122～213厘米：大于这个距离，对方则会误认为你态度不认真；小于这个距离，对方会觉得你有逼迫之意。和非亲密朋友交谈，较佳空间距离是213～366厘米：小于此距离，对方会觉得你盛气凌人；

大于此距离，对方会觉得你没礼貌。这个空间距离也是与普通朋友交谈的适当距离。演讲者与听众之间，或有矛盾的人之间的谈话距离一般在 336 厘米以上。

最佳距离的多少还与交往者的文化背景有关。比如你如果与一位美国人交谈，距离不得小于60厘米，否则他会觉得你不友好；如果与一名阿拉伯人交谈，就要小于 60 厘米，否则他也会觉得你不友好，可能会出现他会不断向你靠近以示友好而你则不断后退的有趣场面。究其原因，是不同文化背景所致。

另外，心理学家还发现了如下的规律：人们离他喜欢的人比离他讨厌的人更近些，要好的人比一般熟人靠得更近些；同样亲密关系的情况下，性格内向的人比性格外向的人保持较远些的距离；两个女人谈话总比两个男人谈话挨得更近些，异性谈话比同性相距远一点。

知道了最佳距离的道理，合理运用，我们会收到意想不到的交往效果。

按“型”处理好人际关系

人有不同的“型”，一般有屈从型、攻击型和超脱型三种，处理人际关系的风格各不相同。

1. 屈从型

屈从型的人，习惯于忍气吞声，不去表达自己的需要，不去维护自己的权益，和他人的矛盾却也不见得少，人际关系也好不到哪里去。顺从别人、讨好别人，而不去维护自己的权益，其实令人感到很不舒服。

假如你是屈从型的人，要敢于表达自己的需要、维护自己的权益，即使害怕也要去做；要心平气和、真诚地去和人交涉。但是注意不要走向极端，而去攻击别人。

2. 攻击型

攻击型的人倾向于通过攻击的方式和人断绝人际关系。此类人的家教一般很严厉，父母希望他们长大成为一个重要人物，一旦做不好就会被责备。长大后，他们容易成为既谨小慎微又叛逆的人，常与人搞不好关系。父母的严厉使他们想反抗，可是自己的道德观念又不允许反抗父母，于是把生活中的权威当做父母一样来反抗，以发泄心中被父母压制的愤怒。

如果你是攻击型的人，要先了解自己的特点以及自己性格的形成原因，努力走出过去、完善自我，如此才可能搞好人际关系。

3. 超脱型

超脱型的人，不关心周围的世界，好像什么都与他无关，容易被别人理解为冷漠、不合群，导致被疏远，搞不好人际关系。

超脱型的人要主动对人敞开心扉，增加参与精神，要敢于表达自己的意见，如此才能处理好人际关系。

人际交往有底线

彼此的自尊，是人际交往的底线。

本杰明富兰克林是美国的开国元勋和杰出的科学家、政治家，深受世人敬仰。一天，富兰克林和一名年轻的助手一道外出办事，前面不远处正走着一位妙龄女郎。富兰克林认出她是政府的一位职员，平时很注重自己的外在形象，总是修饰得大方得体、光彩照人。突然，那位女郎脚下一个趔趄，身体失去平衡，一下子跌坐在地上。助手要大步上前去扶她，富兰克林却示意他暂时回避。于是，两人暂时躲在一拐角处，悄悄地注视着那位女职员。只见那位女职员站起来，环顾四周，掸去身上的尘土，很快恢复了常态，若无其事地继续前行。等那位女职员渐行渐远，助手迷惑地问他为什么这样做。富兰克林淡淡一笑，反问道："年轻人，你难道就愿意让人看到自己摔跤时的窘迫样子？"助手恍然大悟。

在人生的旅途上，谁没有"摔跤"的时候呢？摔跤时，人们会备感尴尬、狼狈、脆弱和痛楚。此时，人们最需要拥有一个抚平创伤、恢复自尊的时间和空间。这个世界需要爱，但要爱得恰当。关爱别人的同时，千万别误伤了其自尊。

控制社交中的情绪波动

人的情感似遥控器一般控制着人的言谈举止，外在的表现自然就是表现出的或喜、或悲、或乐、或愠的情绪了。它就像是人的另外一张面孔。良好的情绪状态让你显得自信，是保证社会交往活动正常进行的必备条件。得体的举止、情绪稳定，似迎面春风让人感到易于接近、容易沟通；反之，完全不能自制的情绪必然成为社交的绊脚石，没有人愿意靠近一个喜怒无常的人。因而，在社交中应当谨记以下几点。

1. 切勿急躁冲动

一般情况下，你以不冷静的态度待别人，别人就会以相同的态度反击你，这不利于问题的解决。另一方面，急躁冲动容易打乱人的正常思维，不利于正确地解决问题。在日常的社会交往活动中，会遇到千奇百怪的事情，出现各种各样的矛盾、各种各样的问题。遇到问题时，要善于控制情绪，如果失去控制，矛盾会更尖锐。所以不管遇到多恼火的事，情绪要冷静、镇定，才能处理好矛盾。

2. 切勿故作深沉

人际交往，是一种思想交流活动，本该真诚相待，畅所欲言。如果深藏不露，叫人觉得有点道貌岸然；如果与人相处，处处不露心迹、守口如瓶，那么会让人觉得你不可捉摸、不可思议，无形中拉远了心理距离。

3. 切忌喜形于色

表情上眉飞色舞、洋洋自得，还对别人的事评评点点、指手画脚，只会引起别人的反感，损害自己的形象和威信。与人交往，应保持一种平常的心态，不能面无表情，但也不能在取得成绩或有高兴的事时，沾沾自喜，得意忘形。

遇到任何事都要保持一种平和心态，自己的喜怒哀乐要表现得自然，不做作。分寸一定要有所把握，否则只能给人一种喜怒无常的印象，最终，只得自食苦果。

远离社交恐惧症

生活当中，人们不可避免地要与各种各样的人打交道，而社交是展示风采的重要方面。例如，和重要人物交谈；在公众场合发表你的观点；出现在谈判、酒会、晚宴等各种社交场所。有些人常常不由自主地退却，或硬着头皮去了，却因表现失态而让好机会白白溜走，于是懊恼、后悔，可当下一个机会出现的时候，他们又开始胆怯、犹豫、心慌、手颤。久而久之，他们的自信心在一次次窘态中消耗殆尽。

这就是我们通常所说的社交恐惧症。特别对于许多刚离开家门步入社会的年轻人来说，结交新的朋友，融入他人的社交圈子是一种心理上的挑战。一开始总有一些手足无措的感觉，不知道怎样做才能和大家打成一片。

小李刚从大学毕业，分到一个机关办公室工作，每天坐班，要和自己并不熟悉的人和事打交道。工作还好办，和人交往他就有些发怵。看到别人在业余时间有说有笑，打牌聊天，好不热闹，而自己行单影只，和别人无话可说，索然无味。他真羡慕那些“自来熟”的人，而自己怎么就做不来呢？

人的交往能力并不是生来就有的，是在后天环境熏陶和有意识地培养下产生出来的。远离社交恐惧，我们可以采取以下几种积极的方法。

（1）不否定自己，不断地告诫自己“我是最好的”“天生我材必有用”。

（2）不苛求自己，能做到什么地步就做到什么地步，只要尽力了，不成功也没关系。

（3）不回忆不愉快的过去，过去的就让它过去，没有什么比现在更重要的了。

（4）友善地对待别人。助人为快乐之本，在帮助他人时能忘却自己的烦恼，同时也可以证明自己的价值存在。

（5）找个倾诉对象。有烦恼是一定要说出来的，找个可信赖的人说出自己的烦恼。可能他人无法帮你解决问题，但至少可以让你发泄一下。

（6）每天给自己 10 分钟的思考，不断总结自己才能够不断面对新的问题和挑战。

（7）到人多的地方去，让不断过往的人流在眼前经过，试图给人们以微笑。

人的社会性决定了人都有和别人交往的需要，否则就会有孤独、寂寞、抑郁、焦虑等不良情绪。

克服人际关系敏感症

小刚是一名高中男生，心理非常脆弱，别人说两句难听的话或做一些有点过分的事时，他就受不了了。他敏感多疑，喜欢猜忌别人会说他的坏话，做事时，总爱看别人的脸色，惟恐会得罪人。他觉得别人都会欺侮他，肆意地践踏他的自尊。总之他觉得自己生活在不快乐之中，很苦恼也很困惑。

很明显，小刚是由于人际关系敏感而导致的强迫症和抑郁症。

人际关系敏感症主要表现为不能正确处理个人和社会的相互关系，在人群中感到不自在，与人相处时有较强的戒备、怀疑和嫉妒心理，在人际关系上存在着种种困惑，与身边人关系紧张。

患有人际关系敏感症的人一般都有点自卑、悲观，在人际关系中明显有所欠缺。人际关系敏感症的主要表现是：

不能正确处理个人与社会的相互关系。

在人群中感到不自在。

与人相处时有着较强的戒备、怀疑和嫉妒心理。

在人际关系上存在着种种困惑等。

一般来说，过于敏感的人容易对别人的话语和行为产生过多的猜疑，过多地在乎别人的眼光，然而，引来的却是过多的痛苦、内疚、难为情，也给自己添了不少恐惧：唯恐多说一句话，多行一步路惹怒了周围的人。

于是，有些敏感的人学会了隐藏自己的个性，以为只有这样才是最稳妥的，却不知道，一直活在别人的眼里，其实是最痛苦的，甚至让人呼吸困难。患有人际关系敏感症的人，可以通过以下方法来调适。

1. 认知疗法

认识到自己的心理问题，消除不合理的想法，从而消除症状。充实自己的内心，让内心得到成长，收回把敌意投射到别人身上的防御模式，消除人际敏感。

2. 仔细思考

静静地想一想自己的选择以及应该排除的杂碎琐事，集中一下注意力，你会发现，无论如何自己总是可以选择的。在很多情况下，自己所做的事就是自己选择的结果。所以，仔细思考一下自己的生活方式，也许会发现自己的选择是正确的，这样想会提高你的快乐指数。

3. 不为生活小事浪费时间和精力

在学习中追求完美主义是造成心情不爽的一个主要原因。可以不要让自己成为一个过分小心翼翼的人，也可以允许自己偶尔的失误，更应该允许旁人有偶尔的侵犯。

4. 不发牢骚

为某个问题发牢骚并不能解决问题，只能导致更大的压力和别人的不快，换一种思路，会有新的出路。让自己从解决问题的角度而不是问题本身来进行思考，多想想解决问题的方法和途径，再想想如果换了一个你敬佩的人，他会怎样解决这个问题。

5. 珍惜现在

专注于当前的时刻，把当前看成是一个神圣的时刻。无论现在做什么，都力求把它做好，这才是快乐的源泉。同时要注意防止一心只看重时间、目标和试图同时做很多事，学习很多科目，因为只关注时间、目标会使人陷入高速度、焦虑和紧张的状态；而试图同时做很多事，学很多科，则会导致你学习的肤浅、平庸和错误，这反而会使你丧失自尊而心情沮丧。

6. 变消极为积极

生活中有两种力量：一种是积极的力量，另一种是消极的力量。我们的光阴有限而珍贵，所以，我们没有理由“缠绵”于消极情绪中而浪费时间，我们可以把消极态度和烦恼情绪锁定在一天中的某一个小小时间段里，然后，立即关闭消极和烦恼，让自己一天中的绝大多数时间都生活在快乐情绪中。

7. 学会适应

如果你不喜欢某些人的行为而又无法回避，那就先试着学会与之共处——一次即可。然后再站在对方的角度想想他为什么如此，你可能就学会了宽容与接纳对方。

8. 憧憬快乐

假如你现在不快乐，那就想像一下快乐的感觉并相信它是真的，想一想，自己快乐时喜欢做什么，试着去做一做。做一个乐观主义者，期待最好的结果，这样会给别人带来很好的影响，并不知不觉地影响到自己。快乐并不一定是获得自己想要的东西，而是珍惜自己现在拥有的东西。

9. 发挥长处

也许你比别人更擅长做一些事情或某些活动，那就在有机会的时候多表现自己的长处吧！可能的话，在众人面前，多说自己内行的话题，多做自己熟悉的工作，这样会感到心里有把握，而不会感到紧张和压力。

心理调节术：提升人际交往能力

了解人际交往的心理很重要，而在此基础上掌握一些人际交往的技巧同样重要，也惟有如此，才能建立良好的人际关系。

1. 了解交际对象

正确地了解交际对象，是提高人际交往和建立良好人际关系的第一步。要知道，人一般对自己的关注要胜过对他人的关注。一个人首先是对自己感兴趣而不是对别人感兴趣。因此，我们要设身处地地去了解对方，而不要凭主观想象去看待对方。

2. 与人交谈的技巧

选择对方最感兴趣的话题，是交谈技巧的根本。要记住：人们最感兴趣的往往是关于自己的话题；你对谈话是否感兴趣并不重要，重要的是你的听众是否对谈话感兴趣。因此，与人谈话时，多谈论对方，并引导对方谈论自己，可以使你广受欢迎。

3. 如何巧妙地令别人觉得重要

每个人都渴望被承认，被了解。所以，在人际交往中，尽量使对方意识到其自身的重要性，会使你备受欢迎。而且你越使对方觉得自己重要，你就越受欢迎，对方对你的回报也就越多。应该如何做呢？下面几点仅供参考：

（1）仔细聆听对方的话语。

（2）赞许和恭维对方。

（3）不时提及对方的姓名。

（4）回答对方的问题时，稍加停顿，显得郑重。

4. 赞同别人的艺术

要学会赞同别人。智者和伟人往往都很善于赞同别人。如何学会赞同别人，可参考以下做法：

（1）将你的赞同说出口。

（2）在一些无所谓的事情上，将你的反对埋在心里。

（3）勇于承认自己的错误。

（4）少与人争论。

（5）有了冲突，要及时、正确处理。

5. 聆听的技巧

聆听越多，你就会变得越聪明，就会被更多的人喜爱，就会有更好的人际关系。那么，如何成为一名好的听众呢？下面几点建议供参考：

（1）目光注视说话者。

（2）适当靠近，专心致志。

（3）要时不时提个问题。

（4）不要用别的话题打断说话者。

6. 影响别人的技巧

要想影响别人，促使别人按照你的意愿去做事，最根本的是要明确别人想要什么。之后，你只需简单地向他们说明：只要这样做，你们就可以获得你们想要的。如何了解他人所欲？要多询问、多观察、多聆听、多努力。

第27章
职场中的心理调节策略

揭开职业心理障碍的面纱

职业是人们维持生计、承担社会分工角色、发挥个性才能的一种连续进行的社会活动。随着社会竞争的加剧和工作节奏的不断加快，职业心理疾病正在影响着越来越多的人。从技术层面上说，职业心理障碍是指职业生涯中当人们认知到威胁或者无法应对的情况时所产生的生理和心理状况。当你意识到威胁和挑战的时候，你的身体就会让你体验什么叫做职业心理障碍。而职业心理障碍诱发因素是指带来职业心理障碍的外部或者内部力量。

职业心理障碍的症状和后果可以分为四个大类：生理、心理、行为和工作绩效。伴随职业心理障碍而出现的工作绩效变化是其他症状和后果的副产品。

1. 生理症状

职业心理障碍所造成的生理反应主要有心率加快，血压升高，血糖增多，血粘度增加。持续的职业心理障碍还会弱化免疫系统，这样，人们就容易得病。

2. 心理症状

职业心理障碍的心理症状有很多种类。主要的积极后果是警觉性和认知能力有所提高，而同时会产生更多的负面后果，包括紧张、焦虑、情绪低落、烦躁、抱怨、疲劳、绝望以及各种防御性的想法和行为。高强度的长期职业心理障碍还会让人心智紊乱。

3. 行为症状

职业心理障碍导致的频发后果有，易怒、焦躁以及其他明显的紧张表现，饮食习惯的剧烈变化，包括暴饮暴食或者厌食。频繁吸烟，咖啡、酒精的摄入增多，甚至吸食毒品。精神无法集中，判断经常失误等等。

职业心理障碍过大会让人无法集中注意力或者思维枯竭，进而降低工作绩效。职业心理障碍太小会让人慵懒疲沓，注意力无法集中。如果职业心理障碍在很长时间内持续存在，人们就会到达衰竭期，这时抵抗现象消失，脑垂体和肾上腺皮质不再能分泌足够多的激素来抗拒职业心理障碍，会出现心脏病突发等极端的身心不调现象。

随着我国社会经济的快速发展，职业心理健康问题得到了人们越来越多的关注，主要有两个方面的原因：首先是由于工作的重要性被日益凸显，工作时间占了人生旅程的一大部分；其次是工作本身与心理健康的各个方面紧密相连。在现实生活中，职业心理健康问题可谓比比皆是。

席卷上班族的“星期一恐惧症”

随着现代社会竞争压力的增大，总有人在上班的第一天觉得哪里不对劲，工作仍然是那份工作，却觉得哪里都不对劲，看着一个假期积攒下来的工作，心情似乎特别烦躁。身体上也跟着闹起了别扭，瞌睡连连，永远也睡不醒。如果偶尔的对上班产生恐惧的心理，是正常的。但长期的一提到“上班”就充满了恐惧，甚至严重影响了工作和生活，那么你必须考虑是否患了“上班恐惧症”。

上班恐惧症也称为“星期一恐惧症”，是对上班或工作情境感到畏惧，而且越临近上班时间，这种畏惧情绪越强烈，心理紧张程度越高，忧虑越多。上班时会出现焦虑、恐惧的情绪，并伴有头痛腹痛、食欲不佳、全身无力等症状，不能马上进入正常的工作状态，许多人在心理上会本能地产生恐惧和焦虑情绪。

“上班恐惧症”的表现概括有两点：一是上班前不想上班，焦虑；二是上班第一天萎靡不振、烦躁。具体来说：

1. 工作反差适应症。上班前一天不想上班，焦虑不安、拖拉、不想上班、心情沮丧。到岗第一天表现萎靡不振，不爱说话。还会有疲劳、头痛、注意力不集中等现象出现。

2. 人际关系恐慌症。心情烦躁、焦虑，产生恐慌、逃避等心理。不愿与人接触或交往。

3. 过度放松疲劳症。无精打采、静不下心工作、打瞌睡等。

4. 身体疲劳症。头痛腹痛、食欲不佳、全身无力、焦虑不安。

上班恐惧症的诱因

上班恐惧症是一种情绪障碍，虽然表现各异，但对上班产生恐惧这一特点是相同的，都有头痛、腹痛或食欲不佳、全身无力等症状。之所以有些人在心理和生理上有不舒服的感觉，除了工作压力外，在于个人自我心态的调节。当然诱因也有很多，比如分离性焦虑，或改换工作单位重新适应新环境，以及人际交往困难等，或在工作或在其他活动上失利、受挫或有遭到委屈、羞辱的经历。

对于普通人来说，经历了短暂的周末休息后，无论生理还是心理都有所放松，从休息状态再次恢复到上班状态，本能上来说是有所排斥的，需要一定时间适应和恢复工作状态。因此，星期一的焦虑状态有其必然性。再者几乎每周周一会是最忙碌的时间，一周之内的日程大多会在周一排出计划，而工作安排铺天盖地的周一则必然是最繁忙和身不由己的，这一天的压力也是最大的。周一的恐惧和焦虑其本质还是处于对工作造成的各种压力的恐惧。周末短暂的休息仍不足以化解职场人群的压力。工作压力的增加强化了现代人逃离岗位进行休息的渴望，深层次里透视着他们的焦虑感。

从个性来讲，患者多是性格比较内向、平时与社会接触较少、心理素质存在缺陷、在人际交往上存在一定问题的人。同时，他们考虑问题又比较多，放假后思想松弛使他们可以胡思乱想，从而影响了心理健康，如不及时疏导、治疗，必将对日后的工作表现产生不良影响，有的甚至可能会丧失很多好的工作机会。

压力大的上班族属高发人群，“上班恐惧症”主要存在于工作压力比较大并且对现有工作不是很满意的人群当中。一方面，平时工作压力太大，使得不少上班族感到身心疲惫，几天的假期好不容易放松下来，调整到比较舒适的生活状态，初来上班，自然会对工作产生逃避、厌倦心理。另一方面，对现有工作有诸多不满，经过长假的一番考虑，有了换个地方的想法。

上班恐惧症的心理调适

上班恐惧症既影响身心，也影响工作，必须时行适当的调适，减少其负面效果。

1. 要抓紧时间“收心”

从生活到作息都要调整，将心态调整回工作上去，调节生物钟。假期间玩乐过度，甚至通宵打牌娱乐，打乱了人体正常的生物钟。因此，要努力调节生物钟，早睡早起，保证有足够的睡眠时间。同时，加强锻炼，多做运动，使身体能够适应快节奏的工作。

2. 自然处理法

如果暂时找不到工作的感觉，上班族们也不必焦虑。上班后多做开心的事，打电话找朋友聊聊天，尽量不去想烦心的事。多留意一下自己的精神状况，多让自己开心，中午去空气清新的地方走走，换换环境。可以散散步、听听音乐，或者喝杯咖啡，不要强迫自己马上投入较复杂的工作。症状较重者可在医生的指导下采用药物治疗，服用百忧解等，以改善情绪，消除恐惧。

3. 调整自己的认知，学会进行积极的自我调适

尽量松弛自己平时那种高度紧张的思维运作模式，真正给自己的精神和心情放个假。对于节日放不下工作的情况，主要是平时生活节奏快，工作紧张，再加上自身性格，过于追求工作完美等因素积蓄而成。

4. 转移注意力也是一种行之有效的方法

有“上班恐惧症”的人，往往把自己的注意力过分集中在对上班问题的担忧上，所以才会产生恐惧情绪。转移注意力是使个体不去想这些事情的有效

方式，常用的方法是让个体忙于一些自己感兴趣的事，如可以参加一些休闲活动，包括旅游、参加武术训练等。

你是个工作狂吗

在我们周围，不难遇到这样的人，他们每天工作超过十小时，脑子里从来没有周末、节假日的概念；他们基本不会有上下班的界限，家是一个有床的办公地点，而办公室则随时可以成为加班时躺倒睡觉的“家”；偶尔陪家人朋友散心逛街，他们也多半是人在心不在，脑子里念念不忘的还是工作……对于工作，他们可以说是已经到了一种痴迷状态，一旦离开了工作，就会精神不振，毫无生气，陷入无所事事的状态，他们是“工作狂”。

观察身边的工作狂，大概有几种不同原因：

（1）真正热爱工作或金钱，不以为苦，反以为乐，乐此不疲，激情不减。

（2）没有营造起真正属于自己的生活。这样的人，或者因为客观原因两地分居，家人不在身边，或者缺少与工作彻底无关只为愉悦身心的兴趣爱好，生活单调乏味，只有同事没有朋友，不得不从工作中寻找乐趣。

（3）把工作当做逃避手段。这样的人，可能在生活中有某种苦恼、不满或自卑，为了逃避或者忘却这些令人伤神的事，只好疯狂地投入工作，他们只有在忘我工作时才能体会到自信和快感。刚刚失恋的人也很容易成为这样的工作狂。

工作狂的心理调适

有工作狂症状的人，可以采用以下方法进行调适。

1. 调整心态

金钱、权力、荣誉等等，这一类的成功永远没有止境，而你的时间、精力、健康、生命，却都是有限的。事业的成功无法替代家庭生活对人的价值。

多与家人、朋友、同事交流，必要时还可以寻求心理咨询师的帮助。工作中，多加强自身时间管理能力、项目管理能力的培养，组建高效的团队，通过合理的分工和授权，提高整个团队的工作效率，让自己能从工作中逐步“解套”。

2. 有意识地减轻自己的工作压力并强迫自己减少工作量

患者不妨为自己制定一份工作日程表，将自己现时的所有工作项目和工作时间一一写明，然后考虑哪些可以完全放弃，或至少暂时放弃，哪些可交由他人或与他人合作完成，并由此进行自己的工作分配，同时注重提高工作效率。

3. 请家人监督

在制定的工作日程表达到一定作用之后，可以制定一份新的日程表，并请家人或同事予以监督，尽力予以执行。

4. 培养业余爱好

患者不妨培养一些与工作不搭界的业余爱好，丰富自己的业余生活，使自己的注意力在非工作时间转移到其他事情上。在心情不快、痛苦不解时，可以到环境优美的公园或视野开阔的地带漫步散心。如果条件许可，还可以作短途旅游，寄情于山水，这样也能够忘却烦忧，放松心情。

总之，在治疗过程中，患者应该一步一步地进行，并尽量放松自己的心情。如果感到力不从心，周围家人或同事也不能给予相当的帮助，还可以接受心理医生的科学治疗，效果会更好。

不要将工作带回家

在经历了一天激烈的打拼后，不少职场中人会将工作场所的紧张情绪带回家中，回到家中仍然无法放松。工作是工作，生活是生活，不要混为一谈。伟人说过：“不会休息的人就不会工作和学习。”你必须在工作和家庭之间划出一条界线，不要把工作上的一些问题带回家里去，这通常包括两个问题。

第一部分是情感上的。

工作上的冲突一定要处理与解决，不要让它们影响你其他的生活。了解为什么某个同事老让你不舒服，为什么你的上司会控制你其他的生活。了解为什么你工作上的成功或失败总会影响你心情的起伏。这些重要问题都必须好好解决，否则你的工作会捆绑你，奴役你。

第二部分是在时间、精力或其他资源上设限。

确定你的工作不会侵犯你个人的生活，影响你的人际关系或其他重要的事情。对那些要花更多额外时间的特别企划或项目设下界限，而且确定工作上超时加班不会变成习惯。

不要将工作带回家，否则你既解决不好你的工作问题，也有可能影响你的家庭生活。试试以下 10 种调节方法，它们能够帮助你从办公状态调整到居家状态：

（1）将工作留在办公室。下班时尽量不要将工作带回家中（即使是迫不得已，每周在家里工作不能超过两个晚上）。

（2）提前为下班做准备。在下班两个小时前列一个清单，弄清哪些是你今天必须完成的工作，哪些工作可以留待明天。这样你就有充足的时间来完成任务，从而减少工作之余的担心。

（3）在住所里放置一个杂物盒。购买或制作一个大篮子或是木头盒，把它放在住所中很少去的地方。走进家门后立即将公文包或是工具袋放到里面，第二天出门之前绝不去碰它。

（4）静坐。在进晚餐、去健身房锻炼或是抱起小孩之前，花上 3 ~ 5 分钟闭上眼睛做深呼吸。想象着将新鲜空气吸入腹部，将废气彻底呼出。这样就能够清醒头脑，卸下工作的压力。

（5）将困难写下来。如果在工作当中遇到很大的困难，回家后仍然得不到放松，那么请拿起笔和纸，一口气将所遇到的困难或是不愉快写下来，写完后把那张纸撕下扔掉。

（6）创立某种“仪式”。给自己创立某种“仪式”，以它为界将每天的工作和家庭生活分开。这种“仪式”可以是在餐桌上与孩子谈论学校的事情，也可以是喝上一大杯柠檬汁……

（7）将家里收拾整洁。一个杂乱无章的家会给你一种失控的感觉，从而放大了白天的压力。睡觉前花上 5 分钟收拾一下住所，第二天你就可以回到一个整洁优雅的家了。

（8）借助音乐。在准备晚餐、支付账单或是洗衣服时放一些自己喜欢的音乐。欢快、好听的音乐能够给你在干家务时增添不少乐趣。

（9）合理安排家务。如果想要在一夜之间把所有的家务干完，你自然会感到紧张和焦虑。相反，如果能够合理安排或是将一些家务留到周末再处理，就能使做家务成为工作之余的放松手段。

（10）下班路上的享受。如果是驾车下班，可以放自己喜欢的ＣＤ或是录音带；如果是坐公车或是地铁，则可以读一章小说……总之，下班路上花上几分钟做自己喜欢的事情有助于缓解工作的紧张情绪。

你是否患了职业倦怠症

所谓职业倦怠症，是指人们在紧张与忙碌的工作过程中，工作中的情绪感受会随着大环境的变动，而呈现出一种身心紧张或调试不当的负面行为。

心理学家多德拉认为，如果一个环境给你带来了不良症状和障碍，那么你在这个环境中就会遇到许多心理上的冲突，心理上的冲突长期不解决，就会引发心理倦息，进而影响自己的情绪和工作，情绪低落，看什么都不顺眼，厌倦工作，做事提不起精神。

要解决这些症状和障碍就得去认识你身上存在的心理冲突。

一般白领心理上的冲突主要表现在以下几个方面：

1. 渴望成就与惧怕改变的冲突

心理学家马斯洛认为，在一切基本需求都得到满足的时候，实现自我价值就成了一个人的最终目标。职业顾问说，没有变化的例行工作，最容易导致上班族工作倦息。在变化中求生存，任何单调的东西只能给人带来厌恶，这是很多人都明白的道理。但是许多白领阶层尽管已经对现状感到厌恶，还是惧怕改变自己。多年养成的工作生活习惯已经定性，程式化的思维和工作方法已经固定，工作的辛苦和劳累、缺乏创新的刺激，已经使他们的大脑越来越懒惰，他们不愿去想、不敢去想已经在危害着他们身心健康的种种因素。因此，一方面缺乏成就感需要改变，一方面又惧怕改变，二者的冲突自然就给本来就繁重的工作增加了不少危险。

2. 做优秀职员与做合格家人的冲突

步入成熟的白领通常担当着不同的社会角色：公司职员、慈爱父母和孝顺儿女等。特别是男性，家庭中的琐事经常会占据生活中的一大部分，更容易陷入焦虑状态中。众多角色集于一身，难免会给人造成很大的压力，既想工作上有所成就，又想顾及家庭的幸福，使许多职场中的人因为身不由己而陷入深深的苦恼中。

3. 需要关怀与维护自尊的冲突

从某种意义上说，社会的进步和飞速发展使人产生了异化。为了使人力资源能够得到最大限度的利用，企业使用了先进的管理措施和高级的技术设备，使人处于不停的忙碌状态，进而减少了相互交流的时间和空间。人是有感情的动物，他本身对交往的需求永远都是存在的，尤其是在工作压力大的时候更需要情感上的抚慰。但是现代社会又给人提供了感情冷漠的土壤，特别是有了一定地位的白领阶层，更是不愿意放下自己的自尊心，不愿意主动和人交流。尽管他们很渴望别人的关心，希望和别人交流自己的想法，但是他们还是龟缩在维护自己自尊心的安全地带。

职业倦怠症的心理调适

染上职业倦怠症的人犹如失去水的鱼，备受窒息的痛苦。据调查，现代人产生工作倦怠的时间越来越短，有的甚至工作 8 个月就开始对工作厌倦，而工作一年以上的白领人士有高于 40% 的人想跳槽。上海一项调查显示：在同一岗位工作满两年的人群中有 33.3% 的人出现了工作倦怠现象，有 2.6% 的人患上了工作倦怠症。产生工作倦怠的白领会出现失眠、焦虑、烦躁等生理上的疾病、心理上的不适以及行为上的障碍，若不及时处理将会给职场中的你带来不可预期的伤害。

1. 打破心理的界限，做自己的主人

在公司里，很多人抱怨工作任务太繁重，没有时间想自己该想的，做自己该做的。其实，这是惰性形成了内心的界限，把你限制在一定的活动范围内。很多你认为无法改变的事物其实只是自己心理的界限把它封闭了，勇敢地去想像、去突破、去改变，这样你才会在职场潇洒地遨游。

2. 转移情绪，消除怨气

良好的心态是生活快乐的秘诀，心理学家告诫：先处理心情再处理事情，不要带着怒气去工作和生活。再聪明的人也会因为情绪不良而失败。做一个情商高的人不是什么难事，只要你每天注意那么一点点就行。回到家前先告诉自己笑一笑；周末放下所有负担，和家人一起逛逛公园；生气的时候伸个懒腰，站起来走走；经常换不同的衣服穿……有心做到的人永远会快乐。要知道，生气是拿别人的错误惩罚自己。

3. 和和睦睦万事兴

在公司里活得最不开心、工作做得最差的往往是那些人缘不好的员工。新员工学历傲人，惟我独尊；老员工资历不浅，心中不服……事业一筹莫展的人总想和别人比个上下高低，但是这样只会伤害了同事之间的关系。古人云：退一步海阔天空，何不聪明一点搞好同事关系呢？给自己创造良好的人际环境就是为自己积累财富。著名心理咨询专家唐汶告诫大家做人要把握以下“五不”原则：倚老不卖老；弹性不固执；幽默不伤人；关心不冷漠；真诚不矫情。所以放下架子吧，这样你就有了成功的基础。

处理工作压力五步曲

工作压力不可避免，关键在于如何看待和应对。

1. 设定一个切实可行的目标

要充分考虑到自身的特点，因为每个人都有稳步发展的长处和短处，在选择目标时要注意扬长避短，充分发挥稳步发展的长处。另外还要考虑到实际的客观条件是否具备，这就像盖房，光有设计蓝图（理想）还不行，还应该有砖、水泥、钢筋等建筑材料（能力、机会等），如果建筑材料有限时，去盖摩天大楼，就必然会半途而废，永远达不到目标，这时就要根据现有材料，设计建设一个“具有特色的建筑”，它能让你同样找到“成功的感觉”。

2. 制订实现目标的计划

要达到目标，就像上楼一样，不用梯子，一楼到十楼是绝对蹦不上去的，相反蹦得越高就摔得越痛（失败、挫折）。必须是一步一个台阶地走上去。制定计划就像设计楼梯一样，将大目标分解为多个易于达到的小目标，那么你一步步实现计划时，每前进一步，达到一个小目标，都能使你体验“成功的感觉”，而这种“感觉”将强化你的自信心，并将推动你发挥稳步发展潜能去达到下一个目标。

3. 生活规律化

即有劳有逸，应该注意保证睡眠时间和饮食规律，在工作之余给自己留点时间，做些自己感兴趣的事情，如打球、钓鱼、书法、绘画、音乐、烹饪、郊游、睡懒觉等，都能使你紧张工作的大脑松弛下来，这能使你在下一个工作单元中保持较高的工作效率。长期、持续、紧张的加班工作，不但不能提高工作效率，还会影响你的身体健康。

4. 适时地转移

如果条件不具备，通过多方面的努力仍不能达到目标，那么你应该分析一下，这个目标，对于你是否合适。如果不合适，再努力下去只能是失败，就像是从一楼向十楼蹦一样，再蹦下去只能是多跌几个包（挫折、失败），这时您可以说一句“我尽力了”，适时地退出，重新设立新的目标，俗话说得好，“别在一棵树上吊死”。

5. 寻求心理医生帮助

这就像手指被刀割破了，疼痛、流血，如果伤口小，自己就能止血，贴上创可贴，过几天自己就长好了；而伤口大，流血不止时，就应该看医生，让医生给你缝合、止血、包扎。在你心理调整不过来时，心理医生通过心理治疗及药物治疗，能帮助您减轻痛苦强度，缩短痛苦时间，修正心理上的偏差，发挥你的潜力，去重新寻求事业的成功。

正确认知，快乐工作

研究压力与人类身心影响的加拿大医学教授塞勒博士曾说过：“压力是人生的香料。”他提醒我们，不要认为压力只有不良影响，人们应该转换认识和情绪，多去开发压力的有利方面。

是的，在人的一生中，压力自始至终存在着。人一出生，压力便开始附着在人的周围；长大后，压力越来越大，其中更多的是来自工作和生活上的压力。既然人无法摆脱压力，如同生活在地球上的人无法摆脱地球引力一样，人们就要学着正视它。

行为医学研究发现，追求成就感和事业成功是人类行为极其重要的动机之一。古往今来，许多仁人志士为追求成就感和事业上的成功不懈地努力着，而工作正好是人们实现这两者的途径之一。工作带给人们的重大意义还在于，它不仅给人们提供衣、食、住、行等经济、社会上的支持，还对人的心理及人格稳定和成熟起到积极的作用。

性格决定命运，有时，情绪也会影响到人某一段时期的生活、工作和学习。过重的工作压力会令人疲惫不堪，觉得精力耗竭，进而影响到工作和生活质量。事物都有两个方面。人们可以通过调适、休息等各种手段让自己得到休息、恢复精力，而且还可以通过工作追求成功，实现人生价值和理想。所以，从来没有人因为劳动而死（除非过劳死），无所事事和游手好闲反而会给人的生命带来危险。

因此，在现代社会，竞争日益加大，无论从事何种职业的工作人员均觉得工作压力在不断地加大，很多职场人面对工作压力苦不堪言，却不知道工作压力能给人带来奋进的力量。二十多年前，有一句非常流行的话：学好数理化，走遍天下都不怕。在知识更新呈几何速度的今天，只是学好数理化已经适应不了当今社会对人才的需求。很多人正是认识到这一点，纷纷挤出时间，在工作之余充电，以便为自己在尚未可知的将来增加竞争力。从这一点上看，适当的职业压力不仅是必要的，而且能够扩展职业发展的空间。

职场人士应该要认识到，工作是必须的，伴随而来的工作压力也是不可避免的。

“毋恃敌之不来，正恃吾以待之”。因此，当普通老百姓把工作当作谋生手段、实现个人自我价值的时候，更要重视精神生活，崇尚身心健康，学会化解过重的工作压力，化工作压力为工作动力，快乐生活，快乐工作。

心理调节术：职业病自诊自疗

职业病症 1：抑郁症

病症表征：每天过多的压抑，情绪低落，还出现不同程度上的情绪不佳，对任何事情都没有兴趣，丧失了以往生活、工作的热情，并经常对前途感到悲观、失望。

诱发原因：白领的工作压力大，导致了这个群体在情绪、心理问题上有其特征，很容易出现精神疲劳、注意力分散、遇事烦躁等不良状态。不能跟同事和朋友沟通，而且自己的见解不善于表达出来，常常憋在心里，遇到不满意的事情生闷气，对任何事物都没有向往。

诊治处方：

（1）畅所欲言：不要把不开心的事情“闷在心里”，要找朋友倾诉和尽量放松心态。当遇到挫折的时候可以回到家中跟爱人倾诉，或是约上几个朋友找间茶坊，然后大吐苦水并寻求帮助，这样一来心情会轻松很多。

（2）找到适合自己的工作环境：同样的工作让不同的两个人做，有人可以完成得快而轻松，有人会感觉是负担和压力。所以这就需要去寻求适合自己的工作方式和环境，找到自己舒心的工作才可以完全投入进去。

职业病症 2：肠胃疾病

病症表征：功能性消化不良、消化性溃疡，这两种病都与工作和生活状态有密切联系。表现为整天吃不下，见到饭就有“够了”的感觉，导致食欲不振，有时候甚至胃痛得厉害。

诱发原因：现在社会的生活节奏加快、工作效率提高，尤其是工作的紧张程度更是大幅度提高，所以情绪不好和心理压力过大就会导致饥一顿饱一顿，而且有些年轻的白领为了减肥甚至打消了吃饭的念头，时间过长胃肠功能和消化功能就会出现障碍。

诊治处方：不放纵不消极。在单位或家里遇到情绪不好的时候不要总耍脾气、喝闷酒、不进食物，在感到疲惫想放松的时候不要到霓虹灯下的 KTV、大饭店、舞厅等地方放纵自己的情感，要合理地去散心，例如郊游、健身，参加沙龙聚会等等。要多吃蔬菜、少吃油腻食品，同时工作忙的时候尽量少吃油炸食品。

职业病症 3：失眠

病症表征：晚上睡觉难以入睡，夜里稍微有声音就会醒来，导致白天没有精神，哈欠连天。

诱发原因：现在都市白领有很多都工作到深夜，有时甚至通宵达旦地工作，但是因工作关系又要起早，使睡眠没有规律，生物钟紊乱，破坏人脑的“睡眠装置”，从而引起失眠。这些白领因不良的生活习惯、压力过大、长期心理压抑等原因，常年受着入睡困难、多梦、早醒等问题的困扰。有些失眠者的免疫力也因此受到很大程度的损害，最终引发高血压等疾病。

诊治处方：劳逸结合。合理安排工作和休闲，并勇于尝试各种有效的放松方式，为自己的情绪宣泄找一个出口；要加强自身性格的修养，处世不惊，加强专业知识的学习，不断接受新知识新技能，就能轻松地应对自如，保持平和心态。

第28章
婚恋中的心理调节策略

审视你的择偶心理误区

青年男女在择偶时往往标准过高，不切实际，走入择偶的误区。综合起来，男女择偶存在以下一些误区，应当加以避免。

1. 太过追求外在美

择偶时太过注重对方的外在因素是心理误区之一。有的甚至制定身高必须多少、身材必须怎样、容貌必须如何等等硬性标准，不达标准不罢休。忽视了人的内在素质会给将来的婚姻埋下隐患。性格不和、兴趣迥异、好吃懒做等缺陷会使美丽的外貌顿失色彩，也会使婚姻最终走上末路。更严重的是，这可能影响你的命运、改变你的前途。

2. 太注重社会地位

太注重对方的政治地位、经济地位、学历等因素而忽视了内在素质，也是择偶的误区。要知道，人的地位是不断变化的，因为地位而维系在一起的婚姻，当地位丧失的时候，该如何是好？忽视品行、个性等心灵因素是不可取的。

3. 太在乎别人的看法

择偶时缺乏主见、太在乎别人的看法也是不可取的。毕竟是你自己的终身大事，一定条件下征求他人意见是有必要的，但最终决定的是你自己，不要被他人的错误意见所左右。择偶时也不要跟朋友攀比：自己爱人的外在条件不如朋友的爱人，并不代表内在素质比他们差；目前不如他们，并不代表以后不如他们。人没有十全十美的，也没有一无是处的，对一个人要综合评价，不要因为他人而误了自己的幸福。

4. 过于相信一见钟情

一见钟情而定终身的美丽浪漫爱情故事，似乎在文学作品中更为多见，现实中较少，这是因为一见钟情是不可靠的。一见钟情只是被对方的某一优点所强烈吸引，而没有仔细考量其他因素，就草率结合。一见钟情的婚姻，往往会因为婚后生活中才暴露出来的个人缺陷而导致矛盾重重，或过早终结。

5. 补偿心理

恋父恋母情节会导致爱情上的补偿心理。有些人从小缺少父母的爱护，为了弥补这种感情的缺失，择偶时就会无意识地选择在某些方面与父母相似的人。与父母相似，并不代表婚姻上会融洽，所以婚后生活也很可能会不幸福。

6. 自卑心理

有的人自卑心理严重，反映在择偶上，会比较随意地选择一个条件不如自己的人在一起，而且往往不会主动去追求对方。婚后夫妻生活里，这种自卑心理会有所缓和，不满足的心理就会凸现出来，婚姻也不会幸福。

初恋的心理调适

初恋是美好的，常常是幻想式的美好。世界名著《飘》的主人公郝思嘉的初恋，就是幻想式的单相思：郝思嘉爱上了卫希礼。可她从来没有主动地向卫希礼表示过，只是沉醉于自己的幻想中，主观地推断卫希礼的言行都是爱她的，等待卫希礼主动向她求婚。可事实上她的推断是完全错误的。在青春期发育的初始阶段，少男少女们都情窦初开，常常选择生活中或者影视中的突出异性作为自己仰慕、暗恋的偶像。这时候的单相思带有很大的盲目性，一旦确立了心中追求的偶像，就会陷入想入非非之中，总是一相情愿、顽固不化地爱恋对方，而全然不顾对方的感受。初恋中的人很容易把爱全部倾注于对方身上，而不管此人的优缺点到底是什么，甚至缺点也是魅力所在。这是初恋中所特有的心理现象，也是很正常的。

大多数人在懵懂的初恋时期，都会冲动、盲目地向意中人直抒胸臆，并且会死缠烂打，等到受了挫折则很容易一蹶不振。

初恋是苦涩的，大多数初恋都不会坚持到谈婚论嫁的时候。年轻人对爱情的认识水平不高，心理承受能力也差，加上双方接触的时间通常比较短，还不了解彼此的品行。等一段时间之后，了解深入了，可能觉得对方并适合自己，或者不能忍受对方的一些弱点，于是产生矛盾，热情下降，最终分手。年龄偏低的青年男女，往往不懂得在恋爱中如何培养感情，只是一味地亲昵，不可避免地会伤害对方，导致恋情的终结。

初恋的失败让人终生难忘，会给年轻人的心理造成很大的压抑，甚至会给以后的恋爱和婚姻蒙上不可磨灭的阴影。

初恋的失败有时候也并非坏事，它可以使人成熟起来。失恋者不应沉溺于失恋中而痛不欲生，要采取积极的态度化解内心的痛苦，并总结经验教训，以便在面对后来的爱情时不会再犯同样的错误。对大多数人来说，都能顺利地度过初恋，进入到甜蜜的热恋和婚嫁阶段。就像现在正在幸福生活着的人们，有几个没有经历过失败的初恋呢？

热恋中要注意的问题

热恋中的男女，要注意以下的几个问题。

1. 热恋双方要诚实和宽容

热恋双方要坦诚，这样才会相互信任，才会充分地了解各自的优缺点，也就会爱得更真。如果遮掩自己的缺点，反而会让对方生厌。双方都要宽容，要能接纳对方的缺点，不要太要求完美，但也要提出纠正对方的意见。

2. 真爱需要时间来检验

一见钟情是美妙的故事。但钟情是否是真爱，则需要时间来检验。随着时间的推移，青年男女才会逐步认清和正确评判自己的爱情。闪电式的恋爱和结婚是不可取的，感情基础不牢固，婚后的生活也可能有麻烦。

3. 甜言蜜语不可少

热恋中的甜言蜜语能够稳固感情。对恋人的适时赞美、问寒问暖和绵绵情话，可以使恋人感觉到自己在对方心目中的地位，加深双方的感情和依恋。

4. 热恋中的矛盾要及时解决好

恋人闹矛盾是不可避免的，是正常现象，但要避免矛盾的激化，要及时解决矛盾。

矛盾主要是由双方个性、认识水平、思维能力、生活环境、家庭教育或实践经历等方面的差异带来的。开始接触的时候，双方都自觉或不自觉地掩饰自己不好的一面，充分展示自己美好的一面；到了热恋阶段，彼此的伪装也就慢慢卸去，露出本来面目，矛盾自然就开始出现。

解决矛盾，双方要以相互尊重和信任为前提，不要把自己的意志强加给对方，更不能把对方看成是自己的附属物。男性不要对女方呼来唤去，女性也不要过分干涉男性正常的生活习惯和业余爱好。发生矛盾时，忍让是最好的缓冲办法。男女双方均不可任性而毫不让步。这样做不仅不能维护自尊，而且还会深深地伤害双方的感情，把事情越搞越糟。但忍让不是一味退让，要分清轻重缓急、原则是非，对重大的原则问题，不能让步，但态度要中肯，因为目的是要解决问题。恋爱的双方要学会多互相谅解，男方对女方的任性和娇气不要过分地计较，女方要以宽容的态度对待男方的粗心大意和固执。

步入婚姻围城的心理修习课

虽然爱情和婚姻都包含某种情感承诺，但爱情更多的是恋人们的彼此愉悦，是以自发的相互喜爱为主的，随意性较大，不受法律的约束。恋爱时，双方都很自由：想什么时候见面就什么时候见面，想什么时候分开就什么时候分开，感情不好了就分手，不会有太多的牵牵扯扯。婚姻就不一样了，它是双方承担责任与义务的法律契约。爱情在婚姻中也是一种责任。婚姻是爱的意愿，结婚实际上等于对爱情发布永远相爱的誓言。就如弗洛伊德所言：“不管婚姻是由他人撮合，还是个人的选择，一旦决定结婚，这种意愿行为就应该保证爱的持久。”

与爱情相比，步入婚姻的围城需要具备不同的心理素质：

1. 必须具备利他的品质

步入了婚姻生活，双方都不能以自我为中心，否则会对婚姻彻底绝望。婚姻中最忌讳自我中心主义，许多无谓的夫妻争吵都是由此引起。可现代人往往是这样的，一旦婚姻不如己意，就想离了再来。婚姻生活中应该具备和培养一定的心理韧性，学会忍耐种种缺憾和承受种种挫折。但容忍并不是无原则地放纵对方，而是双方都合理地谦让，减少婚姻矛盾。

2. 必须具备责任感

结婚意味着责任、义务和忠实，不能太情绪化。热恋中的恋人吵架后可能好几天互不搭理，但夫妻两个吵得再凶，即使动手打起来，对方生病了也不能不管，家务该干的还是要干，饭该做的还是要做，老人孩子不能弃之不顾，客人来了还是要客客气气地一起接待，这就是责任和义务。正如日本学者国分康孝说的："恋爱连孩子都会，结婚则非成年人不可。对于太幼稚的人来说，结婚是负担。结婚要讲伦理，负责任，要有很强的实际生活能力。"

3. 必须具有务实的精神

恋爱的人可以摆脱一切虚荣与世故，不顾一切现实条件的束缚，达到某种程度上的超脱境界，洒脱奔放。可婚姻必须面对和接受社会现实：每天都要与柴米油盐酱醋茶打交道，要经常探望双方的父母，要关心孩子的成长与前途……婚姻生活实实在在、点点滴滴，年复一年、日复一日，离开务实精神如何应付呢?

丈夫为什么对妻子不满

专家调查了一些夫妻不和的心理原因后，发现丈夫对妻子的不满主要有以下一些方面：

（1）妻子喋喋不休的唠叨。无论大事小事，无论在什么时间地点，总是说个不停。

（2）缺乏共同的生活情趣。志趣不投，无法共同享受生活的乐趣，甚至互相抵触。

（3）自私、不知体谅，这是丈夫最不能容忍的。

（4）抱怨、干扰自己的爱好。几乎每个男人都有自己的嗜好，这是男人生活中必不可少的心理平衡因素。他们绝对不允许别人干扰他们的爱好。

（5）衣着不整，这意味着有失丈夫的体面，使丈夫丢脸。

（6）脾气急躁。任何男人都希望妻子温和可爱，性情急躁是导致婚姻关系破裂的一个重要因素。

（7）干涉他们对子女的管教。许多家庭属于“严父慈母”型，但如果一个过严、一个过慈，自然就会产生矛盾。

（8）自夸、逞能。这一问题在男性中是普遍存在的，而他们一旦发现自己的妻子也具有这种素质的话，他们会非常厌烦。

（9）感情脆弱。成熟的女性感情是稳定的，男人一般都希望自己的妻子比较成熟，感情脆弱的“小姑娘”式的妻子令丈夫无法长期接受。

丈夫对妻子的不满还有：心胸狭窄，嫉妒心强；不理家务。无论出于什么原因，不理家务都是不利的；好争辩，爱挑毛病，令人无所适从。强词夺理，文过饰非等也是丈夫对妻子不满的方面。

妻子为什么对丈夫不满

同样，专家调查了一些夫妻不和的心理原因后，发现妻子对丈夫的不满主要有以下一些方面：

（1）丈夫的自私和不知体谅。女性同样也需要得到男人的温情，自私是爱情的头号敌人。

（2）事业上没有突出的成绩。女人总是希望自己的丈夫能够出人头地，至少应有所作为。

（3）喜欢抱怨，不理解她的情趣。丈夫如果与妻子情趣不投，最好是不要太多地抱怨。

（4）不愿公开诚实地商谈事情。

（5）对子女缺乏兴趣，家庭观念淡薄。

（6）对子女过于严厉，不顺心时拿孩子当出气筒。

（7）不顾家庭，把自己的朋友看得重于一切，要家庭为自己和自己那一伙人服务。

（8）粗鲁、不文雅，没有风度。

（9）缺乏上进心，得过且过，缺少男性的成功欲，平庸呆板。

脾气暴躁，没有耐心；凌驾于家庭之上，不能平等待人，动辄发火，令人无法忍受；爱批评人，缺少男人的慷慨大度，碎嘴唠叨，喜欢在小事上吹毛求疵。这样的男人一般都得不到妻子的满意评价。

爱情是件易碎的艺术品

婚后，妻子不止一次问丈夫在认识她之前，有没有跟别的女孩好过。

妻子并不是丈夫的初恋。丈夫与另外一个女孩子相爱过一段时间，并且吻了她。这是很久以前的事情了，以后丈夫与女孩再也没来往过。

丈夫曾在心里反问自己，倘若妻子告诉自己，她当初与某个男孩恋爱过，自己真会大度得毫不介意吗？爱情总不愿意看到第三个人的出现，哪怕他只是个越来越遥远的模糊的影子。

于是丈夫对妻子说：“你是我最初的恋人，也是最后一个。”妻子为此而陶醉在甜蜜之中，两个人一直美满幸福着。

在爱情中，有些事情是不能求真的。要知道，爱情是件易碎的艺术品，尽量别留下一丝裂痕，否则，再高超的焊补技术，都不能使之完好如初。

宽容是爱的精髓

安徒生有这样一则童话叫《老头子总是不会错》。

故事并不复杂：乡村有一对清贫的老夫妇。有一天他们想把家中唯一值点钱的一匹马拉到市场上去换点更有用的东西。老头子牵着马去赶集了。他先与人换得一条母牛，又用母牛去换了一头羊，再用羊换来一只肥鹅，又由鹅换了母鸡，最后用母鸡换了别人的一大袋烂苹果。在每一次交换中，他倒真还是想给老伴一个惊喜。当他扛着大袋子烂苹果来一家小酒店歇气时，遇上两个英国人。闲聊中他谈了自己赶场的经过。两个英国人听得哈哈大笑，说他回去准得挨老婆子一顿揍。老头子坚称绝对不会。英国人就用一袋金币打赌，如果他回家未受老伴任何责罚，金币就算输给他了。三人于是一起回到老头子家中。

老太婆见老头子回来了，非常高兴，又是给他拧毛巾擦脸又是端水解渴，听老头子讲赶集的经过。他毫不隐瞒，全过程一一道来。每听老头子讲到用一种东西换了另一种东西，她都十分激动地予以肯定：“哦，我们有牛奶了！”“羊奶也同样好喝！”“哦，鹅毛多漂亮！”“哦，我们有鸡蛋吃了！”诸如此类。最后听到老头子背回一袋已开始腐烂的苹果时，她同样不愠不恼，大声说：“我们今晚就可吃到苹果馅饼了！”说罢，不由搂起老头子，深情地吻他的额头……

其结果不用说，英国人输掉了一袋金币。

在家庭生活中夫妻之间最重要的基础是宽容、尊重、信任和真诚。

即使对方做错了什么，只要心是真诚的，就应该重过程、重动机而轻结果，这样才能有家庭的和睦。夫妻的恩爱、宽容是善待婚姻的最好的方式。爱是一门艺术，宽容是爱的精髓。

营造心心相印、亲密无间的婚姻

夫妻之间想达到心心相印、亲密无间，就需要了解双方各自的心理需求，从而达到和谐、美满。美国著名心理学家默里对人类的心理需要进行了归纳，从而得出夫妻和谐必须满足双方的五种心理需要。

1. 尊重的需要

人的自尊心从小就有，一旦受到损害，便会痛苦不已。如果受到尊重，则会感到欣慰和满足。夫妻间的相互尊重、信赖，是深化爱情和事业成功的基本保证。任何训斥或轻视、贬低爱人的做法，都会损害对方的自尊心。

2. 自主和表现的需要

人人都希望按自己的思想和意志办事，这就是自主的需要。每个人都希望在别人面前表现自己，尽可能发挥自己的才能，运用自己的智慧，创造出可观的劳动成果，使自己的表现心理得到满足。夫妻间则常想通过语言或行为来使对方欢悦、惊奇、着迷，进而赞赏自己。

3. 交往或社交的需要

社会是人的生活乐趣的源泉，那种不准爱人与他人交往的做法，不但不能保证爱情的专一，相反，会导致对方心理平衡的被破坏，对家庭生活感到厌倦，对爱人产生反感、厌倦，其结果只能使婚姻破裂。

4. 爱好和感情的需要

各人有各人的爱好，应尽可能满足对方的心理需求并为对方提供方便。感情的需要以爱为中心，持久的爱会使对方得到最大的满足。否则，失落感便会油然而生，不满、烦恼、怨恨便接踵而至。

5. 宣泄的需要。爱人心里不痛快时，总想找人诉说一番，一吐为快。这种宣泄的对象当然是自己的爱人，夫妻均以对方为宣泄的最佳对象。

任何一方都不应责备对方心胸狭窄，或嫌对方唠叨，而应主动接受对方的宣泄，并进一步劝慰、疏导，排解其内心的痛苦，使对方从内心矛盾中解脱出来，建立新的心理平衡。这样内心的痛苦便会烟消云散，夫妻感情也会进一步得到加强。

心理调节术：用心爱，赢真爱

健全的爱情心理素质是甜蜜爱情的坚固后盾。爱情的成功与失败，除了许多外在的原因，爱情心理是否健全也是十分重要的因素。

那么，健全的爱情心理有哪些特征呢?

1. 关心

弗洛姆曾经说过：“爱是对所爱对象的生命和成长的积极关心。哪里缺少这种关心，哪里就没有爱。”

关心在爱情中的重要作用，恐怕人人皆知。关心首先是对所爱对象的密切关注，时刻在意所爱之人的种种感受和需要，并随时准备予以安抚和满足，这也是爱的奉献。关心可以体现在一点一滴的生活小事上，比如给恋人整整衣服、理理头发、擦擦眼泪等等，也可以体现在人生大事上，比如关心恋人的前途与命运。无微不至的关心是爱情的基础，也是爱情的添加剂。

但是，关心不是自作多情，不可以不顾对方的感受而强加于人。如果关心过了头或者关心错了地方，反而会令恋人厌烦。真正的关心应该是满足对方所需的关心。

2. 专一

爱情是最忌讳三心二意的。对你的恋人，你可以不够理解、不够奉献、不够关心或者不会欣赏，但千万不可脚踏几只船。幸福的爱情必须有专一的投入。保加利亚伦理学家瓦西列夫在其《情爱论》中说过："爱情对象的选择是对熟悉的众多异性中某一个人的具体偏爱，是对这个人的价值理想化。没有一个人会同时深深地、忘我地、热烈地爱着两或三个人。那必然会导致心理动荡，使人面临困难的抉择，分散感情的洪流。爱情首先要求一个人将注意力集中在一个对象上，要求感觉的和谐完整。"

一个人一生可能不只爱一个人，但不应该发生在人生的同一时刻。正如学习需要专注一样，爱情也需要专一，只有这样才能获得充分的感受。

3. 奉献

从某种意义上说，爱应该是一种主动的、无私的、不计回报的、勇敢的奉献。只有懂得奉献的人，才会获得真正的爱情。爱应该主动给予，不应消极等待。

但是现实生活中，人们更多的关注如何被爱，如何被给予，喜欢以矜持、躲避和傲慢来回应别人的主动奉献，以为这样才有身份，才有意义。特别是拥有大量财富和权力的男男女女们更是如此。懂得爱情真谛的人毫不做作，他们真诚、主动地向爱慕的人示爱，又为了爱的人可以奉献一切。而无私的奉献换来的，自然会是一份真挚的感情。

4. 信任

爱，就要相互信任，不要胡乱猜疑。不要苦苦询问对方为何不接你的电话，不要非得搞清楚对方为什么约会迟到了几分钟，也不必质问爱人为什么偶尔不回家。这样只会让对方产生腻烦心理，不利于双方感情的稳固。如果愿意告诉、有必要告诉你的，对方必然会让你知道。亲自或雇用他人跟踪对方更是不可取的，爱得再深也需要一定的自由空间。试想，即使他或她真的对你不忠诚了，苦苦追问与盘查就能挽回你的爱情吗？那样只会让对方逃得更快、更远。

信任就是尊重，只有你信任对方，对方才会信任你；信任对方就是信任自己，不信任对方的人往往也是不自信的人。无根据的胡乱猜疑，不会换来美满的爱情。

5. 尊重

弗洛姆说过："尊重是指一个人让另一个人成长和发展顺其自身规律和意愿。尊重蕴含着没有剥削。让被爱的人为他自己的目的去成长和发展，而不是为了服务于我。如果我爱一个人，我感到与他或她很融洽，但这是与作为她或他自己的她与他，而不是供我需要使用的工具。"

真正的爱情是两相情愿、相互尊重的。没有尊重的爱情，就是残酷的占有，会让一方产生心理压抑，会剥夺他或她的幸福和应有的感情。尊重对方就要尊重对方的爱好、职业、选择和个性，不要粗暴干涉和强迫对方。

6. 理解

理解万岁，爱情离不开相互理解。只有理解，才会有爱情；只有不断加深相互理解，爱情才能不断地升华。

心理学上有一种"移情心理"的说法，就是专注于他人的情感，经历他人所有的种种感情。以自我为中心，总是从自己的利益或观念出发来考量别人，永远不会理解别人。理解，就要舍身处地。相近的文化背景和相似的经历更容易产生共鸣与理解，但从根本上说，理解依靠双方的关心和交流。

7. 欣赏

处于热恋中的男女们，总是觉得对方是这个世界上最好的。先不要管是不是错觉，其中的欣赏情怀是值得提倡的，更是爱情所不可缺少的。这种欣赏，使你感到愉快、奇妙甚至疯狂，虽然你的西施对别人来说普普通通。

爱情的欣赏不仅包括对所爱对象的欣赏，还要包括对其周围一切有关事物的喜好，所谓"爱屋及乌"就是这个道理。懂得欣赏，更懂得赞美，你的爱情怎么会不甜蜜呢？

第 29 章 饮食失衡的心理调节策略

你的饮食失衡了吗

饮食失调属于轻性精神病。患者会暴饮暴食，而后以催吐或不正当排泄方式（吃泻药）将未消化完的食物排出，藉以维持体重，若无催吐或刺激排泄等行为者通常演变成肥胖症。患者也可能出现减食甚至不吃的现象，以纤细的身材为目标，但往往导致身体其他器官失效而影响生命。

饮食失调表现为一系列的症状，如食欲减退、食欲亢进、神经性呕吐和异食。具体来说包括如下症状：

1. 食欲减退

表现为食欲不振，不想吃也不愿吃食物。并非躯体疾病所致的体重减轻，当事人节食也不是其他精神障碍的继发症状。特征为故意限制饮食，使体重降至明显低于正常的标准，为此采取过度运动、引吐、导泻等方法以减轻体重。

2. 食欲亢进

表现为饮食过度，暴饮暴食。多见于精神发育迟滞和精神分裂症，也可见于躁狂症、癔症和神经性贪食。神经性贪食是一种饮食障碍，特征为反复发作和不可抗拒的摄食欲望及暴食行为，并非神经系统器质性病变所致的暴食，也不是癫痫、精神分裂症等精神障碍继发的暴食。

3. 神经性呕吐

是指一组以自发或故意诱发反复呕吐为特征的精神障碍，呕吐物为刚吃进的食物。不伴有其他的明显症状，呕吐常与心理社会因素有关，无器质性病变，可有害怕发胖和减轻体重的想法，但体重无明显减轻。

4. 拒食或异食

拒食表现为不饮不食，如强行将食物纳入其口中，则含而不咽。多见于各种精神病，也可见于意识模糊与木僵状态。异食表现为乱吃普通人不能吃的东西，如泥土、纸片、塑料、尿粪等。

饮食失调源于心理不平衡

食欲是在饮食前或饮食时对某些食物有一种愉快的感觉，它建立在条件反射的基础上。躯体的和精神的任何疾病均可引起食欲的改变，包括食欲减退、食欲亢进。

随着社会对纤瘦的评价愈加积极，饮食失调的发病率也会越来越高。很多人将饮食失调归罪于我们这个社会爱瘦不爱肥的大文化。“楚王爱细腰，宫中多饿死。”其实，审美观念只是问题的一部分，还有很大的因素，是心理上的不平衡。

饮食失调患者过分在意别人的看法，担心别人说他们胖，他们害怕发胖，对体形、体重产生歪曲的认识。这是神经性厌食症和神经性贪食症共同的心理特点。

患饮食失调者个性上较为固执与完美主义，较多身体抱怨与强迫行为，常合并忧郁、焦虑与睡眠障碍，常社交退缩、易怒或情绪变化大，忧郁症病人没有胃口，但神经性厌食症患者胃口正常且有饥饿感，相当注意食物热量。

饮食失调的人经常面临生活中无法应付的压力和创伤，临床上我们不难发现当事人生活在被压抑的痛苦中。无论是神经性厌食或神经性贪食都显示出我们的心理状况出了问题，此时患者最需要亲人的尊重与了解，必要时应寻求专业心理辅导与诊治。

小心患上厌食症

某初一少女，偶然听到同学说她胖后，便每天仅吃少量零食和水果，吃饭时不是推说已吃过了就是吃后再悄悄抠出吐掉。三个月下来，体重从 95 斤降至 60 斤，并出现食欲消失，情绪明显抑郁，但该少女还不认为自己瘦，仍坚持控制体重，其母发现后带她前往医院求治，经诊断为神经性厌食症。

还有一位女学生，体重 100 余斤，自觉过胖，便盲目节食减肥，几乎达到了不吃食物的程度。不到两个月，体重锐减至 65 斤，但伴随而来的还有营养不良性水肿和神经厌食症。这已经是明显的矫枉过正。

神经性厌食是一种自己有意造成和维持的，以节食造成食欲减退，体重减轻，甚至厌食为特征的进食障碍，常引起营养不良，代谢和内分泌障碍及躯体功能紊乱。神经厌食症最基本的症状是厌食，食欲极度缺乏，身体消瘦。这种症状的产生主要与心理因素有关，并不是消化系统器质性疾病引起的。此病的发病年龄为 10 ~ 30 岁，多数为 15 ~ 23 岁。女性患者高于男性约 10 ~ 20 倍。神经性厌食症的发病率因为社会风气和生活方式变化而出现大幅增减。急性精神创伤或心情持续抑郁，都可能在一定条件下导致此病。

哪些因素会导致神经性厌食

神经性厌食症的病因尚不明确。有关的因素，可分为以下几个方面。

1. 社会心理因素

对青春期性发育的恐惧：13 岁以后，正是性的生理及性的心理发展最快的阶段。对于性心理发育尚不成熟的女孩，对自身的第二性征发育和日益丰腴的体形缺乏足够的心理准备，容易产生恐惧不安和羞怯感，有强烈的愿望要使自己的体形保持或恢复到发育前的“苗条”。在英国，曾对女学生进行调查，有 60% ~ 70% 的女中学生想减体重，在女大学生中为 75%，这个比率远远高于小学生及 30 岁以后的人群。而这一阶段恰恰是该病发生的高峰年龄。

2. 社会文化因素

社会的压力可严重地影响个人的观念及行为是毋庸置疑的。理想体形是受社会文化因素左右的。在较不发达的时代（贫穷状态），丰满、肥胖是作为富有的标志，被人羡慕；而现代社会中以身材苗条作为有能力、高雅、有吸引力的标志，使体重偏低受到人们的青睐。近30年来，神经性厌食症患病率呈明显的逐步上升趋势，尤其在某些职业中，如芭蕾舞演员、时装模特中，该症的患病率是普通人群（同龄）的3～4倍，表明该病的发生与社会文化因素有一定的关系。其他社会学因素在多数对神经性厌食症的患病率调查中发现，本患者多来自于社会地位偏高或经济较富裕的家庭；城市人群的患病率高于农村人群；在城市中，私立学校的女生患病率高于普通学校。而且，这些特点与英、美、日的研究报道较一致。

3. 个体的易感素质

性格的特点：这类患者常常有争强好胜、做事尽善尽美、喜欢追求表扬、自我中心、神经质；而另一方面又常表现出不成熟、不稳定、多疑敏感，对家庭过分依赖、内向、害羞等。另外，近年来的研究注意到，这类患者的智商一般偏高。

遗传因素有些家族史的调查研究中发现，神经性厌食症的家族中，本病的患病率高于其他人群数倍。这表明，尽管不是遗传性疾病，但本病的发生可能与某些遗传素质有一定的关系。另外，本病患者家庭中患躁狂抑郁性精神病及各类神经症者也高于一般人群，这些资料也支持遗传素质在发病中起作用的学说。

4. 特异的易感素质

有些研究者认为体重过度降低在发病中有着重要作用。当体重下降到一定程度，激发了体内隐藏的神经性厌食症的特异病理机制，而使病人处于这样一种状态：失去控制自我的能力，对自己的思维和行为缺乏正确的分析及判断力，沉浸于病态的体验之中，因此一个人从正常的减肥，发展到疾病状态。然而这种理论还没有得到充足的证据。

5. 下丘脑的功能异常

下丘脑位于大脑皮层下，是负责情绪调节、控制进食及内分泌调节的中枢所在地，是大脑中很重要的部分之一。神经性厌食症患者存在明显的下丘脑功能异常的表现，如月经紊乱或闭经；血液中甲状腺素水平低；食欲及进食量异常，情绪低或烦躁等。多年来对这些广泛的下丘脑功能异常进行研究的结果表明，可能是调节下丘脑功能活动的某些环节存在异常，如去甲肾上腺素有兴奋进食中枢，促进碳水化合物（粮食）摄入的作用，并参与促性腺激素（使月经来潮）的分泌等。有些研究发现本症患者脑脊液中去甲肾上腺素水平低；再如五羟色胺具有兴奋饱食中枢的作用，使进食终止。也有研究发现患者脑脊液中五羟色胺有改变。但目前为止，这方面的研究尚无一致的肯定性结论。

怎样判断你有厌食症

神经性厌食临床表现核心是对“肥胖”的强烈恐惧和对体形体重的过度关注。最初患者有意限制进食，逐渐发展为不吃，或采取过度运动避免体重增加，或采用进食后诱吐，服泻药或减肥药的方式避免体重增加。具体来说：

（1）有意控制进食量，不吃或少吃，或通过采取过度运动、诱吐、导泻、服用药物等方法以减轻体重。

（2）对体重增加过分担心，即使体重已低于标准仍担心不已，常处于担心发胖的恐惧和烦恼中。

（3）体重明显下降。因极担心肥胖，结果体重远远低于应有水平。

（4）认识出现扭曲。尽管已经明显体重不够，但仍然觉得肥胖。自我价值观几乎完全取决于体重或者体形。

（5）体重下降导致了各种生理功能的改变。严重时，出现一些身体症状。如女性出现闭经，男性则性功能低下等。

厌食症的心理和行为治疗

厌食症是健康的一大杀手，如果你患有厌食症，应当尽早加以治疗。你可以通过以下方法来矫正和克服。

1. 观念改变

现在流行苗条，以瘦为美，是一种风潮。而对胖瘦、结实纤细的认同与否，是随着舆论导向而变化的。以胖为美，以结实为美在历史上或现在的某些国家和地区都广为存在。少女正处在身体发育时期，切勿盲目减肥过度节食。无论潮流风向，健康总是美，而结实丰满一些更利于增强抵抗力和生育能力，也更性感，日后更能享受美妙的性生活。

2. 心理治疗

求助于专业的心理咨询机构或精神科医生，了解其发病诱因，给予认知治疗、行为治疗、家庭治疗、躯体治疗和精神药物治疗。调整环境，住院隔离可较好地阻断恶性循环。神经厌食症的患者多不愿接受治疗，因此，需要家人的监督和强制。医生要将此病的发生发展规律告诉病人，消除病人的消极情绪，鼓励病人树立与疾病作斗争的信心和决心。

3. 锻炼和饮食

真正想要健康的身体，不要从节食入手，而是应该加强锻炼，改掉吃零食不停的坏习惯，同时调整膳食结构，低糖低脂高蛋白，多吃蔬菜水果。

神经性厌食症的患者除了有明显心理层面的困扰外（如焦虑、忧郁等），更令人忧心的是生理层面的问题，因为“进食”对此病症的患者而言，是一件相当痛苦的事情，因此他们通常会拒绝吃任何东西，严重影响到个人身体的新陈代谢，且易于引发其他生理上之病痛，更甚者会导致个人死亡，须尽速向医院精神科寻求协助或治疗。

暴食症的病因在内心

现实中有一些人会无法控制地、定期地（约每周二次）暴饮暴食，感觉好像没有办法停止“吃”的动作，一直吃到自己受不了为止。这些人通常体态适中，但很强烈地担心自己的体重上升，而且对于自我的评价相当受其身材所影响，因此往往在大量进食之后，会有羞愧、罪恶的感觉，并且会以催吐、灌肠、使用泻药或绝食等方式来避免体重上升。暴食症多数发生在二十几岁，主要是起源于心理困扰，然后再演变为过度重视食物的摄取和身材的比例。

小丽，19岁，女，高中生。她有严重的暴食症。

她已有一年病史，每隔半个月左右就会发作一次：她一接触食物便会将它全塞入嘴里，不停地吃啊吃，一直吃到撑得实在吃不下去了，感觉肚子都快撑破了，就把吃下去的再全部吐出来。但下次碰到食物还是控制不住的想吃。吃完后再用手抠喉咙，刺激咽喉，让吃下去的东西再吐出来。曾经因为这吐出过血。但每次病发，就会忘了以前的一切教训，还是大吃特吃。有时候吐完了哭着说："难受得恨不得去死。"她自己也曾努力控制自己，却控制不了，对自己和生活失去了信心。原来一个漂亮的小姑娘被折磨得狼狈不堪。

经心理医生询问后，才发现暴食症其实只是表面上的症状，真正的问题是她自身的心理上的。

小丽从小就特别爱干净，爱漂亮。再加上她从小就长得十分漂亮，邻居都夸她，爸爸妈妈也老向其他人夸他们的女儿有多可爱，多美丽，所以她的名字也叫"小丽"。小丽从小在大家的夸奖声中长大。到上中学后，更是发育得婷婷玉立，成了班里公认的"班花"。可是上个学年，班里转来一个女孩。这个女孩一来就抢走了小丽一半的拥护者。于是，两个女孩开始明争暗斗。比谁的衣服更好，谁的气质更好，当然还有身材。为这，那个女孩和小丽都拼命节食。可每天只吃苹果却不能吃那些美味的食品的日子实在太难熬了。终于有一天，小丽发现了一个又可以吃到美食又不会发胖的办法：吃完后再用手抠喉咙，刺激咽喉，让吃下去的东西再吐出来。刚开始时很困难，吐不出来。但时间长了以后，小丽做这项工作已经很熟练了。现在她每隔一定时间就要来这么一次，而且由于可以不变胖，她吃的东西越来越多，根本就无法停止。

以上这两种饮食疾患的患者，在心理上其实有许多相同的特质，例如具有完美主义的倾向，而以"过度理想"的体重为追求的目标。持续的厌食或暴食，不仅存在着心理上的困扰，更会严重地影响身体健康，导致贫血、脱水、月经停止、肠胃功能障碍、心脏血管病变等问题，所以千万不可忽视，应及时发现以寻求专业上的协助。

暴食症的心理调适

患有暴食症的人，可以通过以下方法来进行心理调适。

1. 改变简单的浮浅的审美观

外表和身材的好看并不代表一个人的一切。比较起来，一个不健康的人不会是美丽的。要抛弃那种病态的审美观，健康的才是美的。

2. 确立健康的竞争目的

不要把时间和精力浪费在那种浮浅的比较中，而是要寻求高尚的竞争目的，如对知识和智慧的追求等。

3. 疏远那些只重视外表的朋友

这样的朋友是不会长久地陪在你身边的。多结交几个有深度、喜欢你的心灵的朋友。他们会给我们带来意想不到的快乐，并在我们把握不住自己的时候给我们忠告。

4. 树立正确的人生观和价值观

一个有远大理想和正确人生观的人是不会陷入这种竞争中的。

5. 正确对待吃饭这个人的基本需要

吃是人的本能，也是人赖以维持生命的必需品。每个人都必须每天摄入一定的食物用来维持自己的需要。所以，要把吃饭当成是一种很正常的事情。千万不可以为了身材，就不吃。

6. 降低对自己的要求

事实上，这样的人往往偏瘦，只是他们自己给自己订的标准太高。在别人看来，他们已经很瘦了，根本用不着减肥，反而需要增肥。

心理调节术：饮食障碍的矫正指南

有饮食障碍的人，可以通过以下方法来调适和矫正自己的不良饮食习惯，重建健康的饮食生活。

1. 正确看待饮食障碍

不要只是把此症状当作思想问题，认为厌食症的节食行为是爱美；暴食认为是嘴馋或不良习惯，恢复正常的饮食方式和正常体重也不是件容易的事情，需要重组导致饮食障碍发生的歪曲的思想、信念和价值观。

2. 建立治疗的信心，自己对自己的行为负责

不能以强迫的方式企图去控制自己的饮食行为，而是要首先认识自己目前的状态，异常的行为给自己带来的危害，发展下去的严重后果，考虑应采用何种方法来摆脱窘境，每当取得一点改善，应及时鼓励，树立战胜疾病的信心。

3. 对饮食的限定，每日每餐按计划用餐，要严格执行

保证饮食是纠正病人营养不良及消除惧怕“饮食过量”后引起发胖的心理的关键一环。停止一些不良的饮食习惯和反吐，恢复饮食有充足营养的食物来保持健康的体重。

4. 坚持治疗来恢复正常的饮食习惯和正常体重

通过治疗和食物支持，发展对食物和饮食的愉快感觉。终止狂食和呕吐的行为方式，恢复正常的饮食，摄取富有营养的食物，以维持健康的体重，进而稳定身体状况，恢复维持生命的摄食方式，并最终将体重恢复到正常水平。

第30章
睡眠失衡的心理调节策略

翻来覆去就是睡不着

方小姐在一家外企工作，和同事合租一套房。有个问题已困扰她三四年了，一直未能成功克服。她的睡眠通常很浅，稍有动静就会醒过来，醒来以后就很难再入睡。更糟糕的是，她还怕光，有一点儿也不行。由于室友们作息时间不一致，总有人很晚才睡，她也只好等着大家都睡了，所有的灯都关上了，周围一片黑暗时才能入睡。而一到早上，她又很早就被一点儿动静惊醒。长期如此，使她苦不堪言。方小姐在白天总是无精打采，头昏脑胀，周身疲乏无力，工作效率也不高。她不知道自己这是怎么了，有心改善自己的睡眠状况，却又不知如何着手。

失眠症是一种以失眠为主的睡眠质量不满意状况，其他症状均继发于失眠，包括难以入睡、睡眠不深、易醒、多梦、早醒、醒后不易再睡、醒后不适感、疲乏或白天困倦。失眠可引起当事人焦虑、抑郁或恐惧心理，并导致精神活动效率下降，妨碍社会功能。失眠主要分成入睡困难与维持睡眠困难，会导致无法恢复体力与白天精神萎靡等后遗症。

睡眠是人生的不解之谜，也是人生的快乐所在。我们难以睡眠时数的长短，决定一个人的睡眠够不够。因一天中所需的睡眠时数因人而异，有人一天只睡四五个小时就够了，但却有人一定要睡上十个小时，才觉得有饱足感。更多时候我们认为，失眠是一种症状，而不是一种疾病，就像是发烧或腹痛一样，只是一种疾病的象征，必须找出潜在的病因加以治疗，不应只是治疗失眠的症状而已。

失眠症表现为入睡困难、睡梦过多、睡眠浅、易醒、睡眠时间过少等。具体来说：

（1）几乎以失眠为唯一的症状，包括难以入睡、睡眠不深、多梦、早醒，或醒后不易再睡，醒后不适感、疲乏，或白天困倦等。

（2）具有失眠和极度关注失眠结果的优势观念。

（3）对睡眠数量、质量的不满引起明显的苦恼或社会功能受损。

（4）至少每周发生 3 次，并至少已 1 个月。

（5）排除躯体疾病或精神障碍症状导致的继发性失眠。

因何总觉得睡不够

嗜睡症指白天睡眠过多。嗜睡不同于全身疲倦、无精打采或缺乏动力，其根本区别在于是否会在不适当的场合中睡着，是否不分时间、地点犯困，哈欠连天，侧身便睡。

嗜睡症表现为似睡非睡，对弱刺激有反应，能叫醒并作简短应答，但不久又入睡；昏睡表现为对强刺激有反应，但不能应答。具体来说：

（1）白天睡眠过多或睡眠发作。在不存在睡眠时间不足的情况下，睡眠发作；清醒过程中达到完全觉醒状态的过渡时间延长。

（2）不存在从唤醒到完全清醒的时间延长或睡眠中呼吸暂停。无发作性睡病的附加症状（如猝倒症、睡眠瘫痪、入睡前幻觉、醒前幻觉等）。

（3）排除各种器质性疾病引起的白天嗜睡和发作性睡病，嗜睡症的发病多与心理因素有关。

（4）每天出现这种睡眠障碍，持续 1 个月以上或反复睡眠发作，引起明显的苦恼或影响工作和生活。

虽然睡意浓浓在现代社会是一种常见病，但关于嗜睡症目前尚未见器质性病因，一般认为与心理因素有关。有些是病人白天心情不愉快，或在不恰当的时间入睡造成夜间睡眠过度延长。有的是由于睡眠—觉醒的节律与本人所处环境要求不一致所造成的。应注意的是这种障碍可能是抑郁症的一个症状。治疗首先要尽可能地找出原因，有针对性地治疗。

造成嗜睡症的病因很多，如由于睡眠不足症候群、发作性睡病、特发性中枢嗜睡症、反复性嗜睡症等疾病引起。嗜睡症通常由狂暴情绪刺激而起，比如愤怒、绝望或者休克，或因为无法控制的大笑引起。在日常生活中，引起嗜睡的主要原因还有：没有睡够，最常见于工作时间过长、睡眠时间过短者，目前这种现象在学生中比较严重；周期性嗜睡，患有这种疾病的人，在发病的几天内不分昼夜地睡；夜间睡眠差或睡眠时间过短等等。

对无明显原因者，则不必忧虑，要对自己的生活重新进行调整，白天要集中精力工作，并安排一些有兴趣的活动，还要加强体育锻炼。中午可小睡片刻，夜间则要保证睡眠质量，这样白天就会有充沛的精力。

找出失眠的“元凶”

失眠症依病程时间的长短分为短暂性失眠（短于1星期）、短期性失眠（1～3星期）及长期性失眠（长于3星期），此种分类方法沿用至今。短暂性失眠，几乎每个～人都经历过，重大的压力、情绪上的波动，都可能会造成你当天晚上有失眠的困扰。短期性失眠的病因和短暂性失眠有所重叠，只是时间较长，往往需要数星期。长期性失眠是患者至失眠门诊求诊中最常遇到的疾病类型，其病史有些达数年或数十年，必须找出其潜在病因，才有痊愈的希望。

导致失眠的原因有很多，有的是与内科疾病有关，如心脏病、气喘、甲状腺亢进等；有的是与内分泌有关，如更年期的失眠、月经前期症候群等；有的是与工作有关，如必须轮值大小夜班或是旅行所导致的生理时钟错乱所致的失眠，或是睡前饮用含咖啡因等的刺激性饮品所致的失眠。以上这些失眠的情况通常是暂时的，只要将导致失眠的原因去除，通常都可以恢复原本的睡眠品质。

但是有一种失眠是没有特定原因的。发生的原因与个性有很大的关系，主要发生于本身就是容易操心、紧张性格的人。这种人心中只要有一点儿事就神经绷紧、焦虑、放不开，即使没事的时候睡眠品质也不好，容易多梦、梦呓、惊醒，属于浅眠状态，遇到重大压力，如亲人死亡、离异、公司倒闭、失业、股票起落等事件，使精神负荷增大时，就更睡不着了，久而久之，就成了“习惯性失眠”，即使压力消失了，也很难安睡。

不要让失眠演变成恶性循环

失眠倾向于恶化，因为不利的影响会在睡眠时反复出现在你的脑海里。你很担心睡不着，结果就更难以入睡。你越是努力入睡，越是难以使担心远离你。如果你白天所处理或该面对的事没有处理好，带给你颇多的困扰，当累积到一定的程度后，你的思绪仍会持续到睡眠的时候，最后可能导致失眠的产生。失眠的困扰一旦来临，代表着我们的心理困扰已超越了能容纳的临界点，此时势必要对引起我们困扰的事物加以处理，勿使失眠的情况恶化。

许多研究表明，失眠可能引起的对心理健康的伤害比起生理方面来要严重得多。一个人在失眠之后，往往感到情绪不稳定，容易激动，烦躁不安，好发脾气，造成所谓“焦虑”的精神状态。或者恰恰相反，对于什么事情都提不起兴趣，漠然视之，对事物的反应相当迟缓。失眠所引起的这种消极心理后果，其根本原因不在失眠本身，而恰恰在于不良的心理因素——对失眠的“自我暗示”。现实生活中不难发现，长期失眠的人多是“自我暗示”极高的人。由于这种强烈的自我暗示，使失眠者在经历几次失眠后，变得忧心忡忡，对睡眠产生一种莫名的“恐惧感”，如此“失眠”和“暗示”交替复始，便形成了恶性循环，结果酿成严重的心理创伤。

被习惯性失眠困扰者，有些人会求助于医生，或是自己购买安眠药来服用，但是长期服用安眠药容易造成习惯性、依赖性，以至于没有服药时根本无法自然入睡，又因为安眠药会造成肝脏的负担，长期服用弊多于利。

从心态、自我训练、饮食、作息来改善失眠或睡眠品质不佳的状态，是最自然也最根本的办法。

克服失眠的方法

对于很多人来说，失眠是一件极其痛苦又急需要解决的事。他们又该怎么做？

（1）创造良好的睡眠环境。听轻柔的催眠乐曲，有利于安定情绪。保持舒适的睡眠环境：适当室温、灯光、少噪音及舒适床垫。避免使床或卧房成为其他活动的场所，如看电视、打电话、讨论事情。

（2）安排合理的作息时间。养成按时作息的生活习惯，每日按时上床入睡及起床。参加适宜的娱乐、休闲活动，有利于夜间正常睡眠。

（3）养成良好的睡眠卫生习惯。白天不要打瞌睡打得太长，除非那是你的天然节律。日落之后不要做太过激烈的事情，那有可能让你一直兴奋下去。不要吃药助睡眠。室温要调节好，使其特别适合自己。把灯关掉，不要让噪音进来，如果你习惯有噪音才能够睡着，可以使用一个噪音发生器。夜深以后饿了不要吃太多，稍稍吃一点小吃便可以了，睡前忌服引起兴奋的药物或饮料。

（4）运用放松方式转移注意力也可以帮助入眠。放松法有甩手操、入松功、放松训练等，可使肌肉放松、精神放松、促进睡眠。转移方法，如有意识地翻阅无故事情节的理论书，引发疲倦，造成心理放松感，可缓解烦恼情绪而有利于入眠。

（5）分析失眠原因，对症处理。每日的生活应该有规律并充满活力，积极参与社交活动。

（6）不要强迫自己入睡，如果躺在床上超过30分钟仍然睡不着，就起床做些温和的活动，直到想睡了再上床。养成慢慢轻松入睡的习惯，尽量多睡一会儿。睡眠应该尽量适合自己的生理节奏，而不是要一直与它斗争。睡前做些事情让自己缓慢下来，使情绪得到舒缓。找到符合自己天性的睡眠方式是解决睡眠问题的最好办法。

（7）适当采用饮食疗法。在日常的饮食中有几种食物是具有安神、镇静功效的，常吃可以对神经系统有安抚作用：

莲藕茶：藕粉一碗、水一碗，入锅中不断地搅匀，再加入适量的冰糖即可，当茶喝，有养心安神的作用。

玫瑰花茶：具有很好的清香解郁作用。

龙眼百合茶：龙眼肉加上百合，很适合中午过后饮用，有安神、镇定神经的作用。

多吃钙质丰富的食物，有助睡眠与安定神经的作用：如奇异果、豆浆、芝麻糊、玉米汤。

嗜睡症的矫正指南

嗜睡症可以通过以下方法来矫正和克服：

（1）正确看待嗜睡，不要把嗜睡的人看成是懒惰、不能发挥自己能力的人，要让他们感觉到别人对他们的支持，只有这样，才对缓解嗜睡有好处。

（2）要有积极的生活态度，每天给自己制定好生活学习计划，努力完成。要多参加体育活动，每天不少于一小时，使自己的身心兴奋起来。要多参加集体活动，如唱歌等，主动与别人进行交往是非常重要的。

（3）肥胖是产生嗜睡的重要原因。如果患者的体重超标，就要从健康减肥和控制体重入手。临床研究证明，有相当一部分嗜睡患者在成功减肥之后都减轻甚至彻底消除了这种症状。

（4）嗜睡患者如果白天实在无法抑制自己想睡觉的欲望，可以顺其自然，在白天有规律地安排时间小睡一段或几段。只要形成规律，不影响正常生活，就不要把嗜睡当成病来看。

（5）药物治疗。目前对嗜睡症的治疗西医尚无特效疗法，多采用精神科的药物对症治疗，长期服用副作用大，易产生耐药性，最好的方法是中医治疗。

让睡眠顺其自然

据研究，有四分之一的人有过失眠症。那些迟迟不愈的病人却往往是强烈求治者，多数不治者反而自愈了，这是为何？

求治者多有些神经质的疑病倾向，过分追求完美的人格，常对自己的身体、心理、人际关系等过于敏感和关心。几乎每个人都曾由于各种因素而出现过失眠，如：环境的嘈杂，身体的病痛不适，白天过于兴奋，睡前饮用浓茶、咖啡等。但失眠最常见的原因还是精神上的紧张、焦虑、抑郁和恐惧。一般的失眠持续几日甚至数周。这多数是生理或心理的正常防御反应。可具有上述素质的病人却惶惶不可终日，躺在床上努力入睡，为自己还不能入睡而辗转反侧，并想到白天肯定会无精打采影响工作，焦虑不安。其实他已进入了一个失眠症的“怪圈”中——为失眠而焦虑，因焦虑而失眠。这就是心理学上的“精神交互作用”机制。即当你过度关注自己的某个感觉，反而使其过敏化，更加重了它，如此形成恶性循环，只能使你走入服安眠药的歧途。

不治者却往往自愈，是因其有积极乐观的人生态度。休息不好固然烦恼，但不必太在意，可以爬起来看会儿书。翌日虽有些不适，但仍能健康地、充满活力地工作生活。这种顺其自然的人生态度使人心境坦然，铲除了失眠症滋生滋长的根源。不关注失眠，失眠就在不知不觉中消失了。

当然，我们说的“不治”，仅仅是一种心理应对的态度。失眠的原因很多，你最好求助医生，也许给你的处方上仅写着“不治的思想”。

心理学上有一句名言：“如果您把自己当做病人，您就永远像病人一样地生活，您把自己当做健康者，您就会和正常人一样健康乐观地生活。”所以，不要把失眠当做病痛，要坦诚地接受它，不为失眠而担心恐惧。睡眠的发生不是以人的意志而决定的，所以切莫追求睡眠。同时还要养成良好的生活作息习惯，并注重心理的健康。

不要太过于关注睡眠问题

有的人从上床之前就开始烦恼于“今天晚上能睡着吗”“万一睡不着怎么办”等问题，这正是引起失眠的恶性循环的开始，结果越着急越睡不着。

晚上如果实在睡不着也不要在床上翻来覆去，尽量少上厕所，最好的办法是闭上眼睛保持平卧的姿势，静静地躺着，这样可以达到与睡眠同样的效果。当你翻来覆去、辗转难眠时，躺在床上只会使你更加紧张、更难入睡。这时不如干脆起床，离开房间，做些轻松活动，如看书、听音乐、静坐，等到累了再进房间。如果你躺在床上无法控制脑中的思绪时，也可以照以下这样做：

平躺，不垫枕头，将双手双脚打开呈大字形，手心朝上，眼睛闭起，下巴往内收，将注意力集中在腹部，开始用腹部呼吸，并将每次的吸气、吐气的时间一次一次拉长变慢，约五六个回合。除了呼吸之外，还可想着自己身体的每一个部位，顺序从脚趾、脚板、脚踝、小腿渐渐往上，不漏掉身上任何一个部位，慢慢地在心中默念，不用力地放松，渐渐地你会发现你已将心中的杂念都甩掉了。

试试看，这是一个不错的方法，即使只有几个小时的睡眠也可以让身体各器官获得足够的休息。

停止一些争取睡眠的努力，如数数、想象等方法。失眠的原因往往就是想睡着觉。把睡眠当成一件自然而然的事，放松心情，不要过于在意，睡眠就会自己来找你了。

心理调节术：跳出安然入睡的误区

失眠应被看作是一种心理障碍而不是生理疾病。尽管引起失眠的原因是多种多样的，但最主要的是精神因素、心理因素和环境因素三大类，也有一些是因为其他疾病和服用兴奋性酒精、饮料、茶水等所引起的。在睡眠上，不少人存在一些认识误区，纠正对睡眠的误解，有助于消除对睡眠失衡的畏惧心理，提高睡眠质量。

误区之一：人人都需要八小时的睡眠

不同地区、不同种族的人所需的睡眠时间略有出入：一般来说，生活在寒带的居民每天所需的平均睡眠时间比生活在热带的居民大约要多 1 ~ 2 小时。这是因为，寒带地区冬日漫长、白天又较短，当地人世世代代已养成了多睡的习惯。此外，即使生活在同一地区的人，每天所需的睡眠时间也长短不一。

如：有的仅睡五小时白天照样神采奕奕，而有的即便睡足了八小时白天仍感萎靡不振，其原因部分是遗传因素，部分是习惯使然。

误区之二：空腹上床可提高睡眠质量

恰恰相反，那些因减肥而不吃或少吃晚餐的人，往往睡眠质量大打折扣——他们通常在午夜后醒来，然后由于饥饿而难以入睡。不过，晚餐吃得过饱同样也会影响睡眠，具体表现为多梦、易醒，因而睡眠不深。

误区之三：临上床前喝杯茶

喝茶同喝咖啡一样，都会使大脑处于兴奋状态。而喝牛奶倒真的能助人入眠，特别是加了糖（蜂蜜效果更佳）的牛奶。原因是：牛奶含有一种催眠的化合物色氨酸，而糖或蜂蜜则能帮助人体整个晚上维持血糖水平，从而有效地避免早早苏醒。

误区之四：数数可催人入睡

不少失眠者往往采用数数的办法帮助入睡，殊不知其结果适得其反。原因很简单：数数只会导致注意力集中，从而使大脑持续处于兴奋状态，结果更难以入睡。

睡眠是健康身体的补药，应杜绝这四大误区，创造良好的睡眠条件，让睡眠更好地为我们的健康服务。

第 31 章
饮酒成瘾的心理调节策略

饮酒成瘾非小事

某机关干部张处长，交游广阔，朋友众多，每日奔波穿梭于各类酒场。他叹息着说："没办法，工作需要嘛，我也不想喝啊"或者是"朋友请客，我总不能不给面子"。开始妻子也很同情和心疼他，可后来却渐渐发现他自己在家也偷偷地喝，甚至在早晨起来也要喝它几杯。从他的单位到宿舍之间有三家小酒馆，每天下班回家，他一经过酒馆门前，闻到里边飘出的酒香，就挪不动脚步。为了能够顺利地通过三家酒馆，他给自己规定，每家只喝一两。而且他的性格也变得自私而又暴躁，对家庭的责任感已经很少；行为标准也下降了，如不修边幅、撒谎等；身体健康也每况愈下。近来又出现了更大的问题，就是坚信妻子对自己不贞、有了外遇，并经常跟踪和盘查，闹得一家人不得安宁。家人见他变得不可思议，就将他送往精神病医院。实际上，他患的是典型的酒依赖和酒中毒性精神障碍，可以通过药物治疗使之痊愈。

由于酒属于合法饮料，所以对酒的滥用没有引起人们的根本重视。据调查，大约 80% 的酒依赖者是随家人、同事、朋友喝酒，并作为一种乐趣而逐渐与酒结下不解之缘的。其实，酒也是一种软性毒品。不仅高度白酒，就是啤酒都会导致酒依赖，所谓酒依赖就是喝酒已成瘾。他们已把饮酒作为生活中必不可少的内容，常用各种理由寻找酒场或得到酒，明知饮酒对身体健康有害，仍然不能控制，因为喝了酒他们就有精神，就产生了某种特殊的"快感"。如果一天不喝酒，或明显减少饮酒量，患者就会出现极难熬的不适感。这种反应称为酒精戒断反应。所以有些患者到了这种程度自己想戒也欲罢不能了。

调查表明，我国酒依赖患者人数呈连年上升之势，酒精滥用问题的严重状况已到了不容忽视的程度，安全饮酒必须提倡。

饮酒为何能成瘾

酒精是一种合法的成瘾物质，对人体中枢神经系统有较强的亲和力。一次大量饮酒后能明显地影响人的心理状态，长期大量饮酒则可形成对酒精的依赖，成为一个人人讨厌的“酒鬼”“酒徒”或“酒君子”，成为酒精的俘虏，心甘情愿地听从酒精的摆布而不能自拔。那么，什么是酒精依赖呢?

酒精依赖是由于饮酒所致的对酒精渴求的一种心理状态，可连续性或周期性地出现，以体验饮酒所带来的那种“快感”。有时也是为了避免不饮酒所带来的不舒服的感觉。这种渴求常常很强烈。

俗话说“老有老相，少有少相”，酒精依赖者也有其“赖相”。一般来说酒精依赖者具有以下特征：

1. 对酒的体验

酒精依赖的病人多数体验饮酒初期心情愉快，酒后喜欢交往，缓解紧张、焦虑和苦闷，减轻疲劳。这样，渐渐形成每天不断饮酒，随着饮酒量的增加和饮酒时间的延长，饮酒者就慢慢被酒精所俘虏，陷入不停饮酒的泥潭。

2. 固定的饮酒模式

长期酒依赖者常常不分场合、时间在很短的时间内饮下大量的酒，虽然多次宣称断酒而不能戒除。为了追求“喝酒的真正陶醉感”，病人可以连续几天饮酒，不吃、不喝，也不洗漱，与外界隔绝来往，一直到身体脱水不能再饮酒为止。

一般认为，如果饮酒的时间和饮酒的数量达到了一定的程度，使饮酒者无法控制自己的行为，并且出现了躯体耐受或戒断反应的症状，我们就称之为酒精依赖。

饮酒成瘾引发“后遗症”

酒依赖不仅会给患者带来胃溃疡、脂肪肝、肝硬化、心脑血管病、酒精中毒、性功能障碍以及神经系统的病变等一大堆严重的生理疾病，还会带来无法自控的精神障碍。

酒依赖患者大多表现为情绪抑郁、焦虑、容易发怒、睡眠障碍，严重者出现幻觉、妄想、意识错乱及人格改变。

精神障碍直接影响到患者的社会功能。这种人嗜酒如命，逐渐发生性格改变：工作不负责任，迟到早退，玩忽职守；自尊心丧失，本是正直淳朴的人，开始撒谎、偷窃、欺诈；自私自利，不顾他人；工作常出差错，不负责任，对家庭不尽职责；好自我吹嘘，自鸣得意；情绪不稳，动辄与人争吵；酒后开车肇事。同时，记忆力减退，工作丢三落四，为填补记忆空白，还可“编造”出一套事实，说得有鼻有眼、煞有介事，给人一种撒谎的印象。实际上病人并不是在撒谎，这种现象称为虚构。

酒中毒者还可能听到有人说他坏话而紧张害怕；还可在慢性酒中毒的背景上，出现急性精神失常；病人在夜间看见生动的幻象，十分逼真。如果是一些可怖的场面，病人则极度恐惧，兴奋躁动。此时，常可出现双手、头、躯干颤抖，有时还有幻觉，感到身上被通电，麻酥酥的。这种现象几天后就会消失，但若得不到及时治疗，有时也会有严重后果。

慢性酒中毒的病人性功能减退，而酒后又性欲亢进，加上此时缺乏温情，行为鲁莽，任何一个妻子都会感到憎恶。这时若妻子略有勉强，就会引起一场情海风波，无法遏制、毫无自省的愤怒、憎恨、怀疑、嫉妒一起勃发，导致一场野蛮的家庭闹剧，次日清醒后，他又不断地求妻宽恕。但猜疑不去，且与日俱增。最后，即使在饮酒时也不会消失。病人产生嫉妒妄想，常跟踪、威胁、殴打妻子，以致家庭破裂者不在少数。

酗酒“五宗罪”

酗酒危害多，综合起来，有以下“五宗罪”。

（1）酗酒必伤肝。肝脏是人体最重要的解毒器官，也是合成胆汁、贮存肝糖元的脏器。过量饮酒引起脂肪肝必然导致消化吸收功能障碍和免疫功能下降，使机体对各种疾病的抵抗能力降低。

（2）酗酒可损伤大脑，使记忆力下降，智商和判断力明显减退。

（3）经常醉酒可导致血管痉挛、呼吸肌麻痹。

（4）长期酗酒将造成心肌脂肪化，损伤心脏功能，诱发高血压、冠心病。

（5）经常酗酒会损伤生殖功能。医学研究证实：大量的酒精对精子和胎儿都有致命的“打击”和损伤。酒鬼的后代出现的弱智和畸形悲剧就是明证。中国历史上著名文学家陶渊明曾以《桃花源记》等名作备受世人称颂，但由于一生嗜酒，连生五子非呆即傻全是畸形弱智儿。

什么“交情深，一口吞。交情浅，舔一舔”“宁可伤身体，不能伤感情”之类的劝酒词，实在是反科学、反健康的害人之词。劝人伤身体的这类酒友还有什么“感情”值得珍惜呢?

饮酒成瘾者的自我调适

大多数饮酒成瘾的人都同时有其他的心理问题。有句老话叫做“借酒消愁”。很多人把喝酒作为一种逃避现实的方法，所以要解决酒依赖的问题，必须重视心理健康。比如，有人喝酒是因为生活中的挫折。而据调查，很多人都有社会适应不良、不会表达情感的情况存在。这就需要调整心态，学习应对技能，解决其他不愿意去面对的心理问题。

还应提倡文明饮酒。中国的饮酒文化也应净化一下，那些非要让大家都喝醉了方显得自己好客的风俗，也该改一下。因为你和客人都应知道，劝酒如同催命。酒是助兴和交际的纽带，少量喝酒对健康人也有保健的作用，那么我们怎样喝酒才不为过呢?

精神科专家们对此给予了通俗的解释。即：男性每天饮酒不得超过两瓶啤酒或一两白酒，女性每天不超过一瓶啤酒；此外，不论什么性别，每周至少应有两天滴酒不沾。

至于那些已成为酒依赖的患者，最好还是到当地的精神病医院去接受专业的治疗。常年大量喝酒，如果突然不喝，反而会给患者带来更大的伤害。所以酒依赖患者最好到医院进行科学戒酒。医生会让患者服用一种酒精替代品，既可逐步取代饮酒，又不会骤然打破患者生理平衡，从而达到最终戒酒的目的。此外，有的医院还为酒依赖患者成立了心灵沟通协会。在这里，大家有着相同的感受，没有歧视，没有鄙夷，没有误解，大家敞开心扉，反而能冷静地看待一些问题。

心理调节术：一次戒掉酒瘾症

在药物方面，目前也有新药对于帮助患者戒酒有很大的疗效。治疗酒瘾的药物，目前国际公认的临床使用较有效的药物为那曲酮。喝酒上瘾与毒瘾的共同点是有兴奋的感觉，该药物主要作用在于减低兴奋感，阻断成瘾的神经传导。欧美国家已经证实该药物配合行为治疗确实有效。

在心理方面，要想戒掉酗酒的“瘾”患，关键在于自己对酗酒的危害性要有深刻的理解，树立“健康第一”的意识并采取自我克制措施。建议参照以下方法：

1. 主动避开诱因

特别是尽量少和原来的酒友见面，少去原来常喝酒的饭店就餐。

2. 最好有家人和好友的支持

一旦饮酒成瘾，要想三天两日戒掉是很不容易的。这时候亲朋好友的鼓励和支持戒酒的积极配合至关重要。比如每天晚餐都要来个一醉方休的习惯，就坚持把酒杯收起来改成吃过晚饭来点新鲜水果，然后和家人一起去室外散散步、看看电视，总之要把与酒有关的心思转移开，并且用另外一个内容取代之。

3. 千万别给自己找借口

比如“把酒柜里现存的几瓶酒喝光后就不买啦”“白酒不喝，啤酒、葡萄酒总可以喝吧”“别的酒不喝，这瓶老战友送来的茅台总不能浪费了吧”诸如此类想喝酒的借口有的是，一定要把住“进口”关，说不喝就不喝，不给“酒虫子”留下喘息的机会，只有这样才能立竿见影地把酗酒恶习连根铲除。

每当酒瘾的“浪花”向你袭来时，你要立即想到这是冲向你“健康防波堤”的恶浪，千万别动摇，只要坚持 5 ~ 10 分钟，这股子成瘾性冲动便会逐渐减退。同时采取出去散散步或听一段音乐或找个朋友聊聊天等方法，转移一下注意力就过去了。

第 32 章 吸烟成瘾的心理调节策略

烟——健康的第一杀手

苏先生刚过而立之年，却是一位老烟民了，有十多年的烟龄。他自称，从 16 岁开始就跟着周围的朋友们学抽烟，当时觉得抽烟的人看上去很有气质，于是就慢慢学会了，然后烟瘾越来越大。

步入社会后，他平均每天要抽掉两包烟，周末和朋友聚会时则更多。虽然家人都不赞成他抽烟，但他依然我行我素。现在，他和妻子商量好，准备生一个孩子，但医生强烈建议他戒烟，苏先生为此深感苦恼。

吸烟是一种后天形成的不良嗜好，它对自己、他人和环境都有较大危害。全世界每年因吸烟导致死亡的人数达 250 万之多，可以说，烟是人类的第一杀手。

香烟中的有害物质有 2000 多种，最主要的有害物质是烟焦油和一氧化碳，其中的成瘾物质是尼古丁。焦油由好几种物质混合而成，在肺中会浓缩成一种黏性物质；尼古丁是一种会使人成瘾的药物，由肺部吸收，主要是对神经系统发生作用；一氧化碳有降低红血球将氧输送到全身去的能力。

有资料表明，一个每天吸 15 ～ 20 支香烟的人，其易患肺癌、口腔癌或喉癌致死的几率要比不吸烟的人大 14 倍；其易患食道癌致死的几率比不吸烟的人大 4 倍；死于膀胱癌和心脏病的几率要比不吸烟的人大 2 倍。吸烟是导致慢性支气管炎和肺气肿的主要原因，而慢性肺部疾病也增加了得肺炎及心脏病的危险。同时，吸烟也增加了患高血压病的危险。

被动吸烟又称“强迫吸烟”或“间接吸烟”，是指不愿吸烟的人被迫吸入别人吐出来的、夹有大量卷烟毒性物质的空气15分钟以上。被动吸烟者可能遭致与吸烟者同样的病症。

“可以不吃饭，不能不吸烟”

从烟草盛行至今大约有两百多年的历史，在这两百多年里，烟草经历了被人认知、追捧到封杀三个阶段，不管是受宠还是被打入冷宫，烟草都从未停止燃烧自己。迄今为止，世界上至少已有6万项科研成果证实吸烟是健康的大敌。烟气中含有多种危害物质，吸烟不仅使本人受害，还危及他人及全社会的健康。

烟瘾即吸烟上瘾，是指对烟草、尼古丁等物品的依赖。很多烟民吸烟成瘾，甚至到了“可以不吃饭，不能不吸烟”的程度，可导致肺癌等多种疾病，吸长之后就只能采取强制戒烟的方式。烟瘾患者吸烟至少数周，吸食量每天10支以上，每支香烟至少含0.5毫克尼古丁。突然停吸或减少，24小时内会有种种不适的症状，诸如渴望吸烟、烦躁、忧郁、精神难以集中、不安定、头痛、昏昏欲睡、胃肠功能失调等。

在世界卫生组织的国际疾病分类中，烟瘾被列为一种行为障碍。初次吸烟可引起躯体不适症状，如恶心、头晕、心悸等。经常吸烟则产生耐受性，而且随着吸烟时间的增长耐受性增加。吸烟时间越长，烟量越大，吸烟的危害越大。

谁为吸烟“推波助澜”

吸烟成瘾的一大原因是生物因素，除了尼古丁引起欣快感外，遗传和性格因素也影响着人的吸烟行为，研究发现外向性格成为吸烟者的可能性为内向性格的2. 5倍。另一方面是社会环境文化对烟瘾的形成起到了推波助澜的作用。

心理学家们也作了大量的探讨，有许多关于让一个人保持对香烟的依赖性的理论，一种理论认为，吸烟可以使一个人生理上或者心理上，或者两方面都成瘾，随之自然是欲罢不能。“烟瘾”可分成生理的和心理的，每个烟民基本上都集两者于一身。不过，两种“瘾”的强度会因人而异，有的人以生理成瘾为主，有的人则以心理成瘾为主。前者是人们通过吸烟来获取烟草中尼古丁带给机体的生理活性；而后者是来自一种生活习惯，当然也与特定生活及社交环境相关。对生理成瘾为主的烟民来说，光凭意志力戒烟而成功的寥寥无几，因为尼古丁能使人产生严重的依赖，而且戒断症状非常严重。

尼古丁就像其他麻醉剂一样，刚开始吸食时并不适应，会引起胸闷、恶心、头晕等不适，但如果吸烟时间久了，血液中的尼古丁达到一定浓度，反复刺激大脑并使各器官产生对尼古丁的依赖性，此时烟瘾就缠身了。若停止吸烟，会暂时出现烦躁、失眠、厌食等所谓的“戒断症状”，加上很多吸烟者对烟草产生一种心理上的依赖，认为吸烟可以提神、解闷、消除疲劳等，所以烟瘾越来越大，欲罢不能。长期吸烟使身体产生对尼古丁的耐受性及随之增加的戒断症状，并形成了烟瘾。这对于抽烟者来说是一种无奈，它并非不能控制，只是很难控制。

另外，外界环境的影响也可导致吸烟者吸烟成瘾。香烟具有多种象征作用，历史上许多伟人都是大烟鬼，这些伟人形象与吸烟联系如此紧密，无形中便成了一种力量和自信的象征，吸引着许多青少年去模仿。此外，成人或同伴的影响，吸烟者那种潇洒自如、悠然自得的神态对青少年有极大的诱惑力，吸引着年轻人去模仿。此外，还有交际的需要。在中国吸烟已成为一种交际手段，敬烟往往是社交的序曲，能缩短人与人之间的心理距离。互相敬烟能沟通感情，产生心理上的接近，有利于问题的解决。许多人开始吸烟纯粹是因为社交上的应酬，但随着这种“礼尚往来”的增多，最终加入到吸烟者的行列。消愁和提神也是烟瘾形成的原因之一。

吸烟成瘾者的行为表现

烟瘾主要表现为精神依赖，会出现强烈的吸烟欲望，以吸烟作为生活的支持或乐趣，或求得心理安慰，常用于社交活动中。若停止吸烟，会暂时出现烦躁、失眠、厌食等所谓的“戒断症状”，具体来说：

（1）持续地吸用烟草至少一个月以上。这是一种烟草使用模式的失调，不抽烟就难以忍受、烦躁不安，并有使用增加和耐受性提高的趋势。

（2）郑重地企图停用或显著减少烟草使用量，但未能成功。有时尽管口头上表达过不愿再使用，仍不能停止和减少使用烟草，而不管吸烟的负面后果。

（3）躯体依赖和心理依赖。主要表现为戒断综合征，症状包括烦躁不安、易怒、焦虑、情绪低落、注意力不集中、失眠、心率降低、食欲增加等。心理依赖又称精神依赖，俗称“心瘾”，表现为对某物的强烈渴求。

（4）通过吸烟期望得到躯体安全感。尼古丁依赖合并其他成瘾行为，并且相互加强。躯体征象（如慢性阻塞性肺病、支气管炎、肺或口腔癌症等）反映出使用烟草的严重后果。

（5）明知使用尼古丁导致持久的躯体、法律、经济、职业、社会或人际关系问题，仍然持续地使用烟草。

烟瘾的矫正指南

患有烟瘾的人，可以采用以下的方法矫正和克服自己的烟瘾。

1. 制定计划，循序渐进

实践证明，对烟草依赖这种精神神经障碍，仅靠吸烟者的个人意志进行控制很难消除，往往坚持不了多长时间，就又向烟瘾投降了。急于求成，往往适得其反。

在开始之前，要制定一个计划，详细计划你如何对付诱惑并找出你的弱点是什么。然后就从每一小时和每一天的实际施行开始做起，认识到由于烟瘾而导致的消极情绪，并尝试自己分析产生依赖的原因及相应的感受。

2. 尼古丁替代疗法

治疗烟瘾最根本的办法是摆脱吸烟者对尼古丁的依赖。需要首先了解对于尼古丁依赖的产生原因。尼古丁替代治疗是通过非香烟形式提供部分原来从香烟中获得的尼古丁，以减轻戒烟时患者出现的戒断症状，提高戒烟的成功率。其最大优势是可以缓和极想吸烟以及情绪变化等戒烟症状，同时可以避免接受香烟中的其他有害物质。安非他酮是一种抗抑郁药，对戒烟有一定疗效，需凭专业医生的处方使用。

3. 吸烟控制法

香烟控制：即控制每次出门携带香烟的数量，在家中不要存放香烟。时间控制：即控制每天及每小时抽烟的根数。地点控制：设法先在一些习惯性场所不要抽烟。

通过这种方法确定出和吸烟有关的习惯和场合，改变惯例。

4. 自我监督法

列出戒烟的种种益处，将清单随身携带，想吸烟时就看看；不要放弃，彻底的胜利可能会在故态复萌之后；定期反省自己的近期情况，适当给予积极的强化；如果可能尽量在没有人吸烟的环境当中工作，提醒自己戒烟的原因。

5. 情绪和运动疗法

有意识地培养兴趣点，以此作为替代，适当给自己安排闲暇的机会，放松情绪。在想吸烟时做些简单的运动，如散步、做体操和收紧肌肉等。适当的运动，哪怕只有短短几分钟，就可暂时克服对尼古丁的渴望。

6. 预防复吸

许多人都尝试过戒烟，但总是复发。复发的主要原因是个人意志力和社会环境问题。再次戒烟后，烟民必须制定一个明确的针对以前复发情况的计划。社会因素常常是导致复发的一个原因。朋友强烈让烟常常是吸烟复发的主要原因，因此呼吁社会应支持戒烟者，不要强劝别人吸烟。其次是加强体育锻炼，多饮水。

心理调节术：戒烟其实并不难

都说吸烟容易戒烟难，其实戒烟不像你想象的那么难。实践以下的方法，可以帮助你快速达到戒烟的目的。

1. 消除紧张情绪

如果紧张的工作状况是您吸烟的主要起因，那么拿走您周围所有的吸烟用具，改变工作环境和工作程序。在工作场所放一些无糖口香糖、水果、果汁和矿泉水，多做几次短时间的休息，到室外运动运动，几分钟就行。

2. 体重问题

戒烟后体重往往会明显增加，一般增加 5 ~ 8 磅。吸烟的人戒烟后会降低人体新陈代谢的基本速度，并且会吃更多的食物来替代吸烟，但可以通过增加身体的运动量来对付体重增加，因为增加运动量可以加速新陈代谢。另外，多喝水，使胃里不空着。

3. 加强戒烟意识

一旦戒烟，人感觉总是不太舒服，要有这种意识，即戒烟几天后味觉和嗅觉就会好起来。

4. 寻找替代办法

戒烟后的主要任务之一是在受到引诱的情况下找到不吸烟的替代办法：做一些技巧游戏，使两只手不闲着，通过刷牙使口腔里产生一种不想吸烟的味道，或者通过令人兴奋的谈话转移注意力。如果您喜欢每天早晨喝完咖啡后抽一支烟，那么您把每天早晨喝咖啡换成喝茶。

5. 打赌

一些过去曾吸烟的人有过打赌戒烟的好经验，其效果之一是公开戒烟，并争取得到朋友和同事们的支持。

6. 避开聚会

刚开始戒烟时要避免受到烟的引诱。如果有朋友邀请你参加聚会，而参加聚会的人都吸烟，那么至少在戒烟初期应婉言拒绝参加此类聚会，直到自己觉得没有烟瘾为止。

7. 踢球和洗蒸汽浴

经常运动会提高情绪，冲淡烟瘾，体育运动会使紧张不安的神经镇静下来，并且会消耗热量。

8. 扔掉吸烟用具

烟灰缸，打火机和香烟都会对戒烟者产生刺激，应该把它们统统扔掉。

9. 转移注意力

尤其是在戒烟初期，多花点儿钱从事一些会带来乐趣的活动，以便转移吸烟的注意力，晚上不要像通常那样在电视机前度过，可以去按摩、听唱片、上因特网冲浪，或与朋友通电话讨论股市行情等。

10. 经住重新吸烟的考验

戒烟后又吸烟不等于戒烟失败，但要仔细分析重新吸烟的原因，避免以后重犯。

第33章
赌博成瘾的心理调节策略

天下之倾家者，莫速于赌

古人云："天下之倾家者，莫速于赌，天下之败德者，莫甚于博。"赌博是指以输赢钱财为目的，参加由机会决定其结局的游戏或类似游戏的活动。具有强烈的刺激力、渗透力和麻醉力，经常涉赌就可能导致赌博成瘾。对个人而言，赌博是智慧和精力的大浪费，是财富和体力的大透支；对社会而言，赌博易瓦解人的精神支柱，激起人们对金钱的强烈渴望，直接迅速地腐蚀社会风尚，甚至引发犯罪，影响社会稳定，阻碍经济发展。

赌博成瘾，又称病态赌博，是一种持续的、反复发作的异常赌博行为。指参赌者对赌博活动产生向往和追求的渴望，并产生反复从事赌博活动的强烈渴求心理和强迫性赌博行为。病态赌博通常是从社交性赌博、频繁赌博到问题赌博逐步发展而来，最后成为赌博成瘾。每一阶段都存在着与赌博有关的一些更深的心理和经济问题，并导致有关问题的增加。赌博瘾者放弃正当的文娱活动，对亲人漠不关心，因而常导致家庭不和，使日常工作和生活受到明显的影响。为了还赌债，往往铤而走险，走上犯罪的道路。

从家庭来看，由于参赌必须占用大量时间，并造成经济损失，严重时会耗尽家庭财产，背上满身债务，也缺少与家人团聚的时间；还常会虐待配偶和孩子，导致家庭不睦、子女教育不良，甚至与配偶分居或离异等家庭悲剧。

从社会角度看，赌博是导致社会不安定的重要因素，而且常常与犯罪联系在一起，从而破坏社会秩序，影响社会治安。

从医学角度看，赌博更是健康的大敌。赌博成瘾对个人的身心健康影响极大。经常参赌之人，喜怒哀乐变化无常。因求赢心切，或输了又想捞回来，常提心吊胆，心绪不宁；因债台高筑，导致家庭失和，因而吵闹不休，故烦恼、愤怒；因一夜之间突发横财，又兴奋、激动、狂喜等，各种情绪变化往往交织在一起。

长期处在紧张激动的情绪状态之中，会导致心理、生理上的许多疾病。赌博有百害而无益。

赌博成瘾者的心理动机

赌博这个社会毒瘤难以彻底剔除，归根结蒂在于部分人妄想不劳而获的侥幸致富心理。

1. 为赢利而赌

其参赌者获胜的机会越大，参赌的动机越强；其赌注得失的差额越大，对赌徒的吸引力也就越大。赌徒如果在赌场赢了，促使他继续赌，想赢得更多；输了，想把损失挽回，也会促使他继续赌下去。这对赌徒形成一种间歇性的强化机制，使他们在希望与绝望之间越陷越深，不能自拔。

2. 为娱乐而赌

很多人在游戏中加入了赌博的成分，由于赌的数额很小，赢了能享受到成功的喜悦，输了损失也不大。但由于金钱对人的巨大诱惑，这种以娱乐为主的动机，很容易发展为赢利的动机。

3. 从参赌之中体验竞争

技术性赌赛活动的竞争性很强，有些人有强烈的好胜心理，希望通过参赌战胜对手，以满足好胜心理。

4. 通过参赌寻求刺激

其参赌项目越富刺激性和冒险性，对以赌博寻求刺激的人吸引力就越大。

5. 想以参赌逃避社会现实

这些人开始的动机多是在于逃避家庭或者社会对自己的压力或责任，达到麻醉自己的作用。

曾几何时，赌博这个恶习慢慢开始侵蚀着我们的生活。多少个原本幸福的家庭被毁灭，由此带来的一系列社会问题也显而易见。多少人最终因为参与赌博而堕入毁灭的深渊……

怎样判断你赌博成瘾了

赌博成瘾表现为嗜赌如命，持续而反复地出现难以控制的赌博欲望，伴有行动前的紧张和行动后的轻松感。充满对赌博的向往和冲动，需要不断地增加赌博的次数和赌注的金额。坚信自己会赢钱，赢了时随心所欲挥霍无度，不断地想再多获取；输了时债台高筑，拼命地想翻本，经历着一种输赢交替的恶性循环。具体来说：

（1）沉迷于赌博，有一种难以控制的强烈赌博欲望，整天思考或想像赌博行为或有关情景。赌注逐步升级，借此追求兴奋，为了获得内心渴望的兴奋而把越来越多的钱用于赌博。

（2）不断尝试过控制赌博或停止赌博，但最终未获成功。想控制、减少或戒掉赌博，多次保证不再赌博，但是往往又没有遵守诺言，多次反复却不成功。

（3）控制赌博时出现躁动或易怒。把赌博作为摆脱问题或减弱不适情绪（如内疚、焦虑、抑郁）的方式，或当作逃避问题的一种手段。

（4）一旦在赌博中输了钱，往往不会善罢甘休，总是希望能“捞回来”。赌输后迫切等待第二天回到赌台上去翻本。一旦“报仇雪恨”的愿望落空后想要再赌翻盘。

（5）由于赌博而过度负债，并引起了严重的困难。对家人、朋友或其他人撒谎，隐瞒自己参赌的程度。用各种方式骗取钱财，借以缓解因赌博而导致的经济拮据处境。

（6）沉迷于赌博活动，从而影响了对经济、工作、社会和家庭的责任。因赌博而削弱或丧失了重要的人际关系，甚至坐失工作、教育或职业机会。

（7）为了能继续赌博而做出一些非法行为，如伪造、偷盗等，以便搞到钱来赌博。

为什么越赌越有瘾

赌博是以某种简单方便或带有娱乐性的方式，使参与者的财富做重新分配。持有寻求刺激心理者、好奇消遣心理者、投机取巧心理者，最可能与赌博一拍即合，逐渐上瘾，成瘾难戒。

赌博成瘾的发展大致经历了：

（1）获利阶段。一些人之所以迷恋赌博不能自拔，往往在初试身手时大获其利，因此一发不可收拾。

（2）输钱阶段。很多赌徒是在自己毫无心理准备的情况下进入输钱阶段，多数人在此时虽然感到难受，但并不服输，还想东山再起，把输掉的钱赢回来。

（3）绝望阶段。当通过赌咒发誓“最后一次赌”，从亲友处借到的钱付诸东流或遭受某次失败后，一些人就会进入绝望阶段。这时，许多人会采取不道德或非法行为，“一了百了”的念头在许多人的心中挥之不去。

（4）放弃阶段。经过反复的折腾之后，赌徒们终于认命了，放弃了能捞回来的想法，但并不停止赌博，情绪更加低落。

早期赌赢的经历可能会强化赌博行为，并歪曲对赌博的观念和态度。比如，他们会把注意力更多地放在赢的而非输的时候。同时，在赌博期间个体可能处于愉悦的生理唤醒状态。所有这些因素都会维持赌博兴趣。随着赌博生涯的持续，每当个体希望逃避压力、避免烦恼或改善心情时，都会导致赌博行为。赌博被用于提高唤醒水平和作为逃避现实的一种手段。一旦进入赌博情境，无论输赢，认知偏见和唤醒体验都将维持其行为。

警惕越赌越输、越输越赌

赌博成瘾会使赌博者频繁参赌难以自拔，其心理状态主要表现为：

（1）沉迷竞争。不断参与赌博可使赌徒丧失理智，盲目冲动，一旦看到别人获胜自己却输了，会很不服气，继续参赌。竞争心理使赌博者在赌场越陷越深，不达获胜目的誓不罢休。

（2）越发偏执。表现为强迫、固执、自闭、判断能力下降、心理承受能力差。赌博者已无法正常工作和生活，不能与常人沟通，视赌如命，对亲朋好友的劝阻置若罔闻，频繁赌博，直至陷入“越赌越输，越输越赌”的恶性循环中。

（3）难以自拔。赌博者对赌博极度迷恋，在生活中惟有赌博能使其愉快，对其他事物都不感兴趣或提不起情绪来。赌博时的情境无时无刻不浮现在脑海中，使其不能专注于任何一件赌博之外的事物。

（4）冲动落网。当赌徒因为屡赌屡输而生活窘迫、负债累累甚至妻离子散时，开始产生孤注一掷心理。此时他们已丧失理智，赌红了眼，将其钱财（包括借贷钱款）全部投向赌场，只求一线希望能从此翻身。有的赌徒以各种物品、房产甚至亲人做赌注去参赌。

（5）行为扭曲。当赌博者在穷尽其全部钱物甚至不动产赌博而血本无归时，就可能产生绝望心理，走向自我毁灭。他们有的实施凶杀、绑架、抢劫、盗窃等行为危害社会及公众；有的则可能因绝望而自杀。

赌博有百害而无一利，危害严重，一旦染上赌博的恶习，要及时抽身，悬崖勒马，改掉赌博行为，避免赌博给自己带来的危害。

赌博成瘾的矫正指南

赌博成瘾，会给自己的健康和生活带来不可估量的危害，应当加以重视。可以采用以下的方法矫正和克服自己的烟瘾。

1. 正确看待赌瘾

承认赌博是个问题，是一种不能强行控制的病态，戒赌不能强迫“一步到位”，可采取逐步减少赌注金额和赌博时间的办法，循序渐进戒赌；其次，对嗜赌者要有足够的耐心和关怀，不要吝啬家庭的温暖和身体力行的鼓励，亲人言语之间切忌埋怨或恶语相向，否则可能导致其“破罐破摔”；再次，应鼓励嗜赌者参与有益身心的活动，远离赌博的外部环境；最后，鼓励和支持赌友创业干实事，这种支持不应只是金钱上的帮助，更多应是技术上、信息上的扶持以及情感上的寄托。

2. 认知疗法

错误的认知往往是导致赌博成瘾的决定因素，因此用正确的理性思维取代功能失调的错误认知，矫正嗜赌者错误歪曲的或功能障碍的思想，可以达到情绪和行为上的改善。当代认知疗法中最具代表性的是“理性情绪疗法”。该疗法认为人的情绪不是由某一诱发事件本身引起，而是由个体对该事件的解释评价造成的。引起赌瘾的直接原因并非赌博行为本身，而是个体对赌博行为的精神活动，主要是迷恋和精神寄托。由此，应该对赌博成瘾者进行领悟指导，使其意识到赌瘾的产生并不在于赌场或赌博活动本身，而在于他们自己对赌博的偏爱迷恋和依赖，然后动摇他们对赌博的依赖信念，使其认识到沉溺于赌博的危害性，从而远离赌博。

3. 厌恶疗法

把赌博成瘾行为与某种不愉快的或惩罚性的刺激结合起来，使成瘾者因感到厌恶而戒除成瘾行为，如让赌博成瘾者服用催吐药物后去参赌，或当其参赌时施以电击，最终使赌博行为与厌恶恶心之间建立固定的条件反射，以此戒除赌博成瘾行为。或者用令人厌恶或恐怖的想象替代药物，即每当嗜赌者产生强烈赌博欲望时，引导他立即闭上眼睛，想象眼前有一个令其恐惧的人、动物或恐怖的电影情节等，最终使赌博行为与恐怖情境之间建立固定联系，以达到矫治赌博成瘾的目的。

4. 系统脱敏法

赌博成瘾者虽知晓赌博行为的危害，但自控力的薄弱又使其频繁参赌，赌博时兴奋异常，离开赌场后又常感觉焦虑，可诱导成瘾者缓慢地暴露于导致神经症焦虑的情境，并通过心理的放松状态来对抗这种焦虑情绪，从而达到消除日常生活中焦虑习惯的目的。整个治疗过程就是让赌博成瘾者在心理放松状态中逐渐适应新环境，在不实施赌博时感到轻松、愉快，最后从思想上发生转变，从而巩固良好的行为。

5. 实用有效的自我措施

例如身上少放钱或把时间用在比较有意义的活动上。结交良朋远离损友，为自己构造一个尽量没有赌局的环境。一定要想明白一点：天上没有掉下来的馅饼，哪怕刚开始的时候赢钱，赌博最终只会把钱输光。时时刻刻记住这点，天天提醒自己。为自己制定合理的收支计划，这个计划严格地预算家庭的消费，阻止任何任意性消费。

心理调节术：赌博成瘾的自我拯救

赌博是一种习惯性行为，戒除赌博很不容易，但如果你拥有坚定的意志，则绝对可以应付或克服赌博问题。你可以尝试以下的自我控制方法：

（1）避免出席任何赌博场合。培养其他可取代赌博的嗜好，打消赌博的念头。

（2）定一个限额，无论你正在赢钱或输钱，只要赌款达到所定的限额，便立即停止赌博。然后逐渐减少你的限额，直至根除赌瘾。

（3）控制精神压力。定时做运动（如缓步跑）及学习松弛的技巧（如冥想或瑜珈），或进行休闲活动（如听音乐、与朋友逛街），借此驱走闷气，舒缓紧张的情绪。

（4）养成记录的习惯。写日记可助你了解自己的赌博行为，找出赌博的倾向和模式。

你可能发现，每当你感到苦闷或失落、手上持有现金，或当你需要用钱时，便会赌博。把这些情况都一一记录下来，这些记录便可助你找出抑制赌博的有效方法。你可通过各种方法，恰当地满足不同的需要。

第 34 章 上网成瘾的心理调适策略

与网“缠”得难解难分

网络成瘾综合症（Internet Addiction Disorder，简称 IAD），临床上是指由于患者对互联网过度依赖而导致明显的心理异常症状以及伴随的生理性受损的现象。

随着电脑的普及，互联网正在日益广泛深入地介入我们的生活。然而，上网在给我们带来方便、效益和快乐的同时，也给人们的健康，尤其是精神健康带来了危害，其中最常见的就是染上“上网瘾”。

上网的人，在网上可以获得超越生活的感受，满足他在日常生活中难以满足的某些精神需要。如：网上游戏中那曲折离奇、悬念百出、紧张而一步步地推向高潮的血腥打斗，给人提供强烈的感官刺激，以此来弥补生活中的寂寞与空虚；网上聊天，直抒胸怀，没有面对面交谈的压抑与戒备；还有那网吧情人、网上婚恋、黄色网页等等，更易获得现实生活中难以获得的精神满足，从而对人有着强烈的吸引力，以致在触网后，由乐趣不断增强，上网时间不断延长，到后来就与“网”难解难分，产生身心依赖。

若因故不能上网，就会出现与吸毒成瘾相仿的戒断症状：情绪低落、头昏眼花、双手颤抖、疲乏无力、食欲不振等，并且非上网不可。这样，就给健康带来了很大的危害。

上网者不断延长上网时间，而上网时间过长，轻者导致“网络综合症”，出现手腕关节不适、腰酸背痛、活动不灵、肌腱炎、腱鞘炎、视力下降及注意力不集中、紧张、焦虑、失眠、心情抑郁等身心症状；严重的甚至会像练气功一样出现“走火入魔”而导致精神异常。

上网成瘾，不容忽视

作为SOHO中的一员，姜珊最开始的感觉是——这才是我理想中的生活方式，白领的收入、小资的自由。可渐渐的，一丝恐惧却逐渐爬上她的心头，从事广告设计的她渐渐感到江郎才尽了。她开始在网上搜索资料以获取创作的灵感，可这种行之有效的方法却也在不知不觉间将她带入了一条未知的道路。

也不知道从哪一天开始，姜珊忽然发现自己对于网络已经欲罢不能，不停地搜索信息成了她难以摆脱的习惯。“只要一有时间，我就会流连于网上。有时我自己都不知道要去搜索些什么，我仅仅是不停地搜索、搜索。我根本无法控制自己的双手，因为这样能让我觉得安全、觉得坦然，而一旦停下来，我想世界末日也就到了。我完了。”最后，这种对于信息的癖好扩展成了对于所有信息的收集欲望，即使是在因工作而无法浏览网页时，也必须开着。她终于被淹没在了信息的海洋中……

姜珊患的是一种典型的上网成瘾症。

根据一项大型民意调查的结果发现，美国约6%的互联网用户均有不同程度和类型的“上网瘾”。

发起进行这项调查的治疗师兼研究员戴·格林菲尔德说：“婚姻被破坏，孩子惹来不少麻烦，有人在网上犯罪，也有人在网上消费过度。这都是上网成瘾带来的悲剧后果。作为一名治疗师，这类例子我见过不少。”

格林菲尔德和美国广播公司合作进行了这次调查研究，通过美国广播公司的网页发放及回收了17251份有关使用互联网情况的问卷。问卷的问题多是用来测试“网瘾”的问题，包括问受访者是否曾通过使用互联网来逃避烦恼，是否无法克制减少使用互联网的失落感，以及是否觉得自己不在使用电脑时仍幻想着上网等。

如受访者在十个问题中有五题以上的答案是“是”，他们便算是上了“上网瘾”了。调查的结果发现有990名受访者，即5. 7%的人已成了“上网瘾君子”。按此比例计算，则全球两亿网民中，便应共有1140万名“上网瘾君子”了。

随着互联网的高速发展，电脑进入了千家万户，大街小巷网吧随处可见，上网，已成为人们最时髦的话题之一。但与此同时，网络的风靡，不可避免地也带来一些负面影响，诸如此类的报道越来越频繁地出现在各家媒体头条。这带给我们的绝不仅仅是一丝震惊。

小心了，上网成瘾灾难多

如果有关症状和类型的描述只是让你觉得新奇，甚至你还跃跃欲试的话，下面这些曾发表在专业期刊上的研究结果可能会让你警惕起来。

首先，网络成瘾虽然不像真正的毒品那样会危及我们的生命，但长时间上网必然影响我们的健康：视力下降、肩背肌肉劳损、睡眠被剥夺以及免疫功能变弱。当然，更为严重的是网络成瘾给学习、工作和家庭生活带来的灾难。

如果你是个学生，那么小心了，网络成瘾会使你的学习成绩下降。虽然互联网被广泛认为是一个重要的教育工具，加利福尼亚州的一项调查显示，86%的中小学教师认为，使用互联网并不能提高学生的学习成绩。另一项调查发现，宾夕法尼亚州某个大学里58%的大学生因为花费太多时间上网而影响了学习。德克萨斯州大学奥斯汀分校的心理学家更是发现，至少有14%的在校学生符合互联网成瘾症的标准。马里兰大学心理咨询中心的肯得尔医生在对本校学生进行了调查后，立刻组织了全校性的互助小组来帮助上网成瘾的学生。

如果你是个公司职员，那么小心了，网络成瘾会危及你的工作效率。一项对全美前一千家大公司的调查显示，超过55%的管理人员认为，很多雇员把上班时间用在与工作无关的网络活动上。纽约州一家公司暗中统计了本公司职员上班时间的网络活动，发现其中仅有23%是真正与工作相关的。由于上班时间在网上漫游而被辞退的雇员更是不断增加。

如果你有一个温暖的家庭，而最近你丈夫对上网的兴趣越来越大，那么小心了，网络成瘾可能会使你成为电脑寡妇！匹兹堡大学心理学教授金伯利·杨在过去三年中亲自访谈了数百名网络成瘾患者。她发现一个患有网络成瘾的丈夫，每天和他心爱的计算机在一起的时间，远比和他亲爱的妻子在一起的时间要长。更糟糕的是，或许他已一“网”情深地爱上他的“因特恋人”，正准备带上他的电脑离你而去。离婚律师会告诉你，由网络恋情而引起的离婚案正不断增加。还有，你可能需要留神你那初中还没毕业的女儿。美国新泽西的一个十五岁小女孩曾不告而别，横跨美洲大陆去寻找她的网上情人！

互联网时代的心理病

“上网成瘾症”是一种过度使用互联网行为的心理疾病。它指在人的生命过程中，对网络产生较强的依赖性而成瘾，在心理和生理的某种尝试行为中产生了愉悦反应。这种反应的多次重复，就形成了人对愉悦刺激的依赖。正如饮酒、抽烟、赌博、吸毒等等一样，离开它就无法正常生活，否则会有一系列强烈的生理心理反应。成瘾者往往感觉现实生活没有意义，只有在瘾被满足的时候才有精神。

“上网成瘾症”的表现是多种多样的，一般症状主要有：

（1）上网时间长，而且控制不住时间。

（2）上网时精神极度亢奋并乐此不疲，而下网后则有烦躁不安、情绪波动等现象。

（3）上网的行为常常不能自制，宁可荒废学业或事业甚至抛弃家庭，也要与电脑为伴。

（4）工作和学习积极性较差，沉醉和崇尚虚幻的网络世界，对现实生活缺乏起码的热情。

（5）严重者有自虐行为，上网期间不吃不喝不睡，有的因沉迷网上的不健康内容而导致疾病。

“互联网心理病”这项新兴研究的先导者金伯利·杨认为格林菲尔德的研究层面广泛，可证明大家关注“上网瘾”问题并非杞人忧天。

根据格林菲尔德的分析，网民有“上网瘾”的原因包括“感觉亲密”“没有时间限制”和“没有禁制”。格林菲尔德说：“互联网的影响力与其他导致大家上瘾的力量截然不同，是我们从没处理过的。”

虽然5.7%是目前最准确的估计之一，这个数目只是从访问浏览同一个网页的人中得出的结果，故代表性可能不够全面。

研究人员说，“上网瘾”最终会被细分为数个类别。他们相信这些细目有可能是环绕“性和人际关系”“消费”“赌博”“股票买卖”及“纯粹个人迷恋上网”来分类。

正确看待和使用网络

网络是人类科技进步的产物，也正在促进着人类社会的更大进步。所以我们一方面要防止上网成瘾，另一方面要建立正确的网络观，正确地使用网络。

对于上网成瘾者，专家们提出了以下建议：

（1）少玩游戏，多浏览一些有价值的内容。可删掉电脑中的网络游戏，只留下工作和学习的软件工具。

（2）要明确自己的人生目标，要对自己的人生有个规划和设计，将人生重心放在工作学习上。

（3）要培养自己的责任心，承担对自己的责任，对朋友、对亲人的责任。

（4）要善于发现生活中的美，不要总觉得自己没有别人的好、自己的生活不如别人，珍惜自己所拥有的一切。

（5）尽量在公共场所上网，这样才能预防在隐秘空间上网而造成的虚拟空间中毒。

（6）多和朋友相聚。和朋友聊聊天，谈谈心，和朋友说，聊天就不要玩手机，不要让自己被这些所困惑了，或者朋友可以一起去逛逛街，品尝各种美味小吃。

（7）进行运动健身。走出家门，散散步，打打篮球，也好过整天呆在家里，而且运动还可以让身体变得更加强壮和健康，何乐而不为呢?

（8）培养兴趣，陶冶身心。培养其他的兴趣爱好，比如练习写字、画画、弹钢琴或者吉他，看看书，这些兴趣也是很有效地避免上网，而且还可以充实自己，放下浮躁的心。

（9）去户外旅游。户外活动是最直接杜绝上网的好方法，可以选择附近一些景点游玩，周末不应该总是宅在家里上网玩电脑，多去走走，感受大自然留给我们的恩赐，放松身心。

（10）要增强心理防范意识，提高心理免疫力，上网前要先定目标，限定上网时间，做遵纪守法的好网民。

青少年上网成瘾的戒除方法

目前，我国“网瘾少年”达到400万人，青少年“网络成瘾“已成为困绕无数家庭和学校的一大社会问题。据纽特思特家庭教育支持机构负责人江普介绍分析，网络游戏是青少年的精神避难所，青少年在现实生活中碰到了太多的困难和问题，他们无法解决，只好沉迷网络，以逃避现实，并从网络中获得成就感。而青少年上网成瘾与学校教育、社会环境尤其是与家庭教育有直接关系，戒除网瘾应从青少年的心理和家长的家庭教育入手。

长期以来，一些青少年上网成瘾，深陷虚拟世界而不能自拔。有关专家分析了四个原因，并开出“药方”。

首先，青少年进入青春期之后，成人意识强烈：觉得自己已经是一个大人了，什么事都可以自己处理，不需要别人帮助。但事实往往相反，他们经常无法解决现实生活中遇到的困难。再加上现在的孩子多为独生子女，从小受娇宠惯了，一点小小的挫折可能就会令他们无法接受，具体表现为情绪波动比较大，控制情绪能力不强。无法解决实际问题、受挫后情绪不稳定，使得这些孩子不自觉地去寻找一个能充分满足自己的世界，网络恰好为他们提供了这一条件。在网络世界里，他们似乎可以解决任何问题，似乎可以完全逃避现实，他们的情绪似乎可以得到充分的宣泄。

其次，家庭关系紧张：无法与父母进行很好的沟通是青少年选择网络的又一主要原因。父母是孩子最好的老师。孩子在确立人生观、世界观最关键的时期尤其需要来自父母的正确指导。很多父母更习惯于那种“家长命令式”

的教育方法，忽视了青少年的叛逆心理，造成了青少年偏要和父母对着干的局面：你们不让我打游戏，我偏要这么做。

第三，学习成绩差，自暴自弃：大多数沉溺于网络世界不能自拔的孩子，学习成绩都比较差，他们在现实生活中体验不到学习所带来的成就感，往往会选择网络来满足自己。

第四，青少年自控能力差，冲动性强：一旦陷入网络游戏，明知会影响学业，但是却不能自拔。

关于家长应该如何对待孩子上网的问题，专家们提出以下建议：

（1）疏胜于堵。要正确看待青少年成长过程中的心理变化，理解孩子的需求，意识到上网同样也是一个动手探索的学习过程。要讲清利弊，对健康与不健康的内容进行分辨指导，不要空洞地说教，注重亲子间的交流和沟通。

（2）要及时知道孩子上网的情况，并在时间上进行控制。

（3）家长应该懂一点网络基础知识。在孩子上网的同时，如果家长掌握了一些基本的网络知识，就可以为孩子安全上网发挥一些指导作用或采取一些保护措施。比如，安装过滤程序或“防火墙”，可以屏蔽黄色网站；可以搜索查找孩子经常去的网站和聊天室；给孩子提供一些适合他们上的网站和聊天室等。

如果家长掌握了一定的网络操作办法，还可以多和孩子一起利用网络查阅信息，一起交流分析。这样既可防止孩子躲开父母的视线上不良网站和聊天室，还可以在一起上网浏览、聊天、玩网络游戏的过程中增加情感，增加共同语言，增强自己的发言权。

心理调节术：上网成瘾的自我调适

有上网成瘾的人，可以从以下几方面进行自我调适。

1. 不要把上网作为逃避现实生活问题或者消极情绪的工具

请注意：借网消愁愁更愁。理由之一是，当你几小时后下网的时候，问题仍然在那儿，“逃得过初一，逃不过十五”。理由之二，你的上网行为在你不知不觉中已经得到了强化，你看：上网——注意力从现实中转移——忘记生活烦恼，不需要几次，你就会如同巴甫洛夫的狗记住铃声会带来食物一样，记住上网能忘忧。以后，你一听到调制解调器的声音就会兴奋不已。

2. 上网之前先定目标

每次花两分钟时间想一想你要上网干什么，把具体要完成的任务列在纸上。不要认为这个两分钟是多余的，它可以为你省十个两分钟，甚至一百个两分钟。

3. 上网之前先限定时间

看一看你列在纸上的任务，用一分钟估计一下大概需要多长时间。假设你估计要用四十分钟，那么把小闹钟定到二十分钟，到时候看看你进展到哪里了。如果嫌用闹钟麻烦的话，可以在电脑中安装一个定时提醒的小软件，在上网的同时打开，这样就能有效控制你的上网时间了。

最后再次提醒你：当你在信息高速公路上自由驰骋的时候，你生命的一部分也许正渐渐消失在虚拟空间的某个黑洞之中。

第四篇
好心态，好人生——每天一个心理技巧

心态决定命运。消极心态夺走生活中的一切，使人身陷在命运的谷底，即使爬到了巅峰，也会被它拖下来。积极心态能你开朗豁达，身心愉悦，发挥潜能，吸引财富、成功、快乐和健康。

无法改变天气，可以改变心情。遇到不愉快的事情时，暂时将烦恼放下，读书赏画、品茶，河边垂钓，徜徉自然，做自己想做的事，做自己想做的人。有时只要稍微调整一下心态，就可以获得一个全新的心理感受。一个不经意的微笑，可让烦恼烟消云散。

第35章
快乐是人生的主题

打开快乐之门

快乐像一枚鹅卵石，投进水池后，激起一片不断扩大的涟漪。

快乐一词并没有确切的定义。快乐的人之所以快乐，有许多理由。快乐的钥匙并不是财富和健康，因为我们发现有自感快乐的乞丐，久病卧床的病人和所谓一事无成、毕生失败的人物。

从前，在迪河河畔住着一个磨坊主，他是英格兰最快活的人。他从早到晚总是忙忙碌碌，同时像云雀一样快活地唱歌。他是那样的乐观，以致使其他人都乐观起来。这一带的人都喜欢谈论他愉快的生活方式。终于，国王听说了他。

“我要去找这个奇怪的磨坊主谈谈，”他说，“也许他会告诉我怎样才能快乐。”

他一迈进磨坊，就听到磨坊主在唱：“我不羡慕任何人，不，不羡慕，因为我要多快活就有多快活。

“我的朋友，”国王说，“我羡慕你，只要我能像你那样无忧无虑，我愿意和你换个位置。”

磨坊主笑了，给国王鞠了一躬。

“我肯定不和您调换位置，国王陛下。”他说。

“那么，告诉我，”国王说，“什么使你在这个满是灰尘的磨坊里如此高兴、快活呢？而我，身为国王，每天都忧心忡忡，烦闷苦恼。”

磨坊主又笑了，说道："我不知道你为什么忧郁，但是我能简单地告诉你，我为什么高兴。我自食其力，我爱我的妻子和孩子，我爱我的朋友们。他们也爱我。我不欠任何人的钱。我为什么不应当快活呢？这里有这条迪河，每天它使我的磨坊运转，磨坊把谷物磨成面，养育我的妻子、孩子和我。"

"不要再说了，"国王说，"我羡慕你，你这顶落满灰尘的帽子比我这顶金冠更值钱。你的磨坊给你带来的，要比我的王国给我带来的还多。如果有更多的人像你这样，这个世界该是多么美好啊！"

每个人对快乐的感觉是不一样的。秋高气爽的日子，登高远眺是一种快乐，海边观潮也是一种快乐；细雨绵绵的日子，撑伞漫行是一种快乐；热闹时，疯狂舞动是一种快乐；冷落时，悄然独处也是一种快乐……快乐，是无处不在的，它对我们每个人都是公平的。但是，在生活中却实在有许多人感受不到快乐的存在。

很多男人傲视群雄，女人则梦想倾倒众生，平平常常、实实在在地活着简直等同于无能。他们在付出或者即将付出的同时，想到更多的是社会的认可和回报。当熙熙攘攘皆为利己成为社会的流行病时，人们已逐渐成为欲望的奴隶。说着言不由衷的话，做着身不由己的事，内心在希望与失落的煎熬中苦苦挣扎。于是，日落西山的万道霞光再也看不见了，风拂杨柳时的似水柔情变得无滋无味了。人们迷失了快乐，置身于痛苦的深渊而无力自拔！

其实，人需要的是一颗平常心。一个人，无论聪明愚笨，都会有得失成败，谁都不可能只享受成功的喜悦，而不遭受失败的痛苦，只有在得失成败之间保持一颗平常心，才会摆脱得意时的狂妄自大和失意时的萎靡不振。有一颗了不起的平常心，把自己置于百姓们平淡如水的衣、食、住、行中，才会在司空见惯的日子里一点点吮吸着人间的真情，在默默付出的同时，获得精神的满足和幸福。

快乐，是只易受惊吓的小鸟，它需要一颗平常心，在祥和宁静的心境里筑巢栖息。

快乐就藏在心中

快乐的秘密在每个人的心中，每个人都具备使自己快乐的资源，只是许多人没有把这些“快乐的资源”运用得好而已。

传说在天堂上的某一天，上帝和天使们召开了一个头脑风暴会议。上帝说：“我要人类在付出一番努力之后才能找到幸福快乐，我们把人生快乐的秘密藏在什么地方比较好呢？”

有一位天使说：“把它藏在高山上，这样人类肯定很难发现，非得付出很多努力不可。”

上帝听了摇摇头。

另一位天使说：“把它藏在大海深处，人们一定发现不了。”

上帝听了还是摇摇头。

又有一位大使说：“我看哪，还是把快乐的秘密藏在人类的心中比较好，因为人们总是向外去寻找自己的幸福快乐，而从来没有人会想到在自己身上去挖掘这快乐的秘密。”

上帝对这个答案非常满意。

从此，这快乐的秘密就藏在了每个人的心中。

心理学家指出，每个人都具备使自己快乐的资源，像谦虚、合作精神、积极的态度，还有爱心。这些特质几乎都可以在每个人的身上找到，只是许多人没有把这些“快乐的资源”运用得好。

每一个人都可以通过改变思想去改变自己的情绪和行为，从而改变自己的人生。我们每天遇到的事物，都包含成功快乐的因素，取舍全由个人决定。因为所有事情和经验里面，正面和负面的意义同时存在，把事情和经验转为绊脚石或者是踏脚石，由你自己决定。

快乐的人所拥有的思想和行为能力，都是经过一个过程培养出来的。在开始的时候，他们与其他人所具备的条件是一样的。

情绪、压力或困扰都不是源自外界的人、事、物，而是由自己内心的信念和价值观产生出来的。有能力给自己制造出困扰的人，当然也有能力替自己消除困扰。

相信自己有能力或凡事都有可能，是对自己快乐最有效的保证。

快乐是送给自己的礼物

快乐与血液循环两者都是健康生存的必要因素。快乐不过是“我们的思想处于愉悦时刻的一种心理状态。”

莎士比亚在《奥赛罗》一剧中写道：“快乐和行动，使得时间变短了。”不论时间的长短，让你的时间充满愉悦的铃声。对于快乐，一部分人一笑置之，因为他们是无知的一群，他们不懂得快乐的真谛。

快乐是真实的，是发自内心的；除非获得你的允许，否则没人能令你苦恼。

你每天都应该记住：快乐是你赠送给自己的礼物，不是圣诞节的点缀，而是整年的喜悦。

快乐本来就出自人的心灵和身体组织。我们快乐的时候，可以想得更好，干得更好，感觉得更好，身体也更健康，甚至肉体感觉都变得更灵敏。一项研究发现，人在快乐的思维中，视觉、味觉、嗅觉和听觉都更灵敏，触觉也更细微。人进入快乐的思维或看到愉快的景象，视力可以立即得到改进；人在快乐的思维中记忆大大增强，心情也很轻松。精神医学证明：在快乐的时候，我们的胃、肝、心脏和所有的内脏会发挥更有效的作用。几千年前，贤明的所罗门正有一句格言：“快乐的心犹如一剂良药，破碎的心却吸干骨髓。”犹太教和基督徒都把欢乐、喜悦、感恩、开朗列为通向正义和美好生活的途径，这也是很值得重视的。

哈佛大学的心理学家研究了快乐与犯罪行为的关系之后，得出结论说：古老的荷兰格言“快乐的人家不邪恶”在科学上是站得住脚的。他们发现，大部分罪犯出身于不幸的家庭，或有一段不快乐的人际关系。耶鲁大学对“挫折”做过十年研究，结论是，我们所说的不道德和对他人的敌意，很多是因为自己的不幸才造成的。

辛德勒博士说：不快乐是一切精神疾病的惟一原因，而快乐则是治疗这些疾病的惟一药方。看来，我们对于快乐的普遍看法有些是本末倒置的。我们说：

“好好干，你会快乐。”或者对自己说：“如果我健康、有成就，我就会快乐。”或者教别人“仁慈、爱别人，你就会快乐。”其实更正确的说法是：“保持快乐，你就会干得好，就会更成功，更健康，对别人也就更仁慈。”

常怀一颗欢喜心

常听人说，“心想事成”“万事如意”。实际情况却常常相反：“心想难以事成”“不如意事常有八九”。喜怒哀乐本是人之常情，但是如果不加以调节，让不良情绪长期左右自己，就会有损于健康，甚至使人失去生活的信心。现代心理医学研究表明：人的心理活动和人体的生理功能之间存在着内在联系。良好的情绪状态可以使生理处于最佳状态，反之则会降低或破坏某种功能，引发各种疾病。俗话说：“吃饭欢乐，胜似吃药”，说的就是良好的情绪能促进食欲，有利于消化。心不爽，则气不顺；气不顺，则病易生。难怪有的生理学家把情绪称为“生命的指挥棒”“健康的寒暑表”。许多医学专家认为，良好的情绪本身就是良医，人体 85% 的疾病可以自我控制，只要心情愉快，神经松弛，余下的 15% 也不全靠医生，病人的情绪和精神状态是个不可忽视的重要因素。故而，每个人都应做自己情绪的主人，培养自己愉快的心情，调节好自己的情绪，提高适应环境的能力，保持乐观向上的精神状态。

保持一颗欢喜心，做到仁爱、平静、理智、乐观、豁达，不以物喜，不以己悲，想得开，想得宽，想得远，对名利得失之类，完全采取超然物外的态度，一切顺其自然，处之泰然。把什么风风雨雨、飞短流长，统统置之脑后。对那些不愉快的事情，要拨开迷雾，化忧为喜。因为不管你遇到什么不顺心、不如意的事，如果整日愁眉不展，不但于事无补，反而有损于身心健康。法国作家大仲马说：“人生是一串用无数小烦恼组成的念珠，乐观的人是笑着数完这串念珠的。”一个人如果能乐观地对待不如意的事，自然会烦恼自消，愁肠自解。

常怀一颗欢喜心，调节好自己的情绪，使好的心情与自己结伴而行，是完全可以做到的。因为情绪是主观对客观的一种感受和体验，是可以自己支配的。人到晚年，调节好自己的情绪，使自己进入洒脱通达的境界，就掌握了生命的主动权，就能感受和体会到生命和生活中的无穷乐趣。做到这一点，生命之花一定会大放光彩。

快乐不需要条件

不要为你的享乐设定先决条件。

不要说："等我赚到一万美元，我才可以好好享乐。"

不要说："等我上了那架飞往巴黎、罗马、维也纳的飞机，我就高兴了。"

不要说："等我到了六十岁退休时，我就能躺在安乐椅上享受日光浴……"

享乐不应该有"假如"等等限定条件。

每天的一个基本目标是：你有权自娱，不论你是一位百万富翁或是一个不名一文的流浪汉。

一个自我意象脆弱的百万富翁可能会对自己说："如果有人把我的所有积蓄夺去，那就没有人会理我了。"

一个自我意象坚强的人可以对自己说："如果债主非得逼我和他捉迷藏不可，那我就借这机会好好活动活动。"

人世间，并非无烦恼就快乐，也非快乐就没有烦恼。那么人们能否一生都保持愉快的生活呢？请牢记下面七条：

1. 承认弱点

人无完人，金无足赤，要承认自己的弱点，乐意接受别人的建议、忠告，并有勇气承认自己需要帮助。

2. 吸取教训

面对失败和挫折应该从中吸取教训，勇往直前。

3. 有正义感

在生活中诚实和富有正义感，朋友们就会乐于帮助你。

4. 能屈能伸

对待人生应该是处之泰然。人的一生会遇到意想不到的打击或其他不幸，要客观对待、随遇而安。

5. 热心助人

帮助别人，与人关系融洽，自然就会受人尊敬。

6. 宽恕之心

自己受到不平等待遇时，必须宽恕和同情他人。

7. 坚守信念

当你做任何事情时，都必须坚守个人的信念。

英国文学家查斯特·菲尔德伯爵指出：快乐是一种心理习惯，一种心理性格，如果不在现在加以了解和实践，将来也永远体会不到。快乐不是在解决某种外在问题后产生的——一个问题解决了，另一个问题还会出现。生活本身就是一系列问题。如果你想要快乐，你就快乐吧，不要“有条件”的快乐，而要把快乐当成自己的一种心理性格。

每天都乐趣无穷

你知道快乐是你给自己的一种馈赠——不仅在圣诞节期间才给，而是每年的 365 天中的每一天都能给予。

再向你提一个建议：不要为你的享乐而设定先决条件。

不要说：“等我赚到一万美元，我才可以好好享乐。”

不要说：“等我上了那架飞往巴黎、罗马、维也纳的飞机，我就高兴了。”

不要说：“等找到了 65 岁退休时，我就能躺在安乐椅上享受日光浴……”

享乐不应该有“假如”等限定条件。每天的一个基本目标是：你觉得你有权自娱，不论你是一位百万富翁或是一个一文不值的流浪汉。

一个自我意象脆弱的百万富翁可能会对自己说：“如果有人把我的所有积蓄夺去，那就没有人会理我了。”

一个自我意象坚强的人可以对自己说：“如果债主非得逼我和他捉迷藏不可，那我就借这机会好好活动活动。”

只要你真想去享受生活的乐趣，你就会发现生活的乐趣，只有你能与你的好运相处——最后我还得不厌其烦地重复一句，只有你能与你的好运相处。

生活中，不能与快乐相处的人实在太多了。这些人获得一次大的成就后，不但不能轻松愉快，却变得更加焦虑起来。在他们的心中，每一个人每一件事都紧盯着他们——疾病、诉讼、意外、税务乃至亲戚等等。这些人根本不肯放松心情——除非再一次尝到了他们一直期待的滋味——失败。

你要追求快乐，不要追求痛苦。你要对快乐的美德表示敬意，你要认为自己是有权享受快乐的人。

你可以在下述小事中找到乐趣：美味可口的食物，热情真诚的友情，温暖宜人的阳光，鼓励的微笑。有人说，欢愉不是人生的一部分，说这句话的人非常可笑，因为他这样无知。但你要宽恕他们，因为他们不如你明智通达，而你知道快乐是真实的。

你知道快乐是你给自己的一种馈赠——不仅在圣诞节期间才给，而是每年的 365 天中的每一天都能给予。

快乐创造 6 法则

快乐有时需要我们自己去寻找、创造。创造快乐可用以下方法：

1. 精神胜利法

这是一种有益身心健康的心理防卫机制。在你的事业、爱情、婚姻不尽如人意时，在你因经济上得不到合理对待而伤感时，在你无端遭到人身攻击或不公正的评价而气恼时，在你因生理缺陷遭到嘲笑而郁郁寡欢时，你不妨用阿 Q 的精神调适一下你失衡的心理，营造一个祥和、豁达、坦然的心理氛围。

2. 难得糊涂法

这是心理环境免遭侵蚀的保护膜。在一些非原则性的问题上“糊涂”一下，无疑能提高心理的承受能力，避免不必要的精神痛楚和心理困惑。有这层保护膜，会使你处乱不惊，遇烦不忧，以恬淡平和的心境对待生活中的各种紧张事件。

3. 随遇而安法

这是心理防卫机制中一种心理的合理反应。培养自己适应各种环境的能力，遇事总能满足，烦恼就少，心理压力就小。古人云："吃亏是福。"生老病死，天灾人祸都会不期而至，用随遇而安的心境去对待生活，你将拥有一片宁静清新的心灵天地。

4. 幽默人生法

这是调节心理环境的"空调器"。当你受到挫折或处于尴尬紧张的境况时，可用幽默化解困境，维持心态平衡。幽默是人际关系的润滑剂，它能使沉重的心境变得豁达、开朗。

5. 宣泄积郁法

心理学家认为，宣泄是人的一种正常的心理和生理需要。你悲伤忧郁时，不妨与异性朋友倾诉；也可以通过热线电话等向主持人和听众倾诉；也可进行一项你所喜欢的运动；或在空旷的原野上大声喊叫，既能呼吸新鲜空气，又能宣泄积郁。

6. 音乐冥想法

当你出现焦虑、忧郁、紧张等不良心理情绪时，不妨试着做一次"心理按摩"——音乐冥想"维也纳森林"，坐"邮递马车"……

当然，创造快乐不仅仅只有以上方法，重要的是我们在生活中、工作中，要有一种平和、坦然的心理。

心理调节术：永远快乐的8大秘诀

人世间，并非无烦恼就快乐，亦非快乐就没有烦恼。那么人们能否一生都保持愉快地生活呢？请阅读下面八条：

（1）承认弱点。人无完人，金无足赤，要承认自己的弱点，乐意接受别人的建议、忠告，并有勇气承认自己需要帮助。

（2）吸取教训。面对失败和挫折应该是从中吸取教训，勇往直前。

（3）有正义感。在生活中诚实和富有正义感，朋友们就会乐于帮助你。

（4）能屈能伸。对待人生的态度都应该是处之泰然，人的一生会遇到意想不到的打击或其他不幸，要客观对待、随遇而安。

（5）热于助人。帮助别人，与人关系融洽，自然就会受人尊敬。

（6）宽恕之心。自己受到不平等待遇时，必须学会宽恕他人。

（7）坚守信念。当作任何事情时，都必须坚守个人的信念。

（8）心情开朗。只要牢记实践，快乐就会永存心间。

第36章
给心灵洗个澡

清扫心灵的垃圾

有形垃圾容易处理，无形的垃圾最难处理；什么是真正的垃圾呢？怨、恨、恼、怒、烦，这才是真正心灵的垃圾，只要你每天清扫心灵的垃圾，你就能得到幸福和快乐。

《王阳明全书》里记载了这样一个故事：有一个名叫杨茂的人，他是个聋哑的人，阳明先生不懂得手语，只好跟他用笔谈，阳明先生首先问："你的耳朵能听到是非吗？"答："不能，因为我是个聋子。"问："你的嘴巴能够讲是非吗？"答："不能，因为我是个哑巴。"又问："那你的心知道是非吗？"但见杨茂高兴得不得了，指天划地回答："能！能！能！"

于是阳明先生就对他说："你的耳朵不能听是非，省了多少闲是非；口不能说是非，又省了多少闲是非；你心知道是非就够了。"倒有许多人，耳能听是非，口能说是非，眼能见是非，心还未必知道是非呢！

我们有很多的是非，都是听来的，人家第一句话，就叫你暴跳如雷，第二句话就叫你泪流成河，那人家岂不成了导演，而我们也就当了演员。还有很多的是非，都是说出来的，所谓"病从口入，祸从口出"。哪怕两片薄薄的嘴唇，都会把人间搞得乌烟瘴气，鸡犬不宁。可见很多的是非都是听来的，都是说出来的。

你痛苦就是因为你太执著，看不开、也放不下，自然把自己给绑死了，而不得解脱，若能看开了放下了就不至于如此。

如何创造幸福人生呢？所以用创造而不用追求，因为创造主权在我，要，就可以得到；而追求，往外追、往外求、万一追不到，求不得，烦恼还是要来的。

所以用创造，而不想用追求。快乐幸福才是真的，学问大、名位高、财富多，也是为了快乐。假如钱很多很多而不快乐，那个钱宁可不要。假使你拥有了一切，而丧失了自己，那是非常痛苦的，这叫本末倒置，舍本逐末，效果不彰。所以快乐、幸福非常重要。

心灵承载不了过重的负荷，每天清扫心灵的垃圾，用“垃圾车”来把垃圾全部拉走，释放怨、恨、恼、怒、烦，你才能得到真正的幸福和快乐。

排除心灵的毒素

生活中，每个人都难免会遇到各种各样的挫折、失败和打击，面对这些失意的人生经历，有人会把负性情绪和心理感受牢记于心，耿耿于怀。这样一来，他们的心灵长期受到困扰，就会丧失对生活的自信和热情。

心理学家认为，心理病毒既包括外来之毒，如世俗的不良观念、他人的恶意嘲讽，也包括内在之毒，如错误的观点、思维方式和行为方式。前者往往是不良心理的刺激源，后者则是前者堆积、滞留于心，内化而形成的一种心理反应机制。因此，及时地排除体内毒素，保持内心环境的卫生，是非常重要的。

过去的记忆是人们生活中不可或缺的部分，但有意无意抛掉那些消极的情绪及体验，可使个体得到心灵的有效护卫。因此，为身心健康着想，对那些长期困扰自我的经历有选择地遗忘，是值得提倡的。

美国红十字会负责人克拉克·巴顿女士就有过一次吃亏的经历，几年后的一次聚会，她的朋友谈起此事，但是巴顿女士已经想不起来了。她的朋友追问道：“难道你不记得了吗？”巴顿女士回答说：“我不记得了，但是我清楚地记得，当时我决心要忘记这件事！”

可见，人的内心必须要保持与外界顺畅的状态，让积极的东西不断进来，把消极的东西排挤出去。所以，人们万万不可忽视这类心理上的排毒工作。

幸福只需一颗简单的心

幸福是什么？幸福来源于“简单生活”。文明只是外在的依托，成功、财富只是外在的荣光，真正的幸福来自于发现真实独特的自我，也就是要你永远保持心灵中的那份宁静。

一位社会观察家指出：“财富、健康和幸福的关系并不像很多人想象的那样明确。事实上，有许许多多的人是在令人难以察觉的绝望状态下生活的。这在工业化程度越高的西方，情况尤为严重。”根据一项调查显示，在美国社会中，一对夫妻一天当中只有 12 分钟时间进行交流和沟通；一周之内父母只有 40 分钟与子女相处；约有一半的人处于睡眠不足的状态。

时间的危机实际上是感情的危机。大家好像每天都在为一些大事疯狂地忙碌，然后疲惫不堪，没有时间顾及其他。也就是说大家都在劳动，都在创造，但是，生活真的变好了吗？

美国心理学家戴维·迈尔斯已经证明，财富是一种很差的衡量幸福的标准。人们并没有随着社会财富的增加而变得更加幸福。在大多数国家，收入衡量幸福和幸福的相关性是可以忽略不计的；只有在最贫穷的国家里，收入才是适宜的衡量幸福的标准。

从总体上讲，富国的人看起来比穷国的人幸福，但是两者之间的差异是微乎其微的，而且造成这种差异的原因是财富之外的其他因素；在富裕的国家，健康似乎更多地受到收入分配方式，而不是平均收入水平的影响，与绝对贫穷相联系的物质匮乏对健康的实际影响并不十分重要；相比之下，社会不平等造成的相对贫穷的心理和社会结果对健康的影响却比较大。

抛开这些抽象的理论不说，物质的进步有时确实使人们作茧自缚。举一个很简单的例子，电话、传真、电子邮件已经成为工作中不可缺少的帮手，不过，如果一项工作每天都面对源源不绝的电子信息，就很可能产生“信息疲乏并发症”。许多企业界的经理人和信息业的工作者抱怨，每天必须接听的电话和处理电子邮件造成精神上莫大的压力，“信息疲乏并发症”甚至会造成长期失眠，严重影响健康。至于伴随文明发展而来的噪音、污染等问题则更是尽人皆知的了。

习惯固定了人们的思考模式，使生活成为机械化的程序，结果是复杂了你的生活和你的心情。你有了固定的轨道和角度，可能只对自己的观念感到愉快，无法接受别人的或者新的观念。

习惯性情绪越多，个性也就越萎缩，从而逐渐失去创新的想法和动力，使我们成为受习惯支配的机器。在习惯的支配下，我们对这个嘈杂的社会、混乱的时空没有感到有什么不对劲，也许只有到临终的时候，才会悲哀地发现，自己的一生，原来是这么的不幸福。

我们不仅要问：幸福是什么？幸福来源于"简单生活"。文明只是外在的依托，成功、财富只是外在的荣光，真正的幸福来自于发现真实独特的自我，也就是要你永远保持心灵中的那份宁静。

幸福总是放弃之后

在生活中，我们应该学会舍，而不要一味地取。背着包袱走路总是很辛苦，懂得放弃才能收获快乐和幸福。

人的情感就是这样，总是希望有所得，以为拥有的东西越多，自己就会越快乐。所以，这人之常情就迫使我们沿着追寻获得的路走下去。可是，有一天，我们忽然惊觉：我们的忧郁、无聊、困惑、无奈，一切不快乐，都和我们的图谋有关，我们之所以不快乐，是我们渴望拥有的东西太多了，或者太执著了，不知不觉中，我们就会盲目地执著于某一件事。

譬如说，你爱上了一个人，而她却不爱你，你的世界就微缩在对她的感情上了，她的一举手、一投足，衣裙细碎的声响，都足以吸引你的注意力，都能成为你快乐和痛苦的源泉。有时候，你明明知道那不是你的，却想去强求，或可能出于盲目自信，或过于相信精诚所至、金石为开，结果不断的努力，却遭来不断的挫折，弄得自己苦不堪言。世界上有很多事，不是我们努力就能实现的，有的靠缘分，有的靠机遇，有的我们能以看山看水的心情来欣赏，不是自己的不强求，无法得到的就放弃。

懂得放弃才有快乐，背着包袱走路总是很辛苦。中国历史上，"魏晋风度"

常受到称颂，他们于佛、老子、孔子，哪一家也说不上，但是哪一家都有一点，在人世的生活里，又有一分出世的心情，说到底，是一种不把心思关注在“斧子”上的心态。

我们在生活中，时刻都在取与舍中选择，我们又总是渴望着取，渴望着占有，常常忽略了舍，忽略了占有的反面：放弃。懂得了放弃的真意，也就理解了“失之东隅，收之桑榆”的妙谛。多一点中和的思想，静观万物，体会与世一样博大的诗意，适当地有所放弃，这正是我们获得内心平衡，获得快乐的好方法。

拔除心灵花园中的杂草

老子强调清静无为，反映在精神修炼上就是清心寡欲。所谓清心，就是思想清静安宁而无杂念；寡欲，就是不要有过多的欲望，对不良的私欲要节制。道家认为，一个人私欲、杂念太多，精神就要受到煎熬，就不能长生久视、得道成仙了。

很多时候，当我们在困窘的处境中，似乎会有更多的渴望、欲望，然而，太多不切实际的杂念，也往往是我们登上人生顶峰的最大阻碍。

佛门中的高僧大德，虽然常年吃素，饮食简单，过午不食——每天只吃两餐甚至一餐，但身心健康，精力充沛，寿命高于常人。奥秘何在？其中最重要的一点，也正在于排除一切欲望和杂念，身心安定、清净、祥和。身心清净，没有欲望和杂念的干扰，能量的消耗已降到最低限度。

自然的东西，有的可以改变，有的却不能改变。比如，如果请你举起你的手，你很容易做到，可如果要你改变你的心跳，你能做到吗？回答是否定的。是的，我们不能改变自己的心跳，同样，我们也不能轻易消除掉这些杂”，但我们能改变自己的行为，我们能控制的也只有自己的行为。面对“杂念”，我们不能像对待敌人一样，想千方百计地将它消除掉，而应该将它看着是自己的一部分，学会去接纳它，理解它，学会与它共处。

生活中最难做到的，不是寻找最后的结果，而是在寻找的路途上能不受诱惑，并奋力不懈地直达目标。

因为，任何停滞与迟疑的念头，都会让人忘记前进，甚至失去了起步时勇往直前的冲劲。

我们绚丽的人生就好比是一个大花园，我们不可能没有欲望和杂念就好比花园里不可能没有杂草一样。如果我们任杂草生长而不去理会，那么再美的花园也会因此而荒芜。同样的道理，如果我们不懂得去除人生的各种杂念，那么我们就会慢慢的偏离我们最初的人生目标，甚至可能越走越远。

所以，凡事平常心去面对，而且要记得定期给自己的人生的大花园除草。

升华心灵的境界

有一个扫地和尚的故事，说的是一座县城里，有一位老和尚，每天天刚亮的时候就开始扫地，从寺院扫到寺外，从大街扫到城外，天天如此，小城里的年轻人从小就看见老和尚在扫地。那些做了爷爷的，从小也看见这个老和尚在扫地。老和尚虽然很老很老了，就像一株古老的松树，不见它再抽技发芽，可也不见其衰老。

有一天老和尚坐在蒲团上，安然圆寂了，可小城里的人谁也不知道他活了多少岁。过了若干年，一位长者走过城外的一座小桥，见桥石上镌着宇，字迹大都磨损，老者仔细辨认，才知道石上镌着的正是那位老和尚的传记。根据老和尚遗留的度牒记载推算，他享年 137 岁。

据说老和尚在世时，有一位将军在这小城扎营，突然起意要放下屠刀，恳求老和尚收他为佛门弟子。这位将军丢下他的兵丁，拿着扫把，跟在老和尚的身后扫地。老和尚心中自是了然，对着他唱了一首歌：

扫地扫地扫心地，
心地不扫空扫地，
人人都把心地扫，
世上无处不净地。

有人说这是传说，也有人说这是真事，但有无此事并不重要。这个故事能使人彻悟打扫心地的要义：心明清净才是人生智慧的提炼和升华。

每过一段时间，我们都要清理一番家里的物品，有保存价值的留下，估计意义不大的把它们卖掉，甚至干脆扔进垃圾桶。这种清理让人感到无比快乐，每做一次，就有一种又丢掉了一个包袱的感觉，那种无法按照自己的意愿设计生活的压抑感也会一扫而空。

人的心灵其实也像一个家，它的容量是限定了的，不管你名气多大，职位有多高，也不管你拥有多少金银财宝，你都无法突破这种限定。而人生一世，难免有挫折、失败、不幸，难免有烦恼、寂寞、孤独，这些东西就像旧书报和废手稿一样，它们于你的人生毫无用处，却侵占了大量的生命空间，如果不及时清理它们，它们就会慢慢地膨胀，让我们的心灵变成了一个生活的垃圾坑。

清空心灵，就是要清空世俗生活积存的枯枝败叶；清空心灵，就是要收获未来的光荣与辉煌；清空心灵，就是要最大限度地获得生命的自由、独立。

清空了心灵，我们也就有了让生命一次次远行的条件。

人们常说，人的境况 7 年一变，那么，你的品位也应随之升华。在人生的第一个 7 年以后，我们到了有理性的年龄。此后的每一个 7 年都有新的改善。注意这个自然的改变，助其发展，并希望别人也同样有所进益。许多人改变了他们的行为、地位或职业，初不自知，直到发觉变化是如此之大时才如梦方醒。

人活一世，到了什么都不是时，回首往事，不因曾有过的某些瑕疵而懊恼、悔恨，心如明镜，让你活之安然，去之坦然，也就是人生的最高境界了。

为情绪开一扇心门

很多时候，如果让情绪占了上风，我们就会失去理智，因为情绪是很容易曲解事实，让我们无法看清现实的。被情绪蒙蔽了眼睛之后，思想会变得混乱，缺乏理智；很难集中精力；常常先行为，再思考。情绪越发控制了我们的行为，就越容易做出愚蠢的决定，就越发难以看清楚事实的真相。因此，我们要学会为情绪开一扇心门，把坏情绪赶走，不要让它们影响我们的生活。

知名的沃尔玛商场要招考一名收银员，几经筛选，最后只剩三位小姐有幸参加复试。复试由老板亲自主持，第一位小姐刚走进老板办公室，老板便丢了一张百元钞票给她，并命令她到楼下买包香烟。

这位女孩心想，自己还未被正式录用，老板就颐指气使地命令她做事，因而感到相当不满，更认为老板故意伤害她的自尊心。

因此，老板丢出来的钱，她连看都不看，便怒气冲冲地掉头离开。

她一边走，一边还气呼呼地咒骂："哼，他凭什么支使我，这份工作不要也罢！"

第二位女孩一进来，也遇到相同的情况，只见她笑眯眯地接了钱，但是她也没有用它去买烟，因为钞票是假的。

由于她失业许久，急需一份工作，只好无奈地掏出自己的一百元真钞，为老板买了一包烟，还把找回来的钱，全交给了老板。

不过，如此尽职卖力的第二位面试者，却没有被老板录用。

因为，老板录用了第三位面试的小姐。原来，这个女孩一接到钱时，就发现钱是假的，她微笑着把假钞还给老板，并请老板重新换一张。老板开心地接过假钞，并立即与她签定合约，放心地将收银工作交给她。

三位面试者有三种截然不同的应对方式。

第一个面试者的心态，是多数老板最害怕的类型，毕竟，只会用情绪来处理事情的人，任谁也不敢将工作托付给他。

第二位面试者的处理方式，则是最不专业的表现，虽然委曲求全的人比较有敬业精神，但万一真的遇到重大问题，老板需要的不是员工委屈与退缩，而是冷静与理性的处理能力。

于是，第三位面试者成功了，因为在这件小事上，她充分表现出敬业态度和专业能力。从"接过钱"与"发现假钱"的两个小动作中，我们便能看见她的"配合度"与"专业能力"，而这才是大老板期待的最佳人选。

为情绪开一扇心门，其实就是让心灵能够回归平静。心灵平静是我们与生俱来的权利，它就像我们呼吸及消化食物一样自然。当我们的身处于健康状态时，那些功能就会自然保持平衡，如果心理状态健康，我们的情绪、思考以及行为也都会维持和谐，这时我们与周遭环境就能有良好的互动关系。

平静的心能够激发我们的智慧，使我们更客观地去看待生命，并拥有更多选择的自由。

虽然平静的心灵具有多种好处，但假如我们追求宁静之心的主要目标是想获得这些好处，那么我们就本末倒置了。是先有平静的心灵，然后这些东西才会出现。所以，凡事我们都要有一颗平常心，久而久之，坏情绪自然会远离我们，我们的心灵就会回归平静，快乐也会随之而来了。

和谐人生，从心开始

“多么和谐的一对？”我们刚结婚时，人家都这么说。

“他们说得倒轻巧。”妻子冲我发牢骚，一边对着小镜子做她的发型，“可我连照照镜子都没地方，这个装在口袋里的小镜子跟我的美貌和青春和谐吗？”

“完全不和谐。”我警觉地想着，放弃了自己小小的一点嗜好，给她买了个大穿衣镜。

“多妙的物件啊！”妻子开心极了，“现在我看得见自己全身了……可也是，马上就能看出来，我的装束里有些小零碎跟这个阔绰的穿衣镜不和谐。”

我于是不得不多挣外快，为她的装束做一些更新——从时髦的皮靴到皮大衣。妻子狂喜了，但是很快她又让我晓得，我们那间小屋子和她的时装不和谐了。我放弃了吸烟，变卖了自己的东西，只留下牙刷和雨伞，总算买下一处相当好的房子。妻子幸福得像上了九重天。

“你怎么了？打算把那些破烂也弄进新居去呀？”妻子两手一拍，“这东西在那里根本不和谐。家具得马上换！”我连饭也不吃了，到处借债；在做了最后一个非凡的努力之后，现在我在新宅里，坐在新家具中间的软躺椅上。

我人已精瘦，双眼下陷像得了热病，穿一身皱皱巴巴的衣服，口袋里插着一把牙刷……然而，我还是高兴的，因为我看得出妻子眼中闪着多么幸福的光彩。

她审视完毕，眼光落到了我身上。“我真遗憾，”她不无同情地说，“你跟这一套家具多不和谐呀……”

上面这个故事，是一位时常感到婚姻就是陷阱的朋友，讲给一位心理医生的他的真实的故事，听起来让人总觉得心里不是滋味。

在不知足者的眼里，总会发现不和谐的地方。其实，真正的不和谐在于他的心与现实的不和谐，在于他心里的不该有的东西太多，而自己认识得却太少。

心理调节术：释放烦恼，简化生活

我们常常会叹息生活这部车太沉、太重，累得我们疲惫不堪，几乎要迷失走向。于是心生疑惑：是自己缺少热情和精力去面对生活，还是生活本身就如此呢?

人来到这个世上，并非为了受苦受累。寻找生活的乐趣、追求人生的幸福才是人类永恒的追求。有人说，没有最好的生活，只有最好的设计，这是很有道理的。生活轻松快乐与生活劳累烦闷的感觉，大半是由自己营造出来的。如果学会简化生活，那么生活这部车子就会跑得快跑得欢了。

“简化”是生活中第一要做的事情。就像美丽精致的杂物一样，再好，也是杂物，应该从生活中坚决剔除出去。

1. 减少欲望

斩除过多的欲望，将一切欲望减少再减少，从而让真实的欲求浮现。这样，你才会发现真实的、平淡的生活才是最快乐的。

2. 知足的心灵才能有恒久的快乐

名利是无止境的，只有适可而止，才能知足常乐。

既然一切都必须面对，我们为什么不用平常心来面对呢？用平常心面对，做事情才会坦然、轻松，生活才能宁静、祥和。

3. 淡泊名利

现实生活中有些人把“名利”二字看得很重，为了达到个人目的常常挖空心思，不择手段。其实名利犹如过眼烟云，生不带来、死不带去，何苦把它看得那么重。淡泊名利，海阔天空。

4. 保持平常心

不管社会怎么发达，物价如何上涨，我们只要具备一颗平常心，只追求一种平常生活，做到一生衣食无忧，就是件很简单、很幸福的事情。我们还可以腾出时间、精力来，有一些别的追求和享受。

5. 珍惜所有

只有珍惜自己所拥有的一切，善于发现生活中值得感谢的地方，我们才能生活得更快乐。

6. 多想些美好之处

因为生活毕竟不是只有鲜花，它时时充满阳光。我们要想成功地走出郁闷和哀愁，就要多思考生活中美好的一面，从中品味幸福。

第 37 章
走好心灵的独木桥

心态是你真正的主人

全国著名的推销大师，即将告别他的推销生涯，应行业协会和社会各界的邀请，他将在该城中最大的体育馆，做告别职业生涯的演说。

那天，会场座无虚席，人们在热切地、焦急地等待着，那位当代最伟大的推销员，作精彩的演讲。当大幕徐徐拉开，舞台的正中央吊着一个巨大的铁球。为了这个铁球，台上搭起了高大的铁架。

一位老者在人们热烈的掌声中，走了出来，站在铁架的一边。他穿着一件红色的运动服，脚下是一双白色胶鞋。

人们惊奇地望着他，不知道他要做出什么举动。

这时两位工作人员，抬着一个大铁锤，放在老者的面前。主持人这时对观众讲：请两位身体强壮的人，到台上来。好多年轻人站起来，转眼间已有两名动作快的跑到台上。

老人这时开口和他们讲规则，请他们用这个大铁锤，去敲打那个吊着的铁球，直到把它荡起来。

一个年轻人抢着拿起铁锤，拉开架势，抡起大锤，全力向那吊着的铁球砸去，一声震耳的响声，那吊球动也没动。他就用大铁锤接二连三地砸向吊球，很快他就气喘吁吁。

另一个人也不示弱，接过大铁锤把吊球打得叮当响，可是铁球仍旧一动不动。

台下逐渐没了呐喊声，观众好象认定那是没用的，就等着老人做出什么解释。

会场恢复了平静，老人从上衣口袋里掏出一个小锤，然后认真地，面对着那个巨大的铁球。他用小锤对着铁球"咚"敲了一下，然后停顿一下，再一次用小锤“咚”敲了一下。人们奇怪地看着，老人就那样"咚"敲一下，然后停顿一下，就这样持续地做。

十分钟过去了，二十分钟过去了，会场早已开始骚动，有的人干脆叫骂起来，人们用各种声音和动作发泄着他们的不满。老人仍然一小锤一停地工作着，他好象根本没有听见人们在喊叫什么。人们开始忿然离去，会场上出现了大块大块的空缺。留下来的人们好象也喊累了，会场渐渐地安静下来。

大概在老人进行到四十分钟的时候，坐在前面的一个妇女突然尖叫一声：“球动了！”刹时间会场立即鸦雀无声，人们聚精会神地看着那个铁球。那球以很小的摆度动了起来，不仔细看很难察觉。老人仍旧一小锤一小锤地敲着，人们好象都听到了那小锤敲打吊球的声响。吊球在老人一锤一锤的敲打中越荡越高，它拉动着那个铁架子“哐、哐”作响，它的巨大威力强烈地震撼着在场的每一个人。终于场上爆发出一阵阵热烈的掌声，在掌声中，老人转过身来，慢慢地把那把小锤揣进兜里。

老人开口讲话了，他只说了一句话：在成功的道路上，你没有耐心去等待成功的到来，那么，你只好用一生的耐心去面对失败。

很多的人以为成功很难，成功要付出太多、成功会很痛苦，就不去想和追求。这等于是在内心宣告向命运投降。心态是你的真正主人，心态决定成败。在受挫的时候要懂得看到自己的优点，告诉自己——一切还有希望。比如，你的老板生气地斥责了你，给了你一个非常差的评价。不要灰心失望，把自己的优点列出来写在纸上，反复地看几遍，对自己说：“我还有很多优点，只是他没有看到而已。”从哪里跌倒，就应该从哪里爬起来。不怕犯错，就怕不知道如何改错。

只要你能保持良好的心态，任何困难也会在你面前低头的。

感谢自己可以重新开始

大发明家爱迪生一生造福大众、不畏艰辛，经历无数坎坷曲折，但他胸襟开阔，心态积极，每次遭遇挫折时都能够重新开始新的征程。

1914 年 12 月的一个夜晚，一场大火残酷地烧毁了托马斯爱迪生的研制工厂，他因此而损失了价值近百万美元的财产。爱迪生安慰伤心之极的妻子说："不要紧，别看我已 67 岁了，可我并不老。从明天早晨起，一切都将重新开始，我相信没有一个人会老得不能重新开始工作的。看来灾祸也能给人带来价值，我们所有的错误都被烧掉了，现在我们又可以一切重新开始。"第二天，爱迪生不但开始动工建造新车间，而且又开始发明一种新的灯——一种帮助消防队员在黑暗中前进的便携式探照灯。火灾对爱迪生就像是一支小小的插曲。

爱迪生深深懂得了人生的一个重要原则：几乎每一种结局（无论是好的，还是坏的）都受我们对之所持态度的影响。

著名发明家贝尔费尽大半生的财力，建立了一个庞大的实验室。但是不幸的是，一场大火将他的实验室烧成了灰烬，造成了严重的损失。他一生的研究心血几乎都付之一炬。

当他的儿子在火场附近焦急地找到父亲时，他看到已经六十七岁的贝尔居然静静地坐在一个小斜坡上，看着熊熊大火烧尽一切。

贝尔见儿子来找他，扯开喉咙叫儿子快去找妈妈来："快把她找来，让她看看这场难得一见的大火。"

大家都以为大火可能对贝尔造成了重大打击，但是他说："大火烧去了所有的错误。感谢上帝，我们又可以重新开始了。"

没多久，新的实验室建起来了。时至今日，贝尔实验室已成为科学家的摇篮。

生活中经常有类似贝尔所遭受的大火，心态消极的人只会有一种命运，那就是被火吞灭。而像贝尔一样心态积极的人，不妨往好处想一想，重新鼓起勇气，成功才会离你越来越近。

保持一颗年轻的心

时光飞逝，但我们不能让自己的心境变老。当年惊世骇俗的麦当娜在40岁时有过一番惊人之论。她表示说虽然生理年龄40岁了，但是她却认为自己必需减五岁，实际上是35岁才对！

她的理由有四个：当年与西恩潘的婚姻，可说是有一整年是浪费掉的，因此必须减去一岁。她与女喜剧演员珊德拉·班哈特为争女儿而翻脸，因此两年的友情算是空白，又要减两岁。接下来是她曾经演出过大烂片《赤裸惊情》，所以这一年也不能算。最后是演出《狄克崔西》时与华伦比提的恋爱谣传，那一年等于是浪费她的生命，因此必须要减掉那一年。

如此推算下来，果然她又多了五岁！真的可以理直气壮地再年轻一次了！

想想看，你是否也有些岁月是浪费掉，需要重过的？花了五年时间爱错了一个男人？减掉五岁吧！因为失恋而消沉了一年？减掉一岁！花了两年时间做了一个不喜欢的工作，减掉两岁！这样算下来，你是不是又年轻了几岁？时间对你再也不是压力了！你是不是又可以重新开始尝试崭新的生活？你是不是又有勇气另起炉灶了？

时间是供我们垂钓的溪流，在这条溪流中，我们想要抓住星星、月亮或鱼群、水草，完全掌握在我们的手中。汩汩的河水流逝了，年轻的心境却永远不会磨损。

法国思想家蒙田说：“我宁愿有一个短促的老年，也不愿在我尚未进入老年期就老了。”

好好掌握自己的生命，运用减岁哲学将使你的心情永远不会衰老，永远有机会重新开始，永远敢另起炉灶！

在沙漠里看到星星

有一位名叫塞尔玛的女人陪伴丈夫驻扎在一个沙漠的陆军基地里。丈夫奉命到沙漠里去演习，她一个人留在陆军的小铁皮房子里。天气热得受不了，即使躲在仙人掌的阴影下也不能消除那种炎热。她没有朋友可以聊天——身边只有墨西哥人和印第安人，而他们不会说英语。因此她非常难过，于是就写信给父母，想回家去。父亲的回信只有两行字，但这两行字却永远留在了她的心中，并且完全改变了她的生活。

“两个人从牢中的铁窗望出去。一个看到泥土，一个却看到了星星。”

塞尔玛一再读这封信，觉得非常惭愧。她决定要在沙漠中找到星星。她开始和当地的人交朋友。他们的热烈反应使她感到惊喜。同时她对他们的纺织、陶器也产生了兴趣。当地人把自己最喜欢但舍不得卖给观光游人的纺织品和陶器送给了她。另外，塞尔玛还研究那些引人入迷的仙人掌和各种沙漠植物。她观看沙漠日落，寻找海螺壳。这些海螺壳是几万年前，这沙漠还是海洋时留下来的……原来难以忍受的环境变成了令人兴奋、流连忘返的奇景。

是什么使塞尔玛内心发生了这么大的转变呢？沙漠没有改变，印第安人也没有改变，改变的只是她的念头，她的心态。思想的转变使她把原先认为恶劣和枯燥的生活变成了一生中最有意义的冒险。她为发现“新世界”而兴奋不已，并为此写了一本书——《快乐的城堡》。她从自己造的牢房里望到了星星。

沙漠里可以找到海螺，牢房里可以看到星星。人生处处充满了希望，就看你以什么样的心态去面对，去准备。

走好心灵的独木桥

弗洛姆是美国一位著名的心理学家。一天，几个学生向他请教：心态对一个人会产生什么样的影响？

他微微一笑，什么也不说，就把他们带到一间黑暗的房子里。在他的引导下，学生们很快就穿过了这间伸手不见五指的神秘房间。接着弗洛姆打开房间里的一盏灯，在这昏黄如烛的灯光下，学生们才看清楚房间的布置，不禁吓出了一身冷汗。原来，这间房子的地面就是一个很深很大的水池，池子里蠕动着各种毒蛇，包括一条大蟒蛇和三条眼镜蛇，有好几条毒蛇正高高地昂着头，朝他们“滋滋”地吐着信子。就在蛇池的上方，搭着一座很窄的木桥，他们刚才就是从这座木桥上走过来的。

弗洛姆看着他们，问：“现在，你们还愿意再次走过这座桥吗？”大家你看看我，我看看你，都不作声。

过了片刻，终于有 3 位学生犹犹豫豫地站了出来。其中一个学生一上桥，就异常小心地挪动着双脚，速度比第一次慢了好多倍；另一个学生战战兢兢地踩在小木桥上，身子不由自主地颤抖着，才走到一半，就挺不住了；第三个学生干脆弯下身来，慢慢地趴在小桥上爬了过去。

“啪”，弗洛姆又打开了房内另外几盏灯，强烈的灯光一下子把整个房间照耀得如同白昼。学生们揉揉眼睛再仔细看，才发现在小木桥的下方装着一道安全网，只是因为网线的颜色暗淡，他们刚才没有看出来。弗洛姆大声地问：“你们当中还有谁愿意现在就通过这座小桥？”

学生们没有做声。“你们为什么不愿意呢？”弗洛姆问道。“这张安全网的质量可靠吗？”学生心有余悸地反问。

弗洛姆笑了：“我可以解答你们的疑问了，这座桥本来不难走，可是桥下的毒蛇对你们造成了心理威慑，于是，你们就失去了平静的心态，乱了方寸，慌了手脚，表现出各种程度的胆怯——心态对行为当然是有影响的。”

其实人生又何尝不是如此呢？在面对各种挑战时，也许失败的原因不是因为势单力薄，不是因为智能低下，也不是没有把整个局势分析透彻，反而是把困难看得太清楚，分析得太透彻，考虑得太详尽，才会被困难吓倒，举步维艰。倒是那些没把困难完全看清楚的人，更能够勇往直前。

如果我们在通过心灵的独木桥时，能够忘记背景，忽略险恶，专心走好自己脚下的路，也许我们就能轻松愉快地快步到达目的地。

让自己轻松上路

夏日的傍晚，一个美丽的少妇投河自尽，被正在河中划船的老人救起。

“你年纪轻轻，为何寻短见？”老人问。

“我结婚两年，丈夫遗弃了我，接着孩子又病死，你说，我活着还有什么乐趣？”少妇哭诉着。

“两年前你是怎么过的？”老人又问。少妇的眼睛亮了：“那时我自由自在，无忧无虑。”

“当时你有丈夫和孩子吗？”

“当然没有。”

“那么，你不过是被命运之船送回到了两年前，现在你又自由自在，无忧无虑了。请上岸吧。”

话刚说完，少妇已在岸上，老人则不知去向。仿佛做了一个梦的少妇，揉了揉眼睛，想了想，走了。

从此，她没有再寻短见。

世上万物都有其自然规律，而不以个人的悲喜为转移。抱着“不以物喜，不以己悲”的人生态度，即使碰到了非常痛苦的事情，明知无法挽回，也要看开一点，多想些轻松的事，好让自己重新开始，轻松上路。

“文革”期间，著名作家沈从文被下放到多雨的湖北咸宁劳动改造，饱受痛楚。可沈从文毫不在意，在咸宁给他的表侄、画家黄永玉写信说：

“这儿荷花真好，你若来……”

就这样一句普普通通的“荷花真好”，竟使那段苦难的日子飘荡着荷花的芬芳，令人以为多雨泥泞的咸宁是王孙可游的人间仙境呢！看似平淡的语句里，暗示了多少生命玄机，又蕴含了多少人生智慧啊！现实生活中，无限制增长的欲望、不满足现状的心态，还有那诸多数不清的烦恼与磨难，常常使人患得患失。因此，很多人抱怨命运，抱怨时运不济，抱怨人生多“苦”。

无论生活面临怎样的境地，人生遭逢怎样的磨难，栽种一株快乐的心灵之花于心田，让绚丽的花朵昂然地绽放在生命的枝头，你便会拥有兰心蕙性，你的心境也定会盈满幸福！

为心灵留一方晴空

喜欢自己，就要学会善待自己、欣赏自己，使自己像阳光那样热情奔放，不可或缺。一个人要想活出自己的风采，就要守住自己心中那片灿烂的阳光。

一个人要想活出自己的风采，就要守住自己心中那片灿烂的阳光。这里所说的阳光就是指自己的自尊、尊严。曾经听过这样一句话：喜欢自己，就要学会善待自己、欣赏自己，使自己像阳光那样热情奔放，不可或缺，让自己的尊严高高飞扬，活出真自我。

如果你不明白，你可以读一读安迪的故事。

纵使在美女如云的深圳，安迪也算得上一个天生丽质、秀外慧中的女孩。所以，她轻而易举地找到了一份好工作——在一家合资公司任总经理秘书。

而现在，安迪却辞工到一家酒店餐饮部去工作，当了普通的服务小姐。这种落差让人惊诧。“你该知道的，我的上司是一个衣冠楚楚的人，但遗憾的是他也就仅仅衣冠楚楚罢了，”安迪淡淡一笑，“所以我辞工的时候什么都没带走，我只要回了我自己。”

其实，安迪应该说，她只是捍卫了她做人的尊严，或者她守护了她理想中那片璨然的阳光。

安迪说她永远忘不了这个小故事：从前一个国王看见一个躺在马路上的乞丐，这个国王一时恻隐心起，问那乞丐：“你需要得到我的帮助吗？”那衣衫褴褛、蓬头垢面的乞丐望了望国王，说：“需要，请站到一边去，别挡住我的阳光。”

“所以，”安迪说，“一个自尊自强的人总会活出自己的风采。因为纵使身处逆境时他还有资格对别人说：别挡住我的阳光！”

只要精神之树不倒，每个人都可以是笑傲命运的富翁。只要自己心中有一方晴空，那么灿烂的阳光就会照耀大地。

相信明天更美好

人类所具有的种种力量中，最神奇的莫过于有梦想的能力。假如我们相信明天更美好，就不必计较今天受的痛苦。

使人类的生活更有意义，把很多人从困境中解脱出来的，都应归功于一些梦想者——我们都得感谢人类的梦想者啊！

在人类历史中，假如把梦想者的事迹删去，谁还会去读那些枯燥无味的历史呢？梦想者是人类的先锋，是我们前进的引路人。他们毕生劳碌，不辞艰辛，弯着腰，流着汗，替人类开辟出平坦的大道来。如今的一切，不过是过去各个时代梦想的总和，不过是过去各个时代梦想的现实化。

假如没有梦想者到美洲西部去开辟领地，那么美国人至今还徘徊在大西洋的沿岸。

对于世界最有贡献、最有价值的人，必定是那些目光远大，具有先见之明的梦想者。他们能运用智力和知识，来为人类造福，把那些目光短浅，深受束缚和陷于迷信的人拯救出来。有先见之明的梦想者，还能把常人看来做不到的事情逐个变为现实。有人说，想象力这东西，对于艺术家、音乐家和诗人大有用处，但在实际生活中，它的位置并没有那样的显赫。但事实告诉我们：凡是人类各界的领袖都做过梦想者。无论工业界的巨头。商业的领袖，都是具有伟大的梦想、并持以坚定的信心、付以努力奋斗的人。

人类所具有的种种力量中，最神奇的莫过于有梦想的能力。假如我们相信明天更美好，就不必计较今天所受的痛苦。有伟大梦想的人，就是阻以铜墙铁壁，也不能挡住他前进的脚步。

一个人假如有能力从烦恼、痛苦、困难的环境，转移到愉快、舒适、甜蜜的境地，那么这种能力，就是真正的无价之宝。如果我们在生命中失去了梦想的能力，那么谁还能以坚定的信念、充分的希望、十足的勇敢，去继续奋斗呢？

人只有具有了这些幻梦，才可能有远大的希望，才会激发人们内在的潜能，增强人们的努力，以求得光明的前途。

追随灵魂的期待

积极进取的思想，足以改进人的希望，使人尽量地发挥他的才干，达到最高的境界。积极进取的思想，能够战胜低劣的才能，可以战胜阻碍成功的仇敌。

即使看似不可能的事情，只要抱定希望，努力去做，持之以恒，终有成功的一天。希望是事实之母，无论是希望有健康的身体、高尚的品格，还是有巨型的企业，只要方法得当，尽力去做，便有实现的可能。

一个人有希望，再加上坚韧不拔的决心，就能产生创造的能力；一个人有希望，再加上持之以恒的努力，就能达到希望的目的。有了希望，假如没有决心和努力的配合，对希望漠然视之，那么即使再宏大美好的希望也会烟消云散，化为泡影。

对于我们的生命，最有价值的莫过于在心中怀着一种乐观的期待态度。所谓乐观的期待，就是希冀获得最好、最高、最快乐的事物。

假如对于我们自己的前程，有着良好的期待，这就足以激发我们最大的努力。期待安家立业、安享尊荣；期待在社会上获得重要的地位，出人头地。这种种期待都能督促我们去努力奋斗。

世界上有许多人认为，世上一切舒适繁华的东西、精美的房屋、华丽的衣服以及旅行娱乐等等，不是为他们预备的，而是为其他人预备的。他们相信这种种幸福，不属于他们所有，而是属于另外阶层的人所有，原来他们自己认为属于低等的阶层，属于没有希望的阶层。试问，一个人有了这样的自卑观念后，还怎能得到美好的享受呢？

假如一个人不想得到美好的享受，志趣卑微，自甘低下，对于自己也没有过高的期待，总是认为这世间的种种幸福并非为自己预备着的，那么这种人自然就永远不会有出息。

我们期待什么，便得到什么，人应该努力期待；假如我们什么都不期待，自然就一无所得。安于贫贱的人，自然不会过上富裕的生活。

有了成功的期待，心中却常抱着怀疑的态度，常怀疑自己能力的不足，心中常对失败有多种预期，这真是所谓南辕北辙！只有诚心期待成功的人，才能成功。所以，做一个人必须有积极的、创造的、建设的、发明的思想，而乐观的思想也尤为重要。

有的人一方面努力这样做，而同时又那样想，最终就只有失败。假如你渴望得到昌盛富裕，而同时却怀着预期贫贱的精神态度，那么你永远不会走入昌盛富裕的大门。

有很多人虽然努力做事，但常常一事无成，原因在于他们的精神态度不与其实际努力相对应——当他们从事这种工作的时候，又在希冀着其他工作。他们所抱有的错误态度，会在无形中把他们所真正渴求的东西驱逐掉。不抱有成功的期待，这是使期待无法实现的巨大障碍。每个人都应该牢记这句格言："灵魂期待什么，即能做成什么。"

诸多成功者都有着乐观期待的习惯。不论目前所遭遇的境地是怎样的惨淡黑暗，他们对于自己的信仰、对于"最后之胜利"都坚定不移。这种乐观的期待心理会生出一种神秘的力量，以使他们达到愿望的目的。

期待会使人们的潜能充分地发挥出来，期待会唤醒我们隐伏的力量。而这种力量如若没有大的期待，没有迫切的唤醒，是会长久被埋没的。

每个人都应当坚信自己所期待的事情能够实现，千万不能有所怀疑。要把任何怀疑的思想都驱逐掉，而化之以必胜的信念。在乐观的期待中，要有坚定的信仰；假如有坚定的信仰，努力向上，必定会有美满的成功。

心理调节术：卸去精神上的枷锁

你的头脑被什么限制了呢？是什么使我们没有勇气去打破已有的格局？有以下几种原因：

1. "别人会怎样想"的枷锁

面对失败，"别人将会有什么看法呢"这的确是一种最普遍而且最具自我毁灭性的心理状态。这种以"别人"为念的想法是一种强而有力的枷锁。它会伤害你的创造力和人格，把你原有的能力破坏殆尽，使你停滞不前。为摆脱这种"别人"式的枷锁，你不妨想一想，"别人"并不是"先知先觉"，他们往往是"事后诸葛亮"。你应该记住：走自己的路，让别人去说吧！

2. "注定会失败"的枷锁

一旦失败，便将自己初始的动机统统的扼杀。他们不断重复着说："早知如此，何必当初！"他们因此把自己看得渺小，无法真正透彻地看清自己。要知道，世上绝没有后悔药。为了摆脱"注定会失败"的枷锁，你需要改变思想，换“脑筋”，思想本身会左右事情的发展。你不妨跟自己闲谈，保持积极的态度。切莫在不经意中将自己的创新意识抛弃，它是你最珍贵的东西。想着“我将要成功”而不是会失败；“我是一个胜利者”而非“一位失败者”；寻找助你成功的方法。你会发现你能左右自己的心情，同样能左右自己的行动。

3. “已为时太晚”的枷锁

许多失败者相信自己太晚了，已无法挽回，无法再创业了，因此对未来完全妥协，尽量逆来顺受地熬日子。这种“已为时太晚”的枷锁，包括各式各样的人物：一个30岁的青年做生意亏了本就认为无法东山再起；一个40岁的寡妇就自认为太老无法再婚；一位10年前没有扩大投资的厂长要想重新开始投资就认为时过境迁。为了戒除这种“为时太晚”的枷锁，你可以多观察那群在社会生活中的活跃人物，而不去理会“年龄的限制”，并下定决心，不断奋斗，所谓“春蚕到死丝方尽，蜡炬成灰泪始干”，成功与年龄无关，重新开始永远为时不晚。

4. “过去错误”的枷锁

许多人都害怕再次尝试，因为他们曾经失败过，而且受创很深，正所谓“一朝被蛇咬，十年怕井绳”。但是，对每一位有志之士来说，他都必须对过去所犯的错误保持正确的哲学观，从而使他得以再求突破，再创佳绩。如果你能将自己的失败看成是很有价值的教育投资的话，那就一点也无损失了。因此，你完全不必把“过去的错误”看得太重。其实那根本不能算作失败，只能算是受教育，它能教会你许多事情，使你更加成熟。

不管哪一种，这些枷锁都会加重你的负担，使你步履艰难甚至压得你喘不过气来，只有把它们卸下来，才能一身轻松地去奋斗，向着你的目标甩开步子，勇往直前。

第38章
给心灵放个假

承受磨难与享受幸福

上帝问三个凡人："你们来到人间是为什么呢？"第一个回答："我来这个世界是为了享受生活。"第二个回答："我来到这个世界是为了承受痛苦。"第三个回答："我既要承受生活给我的磨难，也要享受生活赐给我的幸福。"上帝给前两个人打50分，给第三个人打100分。

人生在世，不仅是奔波，也不仅是享受，人生应是既有奋斗也有享受，应该是忙里不忘休闲，工作之余不忘品味人生的快乐与幸福，不忘领取上帝的恩赐。

可我们又是信奉怎样的人生哲学呢？据国外心理学家的调查，几乎有三分之二以工作为中心的人，下班后不懂得放松，许多人以为在饭店饮酒取乐，醉生梦死便是放松。可在酒场上的君子们哪一个不是"有备"而来的呢？要么是为了打通关系，要么是为了饭后的红章或签字。这不仅不能缓解心头的压力，反而把身体也累垮了。

人生不是你死我活的战场，也不必怀着不成功则成仁的决绝。如果你想奔跑，希望你能像电影《阿甘正传》里的阿甘那样——"有一天，我忽然想跑步，于是我就跑了起来"。无论道路多长，都跑得兴高采烈；无论多少人追随，都跑得心无旁骛；有一天不跑了，就转身而去，也不需管身后多少人唧唧喳喳。

忙里岂能不偷闲

泰戈尔在《飞鸟集》中写道：“休息之隶属于工作，正如眼睑之隶属于眼睛。”“不会休息的人就不会工作，只有休息好了，才能更好地工作，才会有更好的生活。”我们崇拜陈景润，但我们不赞成他那种不顾一切，废寝忘食，以致英年早逝的生存哲学。

人生就像登山，不是为了登山而登山，而应着重于攀登中的观赏、感受与互动，如果忽略了沿途风光，也就体会不到其中的乐趣。人们最美的理想、最大的希望便是过上幸福生活，而幸福生活是一个过程，不是忙碌一生后才能到达的一个顶点。

古人云:“一张一弛，乃文武之道。”人生也应该有张有弛，也应该忙中有闲。人生就像条弦，太松了，弹不出优美的乐曲；太紧了，容易断，只有松紧合适，才能奏出舒缓优雅的乐章。

俗话说：“磨刀不误砍柴工。”悠闲与工作并不矛盾。处理好二者的关系，最重要的是能拿得起，放得下。工作时就全身心投入，高效运转。放松时就放松，把工作完全放在一边，不要总是牵肠挂肚。去钓鱼、去登山、去观海，想干啥就干啥。

其次就是工作休闲应该搭配得当，不能忙时累个半死，闲时又闲得让人受不了。可以隔三差五地安排一个小节目，比如雨中散步、周末郊游、鸳鸯共浴等。适时地忙里偷闲，可以让人从烦躁、疲惫中及时摆脱，为了更好地工作而积蓄精力。

因为运动，所以解忧

如果问运动有何好处，可能许多人都能回答许多，诸如运动可以加速血液循环，增加机体免役力等等。但你是否知道，运动亦可以解忧。

许多人可能对此持怀疑态度，因为在大多数人眼中，只有高兴的时候才去运动，生气烦恼的时候哪有闲心去运动啊？但事实就是如此，由不得你不信。

运动确实能让人忘记沮丧，产生快感。看过影片《阿甘正传》的朋友都知道，当阿甘心爱的女人离他而去后，他便开始跑步，天天不停地跑。虽然阿甘自己说他跑步没有理由，就是想跑，其实正是跑步让他忘掉了伤痛，而也正是他跑步的执著精神感动了女友，让她重新回到他身边。

所以，高兴的时候可以去运动，因为那是一种休闲，而心情烦闷的时候也可以去运动，因为运动可以放松心情。快乐的方法不下千百种，同样，运动的方式也多种多样。跑步、钓鱼、登山、骑马……只要你喜欢，什么都可以。

此外，运动就是运动，不要带有别的什么目的，最好就像阿甘一样，我想跑就跑，不是为了引起谁的关注，也不是为了什么奖赏。比如说没事时去打篮球，最好把它看成是一项休闲活动，不是为打球而打球，不能过于看重输赢得失，否则便会平添许多烦恼，达不到放松的目的。因为如果过于看重输赢，那一点小小的失败都会让人产生如同工作失败的挫折感。如此一来，运动反而成为紧张疲倦的诱因，失去了原来休闲的意义。

非做不可的事不能太多

简·莫尼克是康涅狄克州一家公司的市场部顾问。她对待压力的观点是：由生活、工作所产生的心理压力是不可避免的现代病之一。对待的方法不应是回避而是正确处理。她常说："主动地、正确地去处理各种问题、困难，你得到的回报是快乐和自信；相反，被动应付的做法则使你疲惫不堪。"

她的有力武器有两件：第一件是周密的工作计划。无论你选用计算机或铅笔和纸来做都无关紧要，重要的是用制定计划的方法来保持清醒的头脑，明确先做什么后做什么、哪些是最重要的和哪些是次重要的……

"那么，每天面对一份如此详尽的工作计划，你不觉得累吗？"当有人这样问她时。"噢，不！一点也不！"伴随着轻松的笑声，简亮出了她的第二件"武器"：那就是灵活性。"我的计划本身就具有相当的灵活性。我不仅计划'要做什么'，也计划'可以不做什么'。"简不无幽默地说："比如陪孩子看场足球赛，每月与丈夫外出共进一顿浪漫的晚餐，这些都没写进我的计划里，却是非做不可的，别的事则可以量力而行。记住，‘非做不可的事情’不能太多。”

当我们面对繁重的工作压力时，想一想，这真的是非做不可的吗？

像善待他人一样关爱自己

这里是一些建议，在新旧更替的时刻，让我们学会像善待他人一样关爱自己。

（1）小小的改变：有时我们感觉失意是因为我们再也不会拥有像孩提时代一样的兴奋与快乐。

（2）假期里不要再看那些使人精神紧张的电视新闻节目，不妨收看一些唤起童心的娱乐节目。

（3）租一些可以称作“精神食粮”的 VCD、DVD 来欣赏。

（4）放松呼吸，做一次小小的休息：采取舒服的坐姿，将双手放于腹部，感觉呼吸时腹部的起伏。

（5）给需要帮助的人送一件礼物或做一件事情，你的快乐将比接受帮助的人还多。

（6）在帮助了别人或做了开心的事情之后，给自己一个小小的奖励。比如，一块巧克力或一枚硬币。

（7）忙碌之余，在出去购物前换上舒适的衣服和鞋子。

（8）购物时别忘了寻找自己想要的东西，告诉售货员你需要什么，也许会有惊喜的发现。

（9）在出现感觉疲惫、头疼或注意力不集中这些“假期综合症”时，不妨在午后小睡片刻。

放慢你匆匆的脚步

日常生活当中，没见过一个超高速运转的车会停得住；没见过一个绷得过紧的琴弦不易断；没见过一个发条永远上得十足的表会走得久；也没见过一个心情日夜紧张的人不易生病。

每个人都希望拥有成功、快乐的人生，秘密就在于你有没有给自己时间。我们常说生活是一门艺术，而艺术是讲究创造与欣赏的，它需要你花时间和心思在其中，生活正是如此，匆匆忙忙地过日子，永远没有喘气的时候，这样的生活应该是精致而美丽的，它充满乐趣和美好的体验。

讲求速度的现代人，被时间的巨轮追赶得喘不过气来，但同时又想念忙碌才能带来充实的人生，因此我们不敢怠慢每一分每一秒钟，忙工作、忙赚钱，连度假也是争分夺秒，生命的乐趣就在一连串的赶、追、跑中被自己无情地剥夺了。

其实，生活的道路上有很多能引起我们遐想的平凡而又伟大的事物。路边不起眼的小树，小树庇护下的瘦弱的小野花，野花上采蜜的野蜂，甚至于蜜蜂身上的蜂刺——它的护身武器，也让人不由自主地联想起几千年来人类与自然的抗争：我们只有手这种柔弱无力的工具，然而却主宰了自然界。

不要成为生活的奴隶，填饱肚子之余，别忘了心灵也需要营养。人不能只靠面包生活，你的心灵需要比面包更有营养的东西，你有多久没有唱歌？没有到大自然中走一走？没有读书了？

不妨问问自己：

你可曾凝视花朵的坠落？你可曾注意过在秋千上嬉戏的小孩？你可曾聆听细雨落到地上的声音？你可曾追逐过飞来飞去的蝴蝶？你可曾凝视着落日渐黄昏？你是否每天忙忙碌碌，慌慌张张，当你问声“你好吗”？她是否听到了回答？当忙碌了一天后，你是否躺在床上还想着明天的种种琐事呢？你是否曾失去联系而使一段珍贵的友谊无奈凋零？

当你匆匆往某处赶时，你就错过了在路上的乐趣；你最好慢下来，步子不要这么快，因为时光短暂，生命之乐不会持久。

当你生活中满是焦虑和急促时，日子便像未开封的礼物，这样被你丢掉……

生活不是速度的竞赛，让我们放慢生活的舞步，在曲终人散前，仔细聆听——这生命之乐。

给自己一点品味生命的时间，在音乐、艺术、文学和大自然的世界里松解紧张的情绪，保持一颗鲜活的心，别拿忙碌当借口。多听多看，多关怀生命，即使是阴霾的雨天，也会出现欢乐的歌声。

心理调节术：一分钟放松疗法

放松疗法又称松弛疗法、放松训练。它是一种通过训练有意识地控制自身的心理、生理活动、降低唤醒水平、改变机体紊乱功能的心理治疗方法。实践表明，心理、生理的放松，均有利于身心健康，达到治病的作用。

事实上，人们很久以前就在使用放松的方式来养生颐寿。像我国的气功、印度的瑜珈术、日本的坐禅，都是以放松达到心平气和、通体舒畅的目的。

放松疗法认为一个人的心情反应包含“情绪”与“躯体”两部分。假如能改变“躯体”的反应，“情绪”也会随着改变。至于躯体的反应，除了受自主神经系统控制的“内脏内分泌”系统的反应不易随意操纵和控制外，受随意神经系统控制的“随意肌肉”反应，则可由人们的意念来操纵。也就是说，经由人的意识可以把“随意肌肉”控制下来，再间接地把“情绪”松弛下来，建立轻松的心情状态。在日常生活中，当人们心情紧张时，不仅“情绪”上“张惶失措”，连身体各部分的肌肉也变得紧张僵硬，即所谓心惊肉跳、呆若木鸡；而当紧张的情绪松弛后，僵硬肌肉还不能松弛下来，即可通过按摩、沐浴、睡眠等方式让其松弛。基于这一原理，“放松疗法”就是训练一个人，使其能随意地把自己的全身肌肉放松，以便随时保持心情轻松的状态。

下面介绍一些具体的方法：

1. 深呼吸

呼吸并不只有维持生命的作用，吐纳之法还可以清新头脑，熨平纷乱的思绪。所以当你因压力太大而心跳加快时，不妨试着放松身心，做几个深呼吸。进行深呼吸，能增加血液中的氧，有助于很快放松心情。简单用胸部快速浅呼吸只能导致心跳加快，肌肉紧张，会增加压力感。正确的呼吸方法是放松腰带，双手扶下腹，均匀平缓深呼吸。想想，为什么篮球运动员在投罚球前都会做一个深呼吸。

2. 想象

听起来很新鲜，其实研究证明想象能有效减轻压力。例如，想象自己在洗热水澡；想象自己在草地上漫步，虽然没有看见，但却闻到近处有兰花香；想象自己踩着鹅卵石在没膝深的溪水中探行；想象自己躺在海滩上让潮水一遍一遍地冲刷。要注意想象一些声音、景象、气味等的细节。

3. 自我按摩

按摩是中国的气功之一。全身保健按摩是活动全身的皮肤。穴位按摩是手指点按几个穴位，其中有印堂、风池、太阳、内关、外关、足三里和涌泉，以及肩与颈之间的大块区域。按摩时可以配合深呼吸和意念循环。

4. 气功

气功是古老而神秘的学问。气功是意念、动作、呼吸相结合的功夫。我们可以曲膝马步蹬裆，上体笔直，吸气时双手慢慢抬起，平肩，呼气时双手慢慢放下，多做几次。

第39章
微笑着面对人生

微笑是一种生活态度

微笑是颗开心果，微笑是粒解烦丹，微笑是道欢喜禅。微笑好处多，具体来说，有以下几种。

1. 传达对别人的信任

学会在陌生的环境里微笑，首先是一种心理的放松和坦然。对待陌生人，我们该多一些真诚和善意。放下戒备，我们的内心不会再疲惫和紧张，会变得轻松而愉快，在陌生的环境里感到的不再是陌生和冰冷，而是融洽和温暖。

2. 传达给别人“相信我”的信息

学会在陌生的环境里微笑，还是一种自尊、自爱、自信的表示。微笑来源于内心的善良、宽容和无私，表现的是一种坦荡和大度。

3. 自我心态调整

每天对自己一笑，就是自我调理情绪。给自己一份轻松，一份自信，让自己有一种良好的心态。

4. 调节紧张气氛

这是一位老师的亲身体会：“我是一名小学老师，每天都要面对着孩子们，我越来越觉得：一个可人的微笑，将会给孩子们带来无穷的乐趣。我还清楚地记得不久前发生的一件事。那天早晨，当我走进教室时，发现卫生还没有打扫好，学生们跑的跑，闹的闹，乱成了一锅粥。见此情形，我气不打一处来，对他们大发了一顿脾气。随后的讲课过程中，同学们沉默异常，从他们惊恐的眼神里，我明白自己刚才犯了错误。于是我想到该活跃一下气氛，便微笑着问：‘怎么了？你们还没有睡醒呀？’孩子们立刻笑了，几个胆大的笑答：‘醒了！’我明显地感觉到他们松了一口气。在轻松、愉快的气氛中，我顺利地完成了后半堂课。”

5. 传达宽容和爱

微笑是一种非常富有感染力的表情，它证明你内心不带虚饰、自然而然流露的喜悦，而且你这种快乐的情绪还会像阳光那样，给别人带来温暖，给他人留下一个良好的第一印象。

6. 表达坚强的信念

对于自己来说，微笑也是一剂强心剂。我们脸上的表情是我们内心世界情绪波动的晴雨表。可以想象，一个不善于微笑、整天肌肉紧张的人一定是生活在压力之下痛苦不堪的人，不管这种压力是积极的还是消极的。只有真正自信和开心的人才能有发自内心的微笑。一个人在接踵而至的不幸中，仍能示人以如花般的微笑，更能让人深深感受到那种蕴含在微笑后面坚实的、无可比拟的力量——那是一种对生活巨大的热忱和信心，一种高格调的真诚与豁达，一种直面人生的成熟与智慧。这才是支撑起幸福的基石。只要具备了这种淡然如云、微笑如花的人生态度，那么，任何困境和不幸都能被锤炼成通向平安幸福的阶梯。

7. 微笑是一种处世法则

微笑是一种生活态度，更是我们可以奉为座右铭的处世法则。它可以让我们的苦恼在不知不觉中消解，它可以消除敌手和同事天然或潜在的紧张对峙，它是一种令人会意的情感，它更是迎接新的挑战的最好的宣示。微笑在现实生活中就是一种万能剂。

有一家大企业集团的人力资源部经理就说过，在某些时候，他宁愿雇用一个学历略逊一筹的职员——如果他（她）有一个可爱的微笑的话，而不会去雇用一个学历甚高但整天板着一张脸、面无表情的人。

穿透灵魂的微笑

非洲的一座火山爆发后，随之而来的泥石流狂泻而下，迅速流向坐落在山脚下不远处的一个小村庄。农舍、良田、树木，一切的一切都没有躲过被毁的劫难。滚滚而来的泥石流惊醒了睡梦中的一位十四岁的小女孩。流进屋内的泥石流已上升到她的颈部。小女孩只露出双臂、颈和头部。及时赶来的营救人员围着她一筹莫展。因为对于遍体鳞伤的她来讲，每一次拉扯无疑是一种更大的肉体伤害。此刻房屋早已倒塌，她的双亲也被泥石流夺去生命，她是村里为数不多的幸存者之一。当记者把摄像机对准她时，她始终没叫一个“疼”字，而是咬着牙微笑着，不停地向营救人员挥手致谢，两只手臂做出表示胜利的“V”字形。她坚信政府派来的救援部队一定能救她。可是营救人员最终也没能从泥石流中救出她。而她始终微笑着，挥着手，直到一点一点地被泥石流所淹没。

在生命的最后一刻，她脸上没有一点痛苦失望的表情，反而洋溢着微笑，而且手臂一直保持着“V”字形状。那一刻仿佛延伸了一个世纪。在场的人含泪目睹了这庄严而又悲惨的一幕，心里都充满了悲伤。

死神可以夺去人的生命，却永远夺不去在生死关头那个“V”字所蕴含的精神。穿透灵魂的微笑，常常在生命边缘蕴含着震撼世界的力量，让生命中所有的苦难如轻烟一般飘散。

笑是欢乐是仁爱

有个王子，一天吃饭时，喉咙里卡了一根鱼刺。医生们束手无策。这时一位农民走过来，一个劲儿地扮鬼脸，逗得王子止不住地笑，终于吐出了鱼刺。

一对夫妻因为一点生活琐事吵了半天，最后丈夫低头喝闷酒，不再搭理妻子。吵过之后，妻子先想通了，便想和丈夫和好，但又感到没有台阶可下，于是她便灵机一动，炒了一盘菜端给丈夫说：“吃吧，吃饱了我们接着吵。”一句话把正在生闷气的丈夫给逗乐了，见丈夫真心地笑了，她自己也乐开了。

就这样，一场矛盾在笑声中化解开来。

笑声不仅可以排除烦恼，解除忧愁，而且可以治疗各种病痛。生理学家巴甫洛夫说过："忧愁悲伤能损坏身体，从而为各种疾病打开方便之门，可是愉快能使你肉体上和精神上的每一部分敏感活跃，能使你的体质增强。药物中最好的就是愉快和欢笑。"微笑能加快肺部呼吸，增加肺活量，能促进血液循环，使血液获得更多的氧，从而更好地抵御各种病菌的入侵。

笑声还可以治疗心理疾病。印度有位医生在国内开设了多家"欢笑诊所"，专门用各种各样的笑："哈哈笑""开怀大笑""抿嘴偷笑""抱着胳膊会心地微笑"等等来治疗心情压抑等各种疾病。在美国的一些公园里都辟有欢笑乐园。每天有许多男女老少在那里站成一圈，一遍遍地哈哈大笑，进行"欢笑晨练"。

雪莱说过："笑实在是仁爱的表现，快乐的源泉，亲近别人的桥梁。有了笑，人类推感情就沟通了。"我们何不用它来爱别人也爱自己呢？

你对生活微笑，生活还你微笑

生活是一面镜子，你冲它笑它就对你笑，你冲它哭，它就冲你哭。是哭是笑，取决于你怎么样面对它。

人生是一种艺术，是一种有着喜、怒、哀、乐的舞台表演。每个人在自己的人生大舞台上扮演何种角色，是笑脸还是哭脸，完全由自己选择。选择什么样的角色，便会有什么样的生活。

英国女作家奥斯汀曾经说过："人生在世，还不是有时笑笑人家，有时给人家笑笑！"如果你对生活微笑，那么快乐便会成为你生活的格调，你的生命中便会充满幸福，你会感到生活的美好。生命的艺术在于取悦于人，在于令人赏心悦目，生命的意义和目的在于快乐。人类存在的总目标就是追求快乐和避免痛苦。

生命的艺术舞台只有喜剧和悲剧两种剧场，如果你选择喜剧，恭喜你，你将赢得人生的大奖；如果你选择悲剧，对不起，你将过早地被逐出艺术的殿堂。

如果你选择喜剧，你就要笑面人生，即使生活中困难再多，压力再大，也要以笑脸相待，而不能稍有不顺便拉长脸，眉头紧皱。当然，生活在这样一种嘈杂、浮躁、紧张的时代，人时常会因生存的压力而感到沮丧和低沉，即便是如此，悲观失望又有什么用呢？只能搞坏自己的心情，于事却是无补的。

心病可以笑容医

注意，不是张嘴就代表微笑。微笑是一种真实的、热诚的、发自内心的欢快表情。人在微笑的时候表情最自然，任何一点虚伪和造作都会让微笑的对象产生厌倦和反感。

微笑着面对生活是很重要的。如果你愿意去寻求人生的智慧，培养良好的心态，勇敢面对这个世界的一切，那么，就从微笑做起吧。

现在，有不少人得了抑郁症或其他类型的心病，不妨也采用“笑疗”的方法，自己为自己治病。具体的做法是：

（1）当自己感觉苦闷、忧愁而又难以摆脱时，采取“逆向思维”法，多听听相声、小品、喜剧，在阵阵欢笑中化开心中的郁结，这或许比任何药物都更管用。

（2）多和那些喜欢幽默又好说笑话的朋友接触。与他们在一起，幽默的话语不绝于耳，一个个笑话让人心中充满欢悦。有时你还能从笑声中得到不少人生的感悟。

（3）平时多看些欢乐的演出或电视节目，像文艺演出，还有电视中的《欢乐总动员》《快乐大本营》及电台的《空中笑林》等节目，听着看着，你会沉浸在会心的笑意中，那些郁闷就会一扫而光。

（4）找友人聊天，和性格开朗的人相聚，把心中的不快说出来，给心灵来个“减负”，并从别人的劝解中释疑解惑，同时对方的幽默语言会让你发笑，从而获得好心情。

（5）找个环境优雅之处，静下心来专门去想那些可乐的事儿，或一段相声，或一件让人捧腹的事儿，也可以自己突发奇想，假设出一些让人笑的事，这样你会情不自禁地笑出声来。

“笑疗”可让朋友为你治“心病”，但大多还是自我疗法，也不用去医院，更不用花钱，可谓简便易行，且无副作用。你若有心病不妨试一试。

今天，你微笑了吗

法国作家拉伯雷说过这样的话:“生活是一面镜子,你对它笑,它就对你笑,你对它哭，它就对你哭。”如果我们整日愁眉苦脸地生活，生活肯定愁眉不展;如果我们爽朗乐观地对待生活，生活也一定以灿烂回报。所以，既然现实无法改变，当我们面对困惑、无奈时，不妨给自己一个笑脸，一笑解千愁。

生理学家巴甫洛夫说过：“忧愁悲伤能损坏身体，从而为各种疾病打开方便之门，可是愉快能使你肉体上和精神上的每一现象敏感活跃，能使你的体质增强。药物中最好的就是愉快和欢笑。”

笑不仅可以解除忧愁，还能提高人体免疫力，增强体质，治疗各种病痛。微笑能加快肺部呼吸，增加肺活量，能促进血液循环，使血液获得更多的氧，从而更好地抵御各种病菌的入侵。

笑声还可以治疗心理疾病。印度有位医生在国内开设了多家“欢笑诊所”，专门用各种各样的笑：“哈哈”“开怀大笑”“吃吃”抿嘴偷笑、抱着胳膊会心地微笑等等来治疗心情压抑等各种疾病。在美国的一些公园里都辟有欢笑乐园。每天有许多男女老少在那里站成一圈，一遍遍地哈哈大笑，进行“欢笑晨练”。

笑不仅具有医疗作用，在生活中它还能产生人们意想不到的作用。古代有个王子，一天吃饭时，喉咙里卡了一根鱼刺，医生们束手无策。这时一位农民走过来，一个劲地扮鬼脸，逗得王子止不住地笑，终于吐出了鱼刺。

笑是快乐的象征，是快乐的源泉。笑能化解生活中的尴尬，能缓解工作中的紧张气氛，也能淡化忧郁。

既然笑声有这么多的好处，我们有什么理由不让生活充满笑声呢？不妨给自己一个笑脸，让自己拥有一份坦然；还生活一片笑声，让自己勇敢地面对艰难。这是怎样的一种调节，怎样的一种豁达，怎样的一种鼓励啊！

赫尔岑有句名言说：“人不仅要会在快乐时微笑，也要学会在困难中微笑。”人生的道路上难免遇到这样那样的困难，时而让人举步维艰，时而让人悲观绝望，漫漫人生路有时让人看不到一点希望。这时，不妨给自己一个笑脸，让来自于心底的那份执著，鼓舞自己插上理想的翅膀，飞向最终的成功；让微笑激励自己产生前行的信心和动力，去战胜困难，闯过难关。

清新、健康的笑，犹如夏天的一阵大雨，荡涤了人们心灵上的污泥、灰尘及所有的污垢，显露出善良与光明。笑是生活的开心果，是无价之宝，但却不需花一分钱。所以，每个人都应学会以微笑面对生活。

那么，今天你笑了吗？没有的话，那么现在就让你的嘴角就往上翘一翘吧！

心理调节术：每天练习微笑

百货店里，有个穷苦的妇人，带着一个约四岁的男孩在转圈子。走到一架快照摄影机旁，孩子拉着妈妈的手说：“妈妈，让我照一张相吧。”

妈妈弯下腰，把孩子额前的头发拢在一旁，很慈祥地说：“不要照了，你的衣服太旧了。”

孩子沉默了片刻，抬起头来说：“可是，妈妈，我仍会面带微笑的。”

每想起这则故事，心就会被那个小男孩所感动。

微笑，永远是我们生活中的阳光雨露。那么，我们如何才能学会微笑呢？

（1）你要相信自己的微笑是世界上最美丽的微笑。

（2）让那些能够给你带来轻松愉快的事情围绕着你。

（3）在办公室的显眼位置上，摆放假日里令你难忘的照片。比如，你家里的小狗，正儿八经地戴着一副眼镜，装模作样地打量着镜头。这些照片，可以使你从日常紧张的工作中得到片刻的休息。

（4）尽量消除或减少一些负面消息对你的影响。了解世界上所发生的一些新闻是重要的，但不必要每天都是如此。

（5）每天，在你的周围，去努力寻找那些幽默和欢乐的事情。即使你遇到了交通堵塞，在你等待的这段时间里，你不妨想象自己正在出演一部电视剧，你是剧中的一个人物，遇到了这么件事。类似的练习可以使欢乐取代压力。

（6）最后也是最为重要的一点，要学会自己微笑。记住一点，微笑不仅仅是为了别人，更是为了自己。

第 40 章
享受幸福的每一个瞬间

幸福只在一念间

有个老太太生了两个女儿。大女儿嫁给伞店老板，小女儿当了染坊店的主管。于是老太太整天忧心忡忡。逢上晴天，她怕大女儿伞店的雨伞卖不出去；逢上雨天，她又担心小女儿染出的布晾不干。老太太天天为女儿担忧，日子过得很忧郁，久而久之，愁出了一身的毛病。

后来一位聪明人告诉她："老太太，您真是好福气。下雨天，您大女儿的伞店会顾客盈门；而晴天您小女儿的布店又生意兴隆。不论哪一天您都应该高兴才是啊！"老太太一想，果真是这个道理。从此，老太太便整天笑容满面，再也不忧郁了。

事情本来就是这么简单，同样的天气，心态一转，忧愁就变成了幸福。其实，感到不幸，是因为心态不正确，是因为我们排斥幸福，而不是事情本身带有不幸。如果抱着抵触情绪，即使幸福悄然降临身边，也会毫无觉察，与之失之交臂。

林肯说过："大部分的人，在决心要变得更幸福时，就会有那种幸福的感觉。"幸福是一种感觉，幸福的根源是我们的头脑，而不是口袋里所藏的东西。所以说，幸福只在一念间。

幸福出现的频率并不像我们想象的那样少。幸福是时刻存在的，只要用心品味，会发现它离你并不远。当一个小孩得到他盼望已久的洋娃娃时，这是幸福；当一位学生学习成绩十分优秀常受到人们的赞扬时，这是幸福；当一位白领工作一帆风顺时，这是幸福；当一位已婚妇女有了爱她的丈夫和听话的孩子时，这也是幸福。幸福的方式太多了，不胜枚举。

不同的人有着不同的幸福。对于那些容易满足的人来说得到幸福时刻便多些。对于那些有大的期盼的人来说总觉得自己不够幸福或者幸福根本就没有降临到他（她）的身上。其实幸福是个很简单的东西，准确地把握瞬间来到你身边的暖流，这些就是幸福。幸福是蜜糖，最好甜淡适中，这样才能恰到好处。而且只有心中认为有幸福的存在才会使自己幸福。

幸福就藏在你身边

一位二十多岁的年轻小伙子，急匆匆地走在路上，对路边的景色与过往行人全然不顾。有个人拦住了他，问："小伙子，你为何行色匆匆啊？"

小伙子头也不回，飞快地向前跑着，只泛泛地甩了一句："别挡我，我在寻求幸福。"

转眼二十年过去了，小伙子已变成中年人，他依然在路上疾驰。

又有一个人拦住他："喂，朋友，你在忙什么呀？"

"别挡我，我在寻求幸福。"

又是二十年过去了，这个中年人已成了一个满脸皱纹、老眼昏花的老头，还在路上挣扎着向前走。

一个人拦住他："老头子，还在寻求你的幸福吗？"

"是啊。"

当老头回答完他的问话，猛地一惊，眼泪掉了下来。原来问他问题的那个人，就是幸福之神啊！他寻找了一辈子，可是幸福之神实际上就在他旁边。

幸福就在身边，何必四处寻找。生活中有些人只能远视，而看不到近处自身所拥有的东西，眼睛里自然就充满了许多虚妄的愁绪。

感受最平常的幸福

一个渔夫正躺在船里打盹儿，一位穿着入时的旅游者在拍照时吵醒了他。旅游者说：“天气这样好，您今天一定打到很多的鱼。”渔夫摇摇头。

“您觉得不舒服？”

“我的身体棒极了。”渔夫舒展着四肢。

游客显出困惑的表情：“那您怎么不去打鱼？”

“我已经打过了。我的筐里有四只龙虾，还捕到了二十几条青花鱼，我甚至连明后天的鱼都打够了。”

游客激动起来：“但是请您想一想，要是您每天出海两次、三次、甚至四次……您就能捕到更多的鱼。那么不出一年您就可以买辆摩托，两年就可再买一条船，三四年说不定就有了渔轮。有朝一日您还可以建一座冷库，盖一座熏鱼厂……您可以坐着直升机飞来飞去找鱼群，用无线电指挥您的渔轮作业。您可以取得捕大马哈鱼的权力，开一家活鱼饭店，无需通过中间商就直接把龙虾运往巴黎，然后……”游客兴奋得说不出话来。

渔夫拍拍他的背，好像是拍着一个呛着的孩子：“然后怎么样？”

“然后您就可以逍遥自在地坐在这里的港口，在太阳下打盹儿，还可以眺望大海。”

“我现在已经这样做了。”渔夫说，“我正悠然自得地坐在港口打盹儿，只是您照相机的喀嚓声把我打扰了。”

生活的方式有许许多多，生活的心态也各个不同，但就幸福而言，最简单的恰恰是最真实的。很多时候，当我们忙忙碌碌之后，才发觉自己历尽千辛所追求的幸福竟是最平常的享受。

“得不到”和“已失去”

从前，圆音寺的横梁上有个蜘蛛结了张网，经过了一千多年的修炼，蜘蛛佛性增加了不少。一天，佛祖光临圆音寺，佛祖问蜘蛛：“你我相见总算是有缘，我来问你个问题，看你修炼了这一千多年，有什么真知灼见。”蜘蛛遇见佛祖很是高兴，连忙答应了。佛祖问道：“世间什么才是最珍贵的？”蜘蛛想了想，说：“世间最珍贵的是‘得不到’和‘已失去’。”佛祖点了点头，离开了。

过了一千年，蜘蛛依旧在横梁上修炼。一日，佛祖又来到寺前，对蜘蛛说：“一千年前的那个问题，你可有什么更深的认识吗？”蜘蛛说：“我觉得世间最珍贵的是‘得不到’和‘已失去’。”佛祖说：“你再好好想想，我会再来找你的。”

又过了一千年。一天刮起了大风，风将一滴甘露吹到了蜘蛛网上。蜘蛛望着甘露，见它晶莹透亮，顿生喜爱之意。蜘蛛每天看着甘露很开心，觉得这是三千年来最开心的几天。突然，又刮起了一阵大风，将甘露吹走了。蜘蛛一下子觉得失去了什么，感到很寂寞和难过。这时佛祖又来了，问蜘蛛：“这一千年，你可好好想过世间什么才是最珍贵的？”蜘蛛想到了甘露，对佛祖说：“世间最珍贵的是‘得不到’和‘已失去’。”佛祖说：“好，既然你有这样的认识，我让你到人间走一遭吧。”

就这样，蜘蛛投胎到了一个官宦人家，成了一个富家小姐，父母为她取了个名字叫蛛儿。十六年后，蛛儿成了个婀娜多姿的少女，十分漂亮。这一日，皇帝决定在后花园为新科状元郎甘鹿举办庆功宴会。宴会来了许多妙龄少女，包括蛛儿，还有皇帝的小公主长风公主。状元郎在席间表演诗词歌赋，大献才艺，在场少女无不为他倾倒。但蛛儿一点也不紧张和吃醋，因为她知道，这是佛祖赐予她的姻缘。过了些日子，说来很巧，蛛儿陪同母亲上香拜佛的时候，正好甘鹿也陪母亲而来。上完香、拜过佛，二位长者在一边说上了话。蛛儿和甘鹿便来到走廊上聊天。蛛儿很开心，终于可以和喜欢的人在一起了，但是甘鹿并没有表现出对她的喜爱。蛛儿对甘鹿说：“你难道不曾记得十六年前，圆音寺的蜘蛛网上的事情了吗？”甘鹿很诧异，说：“蛛儿姑娘，你很漂亮，也很讨人喜欢，但你想像力未免丰富了一点吧。”说罢，便和母亲离开了。蛛儿回到家，心想：佛祖既然安排了这场姻缘，为何不让他记得那件事，甘鹿为何对我没有一点感觉呢？

几天后，皇帝下诏，命新科状元甘鹿和长风公主完婚；蛛儿和太子芝草完婚。这一消息对蛛儿如同晴天霹雳，她怎么也想不通，佛祖竟然这样对她。几日来，她不吃不喝，穷思极想，灵魂就将出壳，生命危在旦夕。太子芝草知道了，急忙赶来，扑倒在床边，对奄奄一息的蛛儿说道："那日，在后花园众姑娘中，我对你一见钟情，我苦求父皇，他才答应。如果你死了，那么我也就不活了。"说着就拿起了宝剑准备自刎。

就在这时，佛祖来了，他对快要出壳的蛛儿灵魂说："蜘蛛，你可曾想过，甘露（甘鹿）是由谁带到你这里来的呢？是风（长风公主）带来的，最后也是风将它带走的。甘鹿是属于长风公主的，他对你不过是生命中的一段插曲。而太子芝草是当年圆音寺门前的一棵小草。他看了你三千年，爱慕了你三千年，但你却从没有低下头看过它。蜘蛛，我再来问你，世间什么才是最珍贵的？"蜘蛛听了这些真相之后，好像一下子大彻大悟了。她对佛祖说："世间最珍贵的不是'得不到'和'已失去'，而是现在能把握的幸福。"刚说完，佛祖就离开了，蛛儿的灵魂也回位了，睁开眼睛，看到正要自刎的太子芝草，她马上打落宝剑，和太子紧紧地抱在一起……

因为曾经的付出和一直以来的希翼，"得不到"和"已失去"固然是人一生最珍贵的东西。但也正因为如此，这两样东西在我们生命历程中，一个属于过去，另一个或许只属于未来，而我们目前所能真切感知和拥有的只有现在。我们怀念已失去的东西，是因为我们曾经因它而幸福；我们追求得不到的东西，是因它可以带给我们幸福。幸福对我们那么重要，我们有什么理由不珍惜现在的幸福呢？

感受幸福10秘诀

研究者指出幸福意味着生活在一种"沉醉"的状态中。他们通过对生活轻松而幸福的人的研究，总结了幸福的秘诀。

1. 不抱怨生活

幸福的人并不比其他人拥有更多的幸福，而是因为他们对待生活和困难的态度不同。他们从不问"为什么"，而是问"为的是什么"，他们不会在"生活为什么对我如此不公平”的问题上做过长时间的纠缠，而是努力去想解决问题的方法。

2. 不贪图安逸

幸福的人总是离开让自己感到安逸的生活环境，幸福有时是离开了安逸生活才会积累出的感觉。从来不求改变的人自然缺乏丰富的生活经验，也就很难感受到幸福。

3. 感受友情

广交朋友并不一定带来幸福感，而一段深厚的友谊才能让你感到幸福。友谊所衍生的归属感和团结精神让人感到被信任和充实。幸福的人几乎都拥有团结人的天赋。

4. 勤奋工作

专注于某一项活动能够刺激人体内特有的一种荷尔蒙的分泌，它能让人处于一种愉悦的状态。研究者发现，工作能发掘人的潜能，让人感到被需要和责任，这给予人充实感。

5. 降低负面影响

少接受些有关灾难、谋杀或其他的负面消息，这样，无形中就保持了对世界的一份美好乐观的态度。

6. 生活有理想

幸福的人总是不断地为自己树立一些目标。通常我们会重视短期目标而轻视长期目标，而长期目标的实现更能给我们带来幸福感受。你可以把你的目标写下来，让自己清楚地知道为什么而活。

7. 给自己动力

通常人们只有通过快乐和有趣的事情才能够拥有轻松的心情，但是幸福的人能从恐惧和愤怒中获得动力，他们不会因困难而感到沮丧。

8. 规律的生活

幸福的人从不把生活弄得一团糟，至少在思想上是条理清晰的。这有助于保持轻松的生活态度。他们会将一切收拾得有条不紊，整齐而有序的生活让人感到自信，也更容易感到满足和快乐。

9. 珍惜时间

幸福的人很少体会到被时间牵着鼻子走的感觉。另外，专注还能使身体提高预防疾病的能力，因为，每30分钟大脑会有意识地花90秒收集信息，感受外部环境，检查呼吸系统的状况以及身体各器官的活动。

10. 心怀感激

把注意力集中在能令你开心的事情上。这样，你就能更多地感受到生命中美好的一面，因为对生活的这份感激，你会感到幸福。

享受幸福就是享受生活

爸爸问女儿："你幸福吗？"

女儿答："幸福。"

爸爸让女儿试着举例，女儿说："比如现在呀。"当时正值晚饭后，爸爸正陪女儿一起登上楼顶，仰观天上的星星。这只是一件平常的小事，我们差不多每个人小时候都有类似的经历，都有这样的幸福时刻。

爸爸让女儿再举例，女儿说比如妈妈爱用茶叶水洗枕头，每每睡觉时都有淡淡的茶叶香味。还有妈妈在刚刷完油漆的屋子里放些菠萝，风儿一吹整个屋子就充满了芳香的菠萝味了。这些本是生活中极其平常的小事，谁也不在意。可我们却难得有这样的幸福体味，只能到遥远的童年去寻找这样的感动。

还有这样一个故事：一个欲离婚的女子厌烦了现有的琐屑生活，但她一直对其外祖母的幸福和谐生活充满好奇。有一天她终于忍不住打开了外祖母的日记，原来里面记录着外公为她洗了多少衣服，洗过多少次脚，吻过她多少次……相信任何人读到此处都会吃惊，原来生活中的琐屑小事便是幸福的源泉。

生活是由一件件的琐碎之事连缀而成的，细细品味这些琐碎的一点一滴，你就会感觉到自己的幸福。

有些人总觉得自己不幸福，这是因为他们不懂得在幸福的时候享受幸福，更不懂得在苦难的时候回味幸福。幸福是勤劳、勇敢和智慧的结晶，它是快乐的时刻，是一种心灵的感觉。

既然幸福是人生中最美好的时刻，那么，我们怎样来享受它呢？享受幸福就要快乐地享受生活。当幸福来临的时候，我们要充满激情地享受每一分钟，让它像纯净的酒精一样燃烧成淡蓝色的火焰，不留一点渣滓。当苦难来临的时候，我们要经常回味以前幸福的时光，这样我们的心情就会变得愉快，面对困境也就比较乐观，从而能够更好地迎接下一个幸福的到来。我们虽然不能够让自己的每天都充满幸福，但只要我们更积极地把握幸福，我们就有可能拥有更多的幸福。

心理调节术：抵达幸福的9个台阶

美国心理学家哈利·克塞克曾经提出感受幸福的9个步骤，值得我们借鉴：

1. 换一种心情看生活

把孩子的微笑当成珠宝，在帮助朋友中得到满足感，与好书里的人物共欢乐。

2. 控制你的时间

一天写三百页书是件很难的事，然而每天写两页则非常容易办到。这样坚持一百五十天，你就可以写成一本书，这个原则可应用于任何工作。

3. 增强积极情绪

消极的情绪使人沮丧，而积极的情绪催人奋进。幸福的人做的每一件事都是努力消除消极情绪的过程。

4. 优待身边的人

要学会很好地对待亲近的朋友、配偶。

5. 面带幸福感

实践表明真正面带幸福感的人，更感到幸福，经常欢笑更能在大脑中引起幸福的感觉。

6. 不要无所事事

不要把自己困在电视机前，要沉浸于能用你的技能做的事情中。

7. 多参加室外活动是对付压力和焦虑的良药

对感到一定压力的大学生做的调查表明，经常在室外锻炼的学生情况要明显好于不参加者。

8. 好好休息

幸福的人精力充沛，但他们仍留出一定的时间睡眠和享受孤独。

9. 有信仰的人更幸福

有无信仰与幸福感的研究表明，有信仰的人比没有信仰的人更有幸福感。

第 41 章
爱心滋润心田，温情温暖人生

爱，让荒原变绿洲

在震撼中国、震撼世界的那场唐山大地震中，许多人在承受巨大灾难的同时，更感受到人间浓浓的爱。有这样一个感人的故事：

一个叫秦玲玲的两岁小女孩发烧住进唐山市儿童医院，不幸遇上了大地震。陪床的妈妈当时就被坍下来的一块楼板夺去了性命。她和两个阿姨被埋在废墟下面。一开始，可怜的小女孩不停地哭闹，喊着要妈妈，但很快就哭不动了。两个阿姨轮流抱着她。她们在那被废墟阻断的狭小空间里，相互偎依着，企盼灾难快点过去，好将她们救出去。看着奄奄一息的小女孩，两个阿姨心急如焚。她们试着往孩子的嘴里滴了些尿液，可那个孩子说什么也不肯咽，全都吐了出来。“这孩子的命怕是保不住了。”一个阿姨伤心地说。“是啊，哪怕有一滴水润润这小可怜的嘴巴也行啊？”另一个阿姨也绝望地说。突然，这个阿姨被自己的话提醒了，她俯下身子对着小女孩的小嘴喂了一点唾沫，另一个阿姨也在冒烟的口腔中艰难地积存了一点唾沫喂给了她……六十多个小时过去了，她们终于被解救出来。为了记住自己是怎样活下来的，这个“吃唾沫”的孩子从此改名叫秦沫沫。

在生死关头，这是一种比甘露更为无私的滋润，一种比乳汁更为伟大的哺育……正是这两位阿姨的善良和爱心挽救了这个弱小的生命。

爱的努力能使社会变得温暖，爱的耕耘能使荒原变为绿洲。当把真诚、善良、赐惠这些爱的因素变为炽热的能量的时候，世界将会更加美好。

爱别人，让自己变得可爱

爱是人生最值得珍藏的东西。每个人都渴望得到爱，没有爱，人就无法生存。外国有一句名言说，爱是万能的。的确，拥有了爱，便能拥有一切，包括财富和成功。

爱是美好的，但最伟大的爱是无私的，在渴望得到别人的爱的同时，也应该拥有一颗爱心，学会为别人付出爱。爱把宽容、温暖和幸福带给了亲人、朋友、家庭、社会和人类。当我们为别人付出一点爱的时候，自己也会得到爱的满足，能感受到真正的快乐，这种满足和快乐不会随着时间的潮流而波动，反而会在时间的酝酿中，越来越甜蜜，越来越醇厚。

一个诗人和女友出去散步，看见道边坐着一个乞讨的老妇人，很是可怜。女友于是便想给她点钱，诗人对女友说："更需要给她的心灵送点东西，而不是一丁半点的施舍。"女友感到不解。

第二天，诗人出去散步时，手上拿了一朵玫瑰花。当他走到老妇人面前时，弯下身子，双手把花送给了老妇人。老妇人站了起来，伸出双手，握住诗人的手，激动得半天说不出话来。接下来的几天，诗人和女友出去散步时，便没再看见老妇人。后来老妇人终于又回来了，和以前一样坐在那里乞讨。

女友问诗人道："她前几天为什么没来啊，她怎么过日子啊？"诗人语重心长地答道："玫瑰花。"

诗人送给老妇人的哪里是玫瑰花啊，分明是一颗热热的爱心，正是这颗爱心，让老妇人感到了人间的温暖，幸福度过了好几天，因为诗人的爱而让她感到生命更加充实。

富兰克林说："希望被爱，就要先爱人，而且让自己变得可爱。"只要人人付出一点爱，世界将变成美好人间。

爱人者，人恒爱之

路易斯·劳斯是星星监狱的典狱长，那是当时最难管理的一个监狱。可是二十年后劳斯退休时，该监狱却成为一所提倡人道主义的机构。研究报告将功劳归于劳斯。当他被问及该监狱改观的原因时，他说："这都由于我已去世的妻子——凯瑟琳。她就埋葬在监狱外面。"

凯瑟琳是三个孩子的母亲。当年，劳斯成为典狱长时，每个人都警告她千万不可踏进监狱，不仅因为那里是很危险的地方，而且对孩子的成长会有非常不好的影响。但这些话拦不住凯瑟琳！第一次举办监狱篮球赛时，她带着三个可爱的孩子走进体育馆，与服刑人员坐在一起。她的态度是："我要与丈夫一道关照这些人。我相信他们也会关照我。我不必担心什么！"

一名被定有谋杀罪的犯人瞎了双眼，凯瑟琳知道后前去看望。她握住他的手问："你学过点字阅读法吗？""什么是'点字阅读法'？"他问。于是她教他阅读。多年以后，这人每逢想起她的爱心还会流泪。凯瑟琳在狱中遇到一个聋哑人，结果她自己到学校去学习手语。许多人说她是耶稣基督的化身。在以后的十八年间，她经常造访星星监狱。

后来，她在一桩交通意外事故中逝世。第二天，劳斯没有上班，代理典狱长接替他工作。消息立刻传遍了监狱，大家都知道出事了。接下来的一天，她的遗体被放在棺木里运回家，她家距离监狱不远。

代理典狱长早晨散步时惊愕地发现，一大群看来最凶悍、最冷酷的囚犯，竟静静地齐集在监狱大门口。他走过去，见有些人脸上竟带着悲哀和难过的眼泪。他知道这些人爱凯瑟琳，于是转身对他们说："好了，各位，你们可以去，只要今晚记得回来报到！"然后他打开监狱大门，让一大队囚犯走出去，在没有守卫的情形下，走几里路去看凯瑟琳最后一面。结果，当晚所有囚犯都回来报到了，无一例外！

爱人者，人恒爱之。爱把温暖和幸福带给亲人、朋友、家庭、社会、人类。爱有永恒的主题，持久的构思，多彩的内容。我们不能看到罪恶，就否定这个世界没有爱，就像不能看到礁石就厌恶海洋，看到死亡就否定生命一样。富有爱心的人，不但自己的生活充实快乐，而且能感染别人。你富有爱心，虽然可能并不富有，没有高贵的地位，没有显赫的声名，没有令人艳羡的财产，但是在精神上，你却是天使。

爱，是一种循环

有一所学校，我们要就读一生；有一门功课，要陪伴我们一生。这所学校叫社会，这门功课叫爱心。天雨虽宽不润无根之草，佛门虽广难度不善之人。爱心是人生的根，根深才能叶茂。也许爱心无法使你在世俗的意义上获得更多，但她能给你良好的食欲、安稳的睡眠和如花的笑靥，难道这还不够吗？

从前有个人，他在沙漠中迷失了方向，饥渴难忍，濒临死亡。可仍然拖着沉重的脚步，一步一步地向前走，终于找到了一间废弃的小屋。这间屋子已久无人住，风吹日晒，摇摇欲坠。在屋前，他发现了一个汲水器，于是使尽全力抽水，可滴水全无。他气恼至极。忽又发现旁边有一个水壶，壶口被木塞塞住，壶上有一个纸条，上面写着："你要先把这壶水灌到汲水器，然后才能打水。但是，在你走之前一定要把这壶水装满。"他小心翼翼地打开壶塞，果然里面有一壶水。

这个人面临着艰难的抉择，是不是该按纸条上所说的，把这壶水倒进汲水器里？如果倒进去之后汲水器不出水，岂不是白白浪费了这救命之水？相反，要是把这壶水喝下去就能暂保自己的性命。他权衡良久，忽然一种奇妙的灵感给了他力量，他决心照纸条上说的做，果真汲水器中涌出了泉水。他痛痛快快地喝了个够！休息一会，他把水壶装满，在纸条上加了几句话："请相信我，纸条上的话是真的，你只有把生死置之度外，才能尝到甘美的泉水。"

有一回，日本歌舞大师勘弥扮演古代一位徒步旅行的百姓，正当要上场时，一个门生提醒他说："师傅，您的鞋带子松了。"

他回了一声："谢谢你呀。"然后立刻蹲下，系紧了鞋带。

当他走到门生看不到的舞台入口处时，却又蹲下，把刚才系紧的带子又弄松。

显然，他的目的是，以草鞋的带子都已松垮，来表达一个长途旅行者的疲劳。演戏能细腻到这样，确实说明勘弥具有一般影视明星不具有的泰斗素质。

正巧，那天有位记者到后台采访，亲眼看见了这一幕，戏演完后，他问勘弥："您该当场教育那位门生，他还不懂演戏的真谛。"

勘弥答道："别人的亲切必须坦率接受，要教那位门生演戏的技能，机会多的是。在今天的场合，最要紧的是要以感谢的心去接受别人的亲切，并给予回报。”

爱，是一种循环。爱，给予别人，不见得有直接的回报，但最终也会循环到自己身上。如果每个人在爱护自己的同时，也考虑爱护别人，那么最终自己也能得到更好的爱护。

善意，使你生命更精彩

C是发明者乔瑟夫·哥勒特·巴卡博士名字的第一个字母。哥勒特·巴卡出生并成长于纽约东区的犹太人街，他的家被不断降临的疾病与死亡的恐怖包围着。他的父母开一家杂货店，他们把一切希望寄托在聪明的长子——巴卡身上，期待他做个出人头地的人。但是，这个18岁的年轻人目睹周围人们的痛苦，立志要当医生，想尽力做点事帮助他们。他说服了父亲，考进了医学院。在贝尔威医学院，他十分用功，以优秀的成绩通过所有科目，却带着迷惘毕业了。因为，他在学习中了解到，医学上的未解之谜太多了。当个混饭吃的医生，赚钱自然不是难事，而他下决心要不断地研究那些尚无法救治的疾病的原因，发现新的治疗方法，以便救治那些为疾病所折磨的人们。

他进入美国公众卫生局，30安于每年1600薄薪俸，全身心地投入了“谜”一般的各种疾病的研究：黄热病、猩红热、伤寒、白喉以及意大利麻风病等等。尤其意大利麻风病，病因及治疗方法的发现完全是他的功绩。为了救治病人，他甚至用自己的身体做试验，为此他感染了热病，有两次几乎丧命。当纽约市新建保健所时，40乔瑟夫被推荐为所长的第一个人选。如果他答应了，那么贫困的生活便可结束，可是他毫不犹豫地拒绝了，他决不改变初衷：帮助染病的普通人。于是他到意大利麻风病流行的南部地区去了。乔瑟夫就凭着这种精神，发现了意大利麻风病的病因和治疗方法，同时发现了维生素C他的苦斗精神来自幼年时所获得的体验。在他看来，帮助人类免除疾病的痛苦，是比金钱更高贵的事业。

善意的力量也是无穷的，它带人进入崇高的境界善良是一剂良药。从善意出发，你的表现将会更加精彩，生命将会更加有意义。

善良，散发人性的芬芳

孔子的弟子仲由在集市闲逛，见一买主与卖主争吵，就走了过去。只听卖主说："我一尺鲁缟价三钱，你买八尺，共二十四钱，少一个子也不行。"买主争辩道："明明是三八二十三，你多要一钱是何道理？"仲由觉得有趣，笑着对买主说："三八二十四才对，你错了。"可买主固执己见，并问仲由敢不敢打赌。仲由性烈，当即以新买的头盔做赌注。买主也不含糊，赌注居然是项上人头。二人击掌为誓，然后去找孔子裁决。

孔子问明情况后，笑着对仲由说："子路，你错了，快把头盔输给人家吧。"买主得意地拿着头盔走了。仲由大惑不解地问："老师，分明是三八二十四，您为何判他对呢？"孔子说："你输了，头盔还可以再买，若是那人输了呢？"仲由猛然醒悟。

用一个头盔换一条性命，这是智者的善良。很多时候，我们需要权衡轻重，如果与原则无关，不妨退后一步，给人一个台阶。表面上看，你吃了亏，但你的心灵会得到净化。

有个美军少尉从拍卖会上买了一箱上好的威士忌酒，海明威知道后，请求卖给他 6 瓶，多少钱都行。少尉想了想说："这样吧，我用 6 瓶酒换你 6 堂课，教我成为一个作家。"海明威笑道："我可是花好几年功夫才学会干这行的，你赚大便宜了。好吧，成交。"如愿以偿的少尉赶忙递上 6 瓶威士忌。

接下来的 5 天里，海明威如约给少尉讲了 5 堂课。少尉很得意，他用 6 瓶酒换得了美国著名作家的指点。海明威说："你是个精明的生意人。现在我想知道，那箱酒你已经喝了多少瓶？"少尉回答："一瓶也没喝，我留着开酒会呢。"

海明威有事要出远门了，少尉到机场送行。在飞机的轰鸣声中，海明威给他讲了第 6 堂课："在写别人之前，自己先要成为一个善良和有修养的人。"

少尉说："这和写小说有什么相干？"海明威说："这对做人至关重要，不论干什么事，做人永远是第一位的。"

海明威一边走向飞机，一边大声地对少尉说："在为你的酒会发请柬之前，最好把你的酒抽样检查一下。"回去后，少尉打开一瓶又一瓶威士忌，里面装的全是茶水。他这才明白，海明威早已知道实情，但只字未提，依然践约为他讲了6堂课。

伪善往往喋喋不休，而真善无需表白。面对恶意的伤害，表白是愚蠢的；面对无意的伤害，表白是多余的。海明威说得好，重要的是做人。智者知道何时沉默和如何沉默，一个心地善良的人即使不说一句话，我们也能闻到人性的芬芳。

善行，是一生的功课

有一位仁慈的富翁，在建房时特意将屋檐修得很长，好让那些无家可归的人暂时在檐下遮阳避雨。房子建成后，果然有许多人聚集到大屋檐下面，他们打牌、喝酒，甚至摆起摊子做买卖，支起炉子生火煮饭。嘈杂的人声和刺鼻的油烟味使富翁的家人不堪其扰，经常与屋檐下的人发生争吵。有一年冬天，一个老人在大屋檐下面冻死了，大家纷纷指责富翁为富不仁。

一场罕见的飓风袭来，别人家的房子安然无恙，富翁家的房顶却被掀掉了，因为它的屋檐太长。于是，人们幸灾乐祸地说，恶有恶报。

富翁很伤心，但他心底的善念没有改变。重修房顶时，他把屋檐修得和别人家一样长，而用省下来的钱在别处盖了一间小房子，以容留那些无家可归的人。尽管小房子所能荫庇的范围远远不如以前的大屋檐，但它四面有墙，是栋正式的房子。所有在那里逗留过的人，无不感念富翁的恩德。渐渐地，富翁成了一个德高望重的人。

屋檐毕竟只是屋檐，与房子相比，它是不完整的，就像檐下人的尊严不完整一样。直接而强烈的对比，让屋檐下的人产生一种仰人鼻息的自卑感，由自卑而生敌意，善心被湮没了。助人是高尚的善行，但不要让被帮助的人感到在接受施舍。

一位老师给大一的新生上了这样一堂课：

他拿出一只装满了沙子的大纸盒，一边展示给大家看，一边说："这些沙子里搀杂着铁屑，请问你们能不能用眼睛和手指从中间把铁屑挑出来？"

大伙儿摇着头。

老师看着疑惑的孩子们，笑笑说："我们无法用眼睛和手指从一堆沙子中间找到铁屑，就像我们很难从茫茫人海中找到我们的顾客一样。然而，有一种工具能帮助我们迅速地从沙子中间找到铁屑。大家可能都想到了，这种工具就是磁铁。"

说罢，他从包里掏出一块磁铁，把它放在沙子里面不停搅动，在磁铁的周围很快地聚集了箭镞似的铁屑。老师把那一团铁屑举给同学们看，他说："这就是磁铁的魔力，我们用手和眼睛无法办到的事，它却能够轻而易举地做得很好。"

老师说："如果说这一盒沙子就像我们面对的生活、挫折和枯燥的书本，那么，这块磁铁就是一颗充满爱的心。如果你有一颗善良的心，那么，它会在你的书本里、在你的生活中寻找，从中找到许多有益于身心的知识，就像磁铁能吸出铁屑一样。但是，一颗不懂善良的心却像你的手指，它在沙子里面找呀找，可怎么也找不到一点点铁屑。同学们，只要你有一颗善良的心灵，你就总是能够发现，每一天都有收获，每一天都有积累，每一天都有值得高兴的事情。"

心在哪里，你的命运就在哪里——不论你们今后遇到怎样的困难、怎样的逆境、怎样的迷惘，都要相信这句至理名言。不论何时何地，只要有一颗善良的心灵，就能像磁铁一样，吸引到有用的资源、美好的事物以及幸福的生活。

心理调节术：让生命中充满爱心

爱是美好的，但最伟大的爱是无私的，在渴望得到别人的爱的同时，也应该拥有一颗爱心。爱心体现在平时的一点一滴行动之中。

1. 学会为别人付出爱

爱把宽容、温暖和幸福带给了亲人、朋友、家庭、社会和人类。当我们为别人付出一点爱的时候，自己也会得到爱的满足，能感受到真正的快乐。

2. 与人为善

一个能够不断地独善其身并兼善天下的人，必然是因他明白人生的意义，那种精神不是金钱、名誉、夸奖所能比的。拥有服务精神的人生是无价的，如果人人都效法，这个世界定然会比今天更美好。

3. 多帮助别人

“爱心就是不计回报地用真诚之心对待身边的人，甚至花草树木、飞鸟虫鱼。

在别人适逢痛苦或遭遇不幸时，要尽自己的力量和可能给予同情和帮助，即使是再普通的关系也应该表现出你的热情。只有真诚地待人，别人才会真诚地对你。

4. 关心周围的人、事、物

假如你对某些人、事、物很关心的话，你对生命的看法一定会大大的改观。如果你只为自己活，相信你的生命就会变得很狭隘，处处受到局限。自我中心的人也许会不断地进步，但是却永远不易感到满足。

5. 宽容

一个真正有爱心的人，懂得用一颗宽容的心去对待周围的人和事。宽容不但是做人的美德，也是一种明智的处世原则，是人与人交往的“润滑剂”，是一种表达爱的特殊方式。

第 42 章
在心中点一盏感恩之灯

饮水思源，吃果子拜树头

在赛马场上，有一位骑士正骑着一匹红色的骏马在场上奔驰，人和马之间的节奏配合得天衣无缝。因为两者间完美的搭配，所以很快地超越了场上其他的骑士，成为这次比赛的第一名。

这个捧回冠军奖杯的骑士，得到冠军后的第一件事，就是回到自己的马厩，将辛苦的红马拴在马厩里，给它最好的草料，并且对它说：“尽情地吃吧，你辛苦了。如果没有你的全力配合，我是不可能在这次比赛中得到冠军的。”

骑士的朋友们知道他得了冠军，纷纷来向骑士道贺。其中一个道贺的人，忽然间被一个东西绊倒了，低头一看，才发现原来是一根竹竿。

这个人非常生气，一脚踢开竹竿说：“这种没用的东西，为什么要放在马厩里面？”

骑士听了之后，默默地捡起竹竿，很珍惜地把它放在墙角，然后对这个被绊倒的人说：“对你而言，它或许只是一根没用的竹竿，但是对我而言，它却是具有启蒙意义的竹马。小时候，因为我骑了这个竹马，所以才开始立志要当赛马骑士的，如果没有这个竹马，就没有今天的我了。”

生活中，我们接受人家的帮助很容易，但要记住别人给过的点点滴滴，却不是人人都做得到的事。闽南有句俗语：“吃果子拜树头。”它的意思是说，只有饮水思源的人，才能让成就更持久。

传递感恩的葡萄

一天，修道院的大门被叫开，看门人巴拉甘惊喜地看到，旁边果园的一个果农给他送来一大串晶莹剔透的葡萄。

果农对他说："兄弟，我送给你这串葡萄，感谢你在我每次来修道院时对我的关照。"看门人对如此情意浓厚的礼物表示感谢，并对果农说修道院的人会很高兴享用这串葡萄。

果农满意地离开修道院之后，看门人把葡萄洗净，得意地望着它。突然，他想起修道院里的一个病人最近得病什么也不想吃，便决定把这好吃的葡萄送给他，让他开开胃："他多么需要营养啊！"

于是，看门人把葡萄送到虚弱的病人床前。病人睁开双眼惊喜地看着葡萄。看门人对他说："马蒂亚斯，有人送给我这串葡萄，但是我知道你什么都不想吃，也许它能带给你食欲。"马蒂亚斯从心里感激他，对他说他将永远记住他，就是有一天死了，也会在天堂里感谢他。

看门人拿来一个大盘子，把葡萄放在上面，让病人享用。然后，他又回去继续工作了。病人拿起葡萄，想起应该把它送给对自己倾注了大量心血，整日整夜地为他操劳的护士，以慰藉自己的灵魂。

病人喊护士，护士以为病人出了什么问题，就迅速赶到了他的床前。病人对护士说："埃斯特万，看门人惦记着我的病，送给我这串葡萄，让我品尝。由于我什么都没有吃，现在我吃了它可能伤胃，我想还是让你吃，你对我一直很不错。"护士坚持让病人吃，但是越坚持，病人越是拒绝。护士感谢病人送给她如此诱人的礼物，不得已便把葡萄带走了。护士边走边想，这串葡萄应该送给兢兢业业为大家服务的厨师。

于是，护士来到厨房，找到了厨师埃纳文图拉，对他说："你的心像这串美丽的葡萄一样高尚，这串葡萄送给你吧。"厨师收下了护士的好意，最后把葡萄送给了为大家操劳的修道院院长。

就这样，这串葡萄在整个修道院里传来传去，最后重新回到了看门人手中。看门人惊奇得不知所措，他觉得不能再让葡萄兜圈子了。于是他不再迟疑，开始吃起葡萄来。这时，他觉得从来没有吃过如此甜美的葡萄。

人们传递的岂只是一串甜美的葡萄，更是一串人与人之间相互呵护与关爱的挚热情感，一颗颗充满感恩的滚烫心灵。

感恩生活中的一点一滴

穷人区里的一位小学老师要求她所教的一班小学生画下最让他们感激的东西。她心想能使这些穷人家小孩心生感激的事物一定不多，她猜他们多半是画桌上的烤火鸡或其他食物。看见道格拉斯的图画时，她十分惊讶。那是以童稚的笔法画成的一只手。谁的手？全班都被这抽象的图案吸引住了。

“哦，我猜这是上帝赐食物给我们的手。”一个孩子说。

“一位农夫的手。”另一个孩子说。

到全班都安静下来，继续做各人的事时，老师才过去问道格拉斯，那到底是谁的手。“老师，那是你的手。”孩子低声说。她记得自己经常在休息时间，牵着孤寂无伴的道格拉斯散步。她也经常如此对待其他孩子，但对无依无靠的道格拉斯来说却特别有意义。

是的，一生中我们每一个人都会有要感谢的人和事，或许不是什么大恩大德，只是生活中的一点一滴。比如，感谢母亲辛勤的工作，感谢同伴热心的帮助，感谢人与人之间的相互理解……对很多给予者来说，也许这些给予是微不足道的，可是它的作用却常常难以估计。

一切情绪之中最有威力的便是爱心，但它以不同的面貌呈现出来。感恩也是一种爱。人们喜欢通过思想或行动来表达出自己的感恩之情。如果我们常心存感恩，人生就会过得再快乐不过了，因此请好好经营你那值得经营的人生，让它充满芬芳。

感谢生活，成就自己

一个男孩子，他的父母离异了。家庭的变故使他变得郁郁寡欢，不但学习成绩下降，还动不动对同学发脾气。也许是为了平衡自己内心的混乱，每天吃完晚饭他都一个人在操场上转圈，一圈又一圈。谁都知道他的痛苦，可是，就是没有人能够安慰他。就在这个时候，班里一个并不起眼的同学杰出现在他的身边。于是，在学校的操场上经常能够看到两个并肩而行的身影。就这样，又过了一段时间，这个同学完全从父母离婚的阴影中走了出来。就在前不久的一次同学聚会上同学们见到了杰。当同学们提起这段往事的时候，杰微笑着对他们说：其实没什么神秘的，你们并不知道，我父母在我上中学的时候就离婚了。在那段痛苦的日子里，我发奋学习，结果考上了大学。回首那段生活，我发现自己成熟了，独立了，坚强了。我只不过是把自己的这段经历告诉了他而已。这样的答案让同学们非常吃惊，因为，整整四年，全班没有一个人知道杰的身世，而且，他一直生活得那么快乐、豁达。同学们问他为什么会做到这样。杰说，经历了不如意，他学会了感谢生活。因为，正是那段家庭的变故，才成就了今天的他。

我们需要感谢生活吗？在生活中，很多人会自觉或不自觉地问起这个问题，尤其是当我们面对生活中的种种不如意的时候。当好运来临的时候，我们都会感谢生活；可是，当生活不尽如人意的时候，我们大多数人会抱怨生活。但是，生活常常不会因我们的抱怨而变得美好起来，有的时候，还会因为我们的抱怨而变得更加糟糕。

不要对自己目前的境遇抱怨，不要对自己所拥有的感到不满意。如果有一天，我们手中握住的东西像沙子一样被你不经意地从指缝间滑落，你是不是才懂得要珍惜？当我们懂得珍惜的时候，证明我们已经失去。不重视现在的人，就不会有可以期待的未来。

感谢生活吧！若我们没得到什么，那是因为我们本没有付出什么；若我们觉得自己所得太少，那是因为我们本可以付出更多！

拥有一颗感恩的心

有两个人在沙漠中行走多日，在他们口渴难耐之际碰到一个赶骆驼的老人，骆驼上放着一大皮袋水。于是他们便向老人讨碗水喝。老人却仅给了他们每人半碗水。其中一个人在老人走后，一个劲儿地抱怨老人吝啬，有那么多水，却只给半碗，一怒之下，他竟将半碗水泼掉了。而另一个虽然也知道这半碗水并不能完全解除饥渴，但还是怀着感激之情喝下了这半碗水。结果，他们又往前走了很远也没有再碰到水源，而前者因为拒绝喝半碗水死在沙漠中，后者因为喝了这半碗水，终于走出了沙漠。

老人施舍的分明是一种爱心，而后者喝下的也是一种感激。正是这种感激，才支撑着他走出沙漠。生活中我们也应该学会感恩，感激父母给了我们生命，感激国家给了我们和平，感激路人给了我们帮助，感激……生活中需要感恩的事实在是很多。怀有一颗感恩之心，才能体味到人生的幸福。

每天睡觉前花一点时间去想一想，今天有什么让自己感激的事，比如：父亲的一句叮咛，母亲的一顿早餐，妻子的一个微笑，邻居的一声问候，这些都是生命中爱的体现，都是值得我们感激的。如果我们能够感受到其中的爱，便会充满感恩之心，我们的生活也就变得可爱、美好而充实。

拥有感恩之心的人，即使仰望夜空，也会有一种感动，体会到一丝快乐。正如康德所说：“在晴朗之夜，仰望天空，就会获得一种快乐。这种快乐只有高尚的心灵才能体会出来。”

感谢折磨你的人和事

一个障碍，就是一个新的已知条件，只要心存感恩，勇于面对，任何一个障碍，都会成为一个超越自我的契机。

有一天，素有森林之王之称的狮子，来到了天神面前：“我很感谢你赐给我如此雄壮威武的体格、如此强大无比的力气，让我有足够的能力统治这整座森林。”

天神听了，微笑地问：“但是这不是你今天来找我的目的吧！看起来你似乎为了某事而困扰呢！”

狮子轻轻吼了一声，说：“天神真是了解我啊！我今天来的确是有事相求。

因为尽管我的能力再好，但是每天鸡鸣的时候，我总是会被鸡鸣声给吓醒。神啊！祈求您，再赐给我一个力量，让我不再被鸡鸣声给吓醒吧！”

天神笑道：“你去找大象吧，它会给你一个满意的答复的。”

狮子兴匆匆地跑到湖边找大象，还没见到大象，就听到大象跺脚所发出的“砰砰”响声。

狮子加速地跑向大象，却看到大象正气呼呼地直跺脚。

狮子问大象：“你干嘛发这么大的脾气？”

大象拼命摇晃着大耳朵，吼着：“有只讨厌的小蚊子，总想钻进我的耳朵里，害我都快痒死了。”

狮子离开了大象，心里暗自想着：“原来体型这么巨大的大象，还会怕那么瘦小的蚊子，那我还有什么好抱怨呢？毕竟鸡鸣也不过一天一次，而蚊子却是无时无刻地骚扰着大象。这样想来，我可比他幸运多了。”

狮子一边走，一边回头看着仍在跺脚的大象，心想：“天神要我来看看大象的情况，应该就是想告诉我，谁都会遇上麻烦事，而它并无法帮助所有人。既然如此，那我只好靠自己了！反正以后只要鸡鸣时，我就当做鸡是在提醒我该起床了，如此一想，鸡鸣声对我还算是有益处呢？”

在人生的路上，无论我们走得多么顺利，但只要稍微遇上一些不顺的事，就会习惯性地抱怨老天亏待我们，进而祈求老天赐给我们更多的力量，帮助我们渡过难关。但实际上，老天是最公平的，就像它对狮子和大象一样，每个困境都有其存在的正面价值。

既然人生难免不幸和逆境，我们还不如用一颗感恩的心坦然接受每一次不幸，每一个逆境，这样我们才能走向成熟，走向强大，走向成功。

心存感激地生活

感激在许多时候是一种感恩的心情。我们感到大自然有恩于我们，父母有恩于我们，我们所在的社会以及周围的人们都有恩于我们。有时候，我们觉得映入眼帘的一切，哪怕是一棵树、一朵花、一汪清水、一片绿地，都值得怀着感恩的心情去对它们微笑。

很多时候，感激这种心情会带来一种良好的人生感觉，使我们感到愉悦和温暖。心存感激，生活中才会少些怨气和烦恼；心存感激，心灵上才会获得宁静和安详。心存感激地生活，才会敬畏地球上所有的生命，珍爱大自然一切的惠赐；心存感激地生活，才会时时感受生活中的拥有，而不是缺少。

在快乐中我们要感谢生命所赋予的一切；在痛苦中，我们也要感谢挫折带来的成熟。快乐固然兴奋，痛苦也何尝不激发出生命的活力？

我们需要平常心来感受真实，陶冶情操，体味平淡琐碎的缕缕深情；我们需要平常心来独守孤独寂寞，走过泥泞风雨，潜心播种与耕耘；我们同样也需要平常心来抚慰创伤，化解恩怨，梳理愁绪，擦净心灵上的污垢和俗秽……

学会心存感激吧，感激你的朋友，感激爱你的人，感激帮助过你的人，感激关怀你的人，同时也感激你的敌人，感激给过你伤害的人，感激给过你痛苦的人，人生的每一次经历都会帮助你成长。用平常心感激这个世界吧！

下面一段话，与大家共赏：

“我感激，因为我有健康的身体和正常的智力，并且上苍还格外奢侈地给我一个姣好的容颜，使我一直自信而快乐地活着，可以绕过很多痛苦、冷漠和艰难。我感激，因为我有父母，他们在十万、百万的可能里选择我做了他们的惟一，几十年来义无反顾地呵护着我，使我体味到无私的爱的极致。我感激，因为我和丈夫相携相伴，可以同行至死，这样一种没有血缘却相互拥有并牵挂着的关系，使我从另一个视角发现了人生的最美。我感激，因为我有女儿，可以执她的小手，注视她生长的每一个过程，她的出现，使我作为一个女人的存在具有了完整的意义。”

心存感恩，荡涤灵魂

心存感激，是一种澄明的心境，它令人虚怀若谷；心存感激，是一种人性光辉的纯美，它令我更贴近生活；心存感激，是和平与友爱的馥郁，它令天地万物于人的眼中光芒四射！

常怀感激是对他人的赞美与欣赏；常怀感激是对自己的陶冶和磨砺；常怀感激是打开心扉的彻底交流。婴儿感激母亲的呵护，小鸟感激大树的庇护。

心存感恩，你会明理；心存感恩，你会开心；心存感恩，你才会发出诚挚的暖人的话语；心存感恩，你才会更加珍惜你得到的一切；心存感恩，你才会更加珍惜你宝贵的生命！

人一生，只有学会了感恩，才会少掉一大半苦难，只要学会了感恩，就会处处见到阳光；学会感恩就会少一些怨气和烦恼；学会感恩就会多一些宁静与安详！

阳光在哪里？阳光就是拥有一颗感恩的心。暴雨在哪里？暴雨就是拥有一颗感恩的心。只有感恩的心，才能体验一切！只有感恩的心，才能洗礼一切！

学会感恩，生活就会少一些怨气和烦恼；学会感恩，就会时时多记好处少记仇；学会感恩，会让我们多一些宽容、少一些指责，多一些和谐、少一些冷漠，多一些真诚、少一些欺骗。学会感恩，才知道恩情是联结人与人之间的一个良好纽带，更是连接企业与企业、团队与团队、进而连接起一个社会的纽带。

学会感恩，我们才知道很多人很多事都值得我们去感恩。学会感恩，才会使心灵得到慰藉，才能摆脱对金钱的一味追求，才能唤醒们的感恩心和感恩情，才能用感恩心来融化我们的自私心、冷漠心和自卑心，才能培养与人为善、与人为乐、乐于助人的品德，才能使“无情”世界多点人情味，才能改善或淳化社会风气，形成公德心，才能点燃人间真情，才能最终让每个的心真正“暖”起来。

记住：感恩不是一种心理安慰，不是对实现的逃避，更不是阿Q胜利法，感恩是一种歌唱生活的方式，感恩是一种彻底洗净灵魂的方式。

总之，您对感恩的认识有多深，您的人生就有多高！

心理调节术：向一切苦难感恩

真正的轻松都来源于沉重，真正的幸福都来源于苦难。在快乐中生长的智慧是那么弱不禁风，在苦难中生长的智慧才会茁壮刚毅。

苦难是成功途中的考验，懦弱的人必然在苦难之下被淘汰，只有坚强的人才会走自己的路。因此，要学会感激一切苦难，是它把你真正塑造成一个成熟圆融、强大无畏的人。

今天，我要学会感激——

感激伤害过我的人，因为他磨炼了我的心志；

感激绊倒我的人，因为他强化了我的双腿；

感激欺骗我的人，因为他增进了我的敏感度；

感激蔑视我的人，因为他唤起了我的斗志；

感激抛弃我的人，因为他教会了我独立；

感激中伤我的人，因为他砥砺了我的人格；

感激斥责我的人，因为他提醒了我的缺点；

感激丑陋，因为它让我懂得了什么是美；

感激自卑，因为它让我懂得了什么是自强；

感激懒惰，因为它让我懂得了勤劳；

感激失败，因为它让我懂得了站起；

感激打击，因为它让我懂得了应战；

感激仇恨，因为它让我懂得了宽容；

感激误会，因为它让我懂得了沟通；

感激偏执，因为它让我懂得了理解；

感激混乱，因为它让我懂得了计划；

感激瞎撞，因为它让我懂得了目标；

感激自私，因为它让我懂得了付出！

要对一切苦难感激，是它们警醒了我自知、自明和自治。

第44章
让心灵诗意地栖居

拓展兴趣，愉悦身心

美国前总统富兰克林·罗斯福即使在战争最艰苦的年代里，仍然坚持每天抽出一点时间来从事自己的小爱好——集邮。做自己喜欢做的事，可以让他忘记周围的一切烦心事，让心情彻底放松，让大脑重新清醒起来。

小爱好不但可以愉悦身心，放松心情，而且还有延年益寿之功。有人做过这样的研究，他们试图找到长寿老人的共同特点。他们研究了食物、运动、观念等多方面因素对健康的影响，结果令人惊讶。长寿老人们在饮食和运动方面几乎没有完全共同的特点，但有一点却是共同的，即他们都有自己的小爱好，并且把这作为自己的人生目标而为之奋斗。这是他们的精神寄托。

所以，无论你对生活多么不满，一定要有人生目标，要有点爱好，有点精神食粮，因为它能让你找到心灵家园，从而使人生更有意义。

兴趣不仅是事业成功的助推剂，也可以让人感到工作的快乐，减轻疲惫感。

“压力之父”塞叶博士曾经说，尽管他每天从早晨五点工作到深夜，但他认为自己这辈子从未做过一件工作，自己整天都在“游玩”。因为对他而言，从事自己喜欢的研究就是游戏。

美国内华达州的一所中学曾经在入学考试时出过这样一道题目：比尔·盖茨的办公桌上有五只带锁的抽屉，里面分别装着财富、兴趣、幸福、荣誉、成功。比尔·盖茨总是只带一把钥匙，而把其他的四把锁在抽屉里。请问他每次只带哪一把钥匙？其他的四把锁在哪一只或哪几只抽屉里面？有一位聪明的同学在美国麦迪逊中学的网页上面看到了比尔·盖茨给该校的回信，信上写着这样一句话："在你最感兴趣的事物上，隐藏着你人生的秘密。"无疑，这便是问题的正确答案。

让童话唤醒童心

当人们的心理状态趋于不平衡时，常常会出现烦躁、紧张、苦闷、愤怒、猜疑、忧郁等情绪。用阅读童话来调节自身情绪是一种行之有效的方法。

当然，童话能消除人的烦恼，调节人们心理的不平衡，主要是心理防御机制中的退行机制作用的结果。毕竟，我们不能一直沉溺在童话制造的美丽世界中。

童话是为儿童作的。它的内容单纯、质朴、生动、活泼和理想化。当人们阅读童话时，往往会被作品中的童心和美好的理想所感染，唤醒童年沉睡的记忆。同时，作品中描写的富有灵性的花鸟鱼虫和各种动物，还有天真可爱的小精灵、白雪公主、灰姑娘……都在人们的心中引起强烈的美感。这样人们便超越了自己的处境进入了另一个世界中去，心理上的压力被解脱了，心情舒畅了，从而达到了一种心理上的平衡，精神也变得愉快、振作和积极了。当然，有的人在重新回到现实中来的时候，似乎感到有碍心理平衡的事物仍然存在，但在此时，已经能用一种崭新的心态来对待它了。

此外，童话可以教会我们用简单的视角来看问题。有时候，我们往往被许多自认为复杂的事情弄乱了手脚，反而看不出简单的道理。

赏花，赏出好心情

赏花是用心灵的窗户进行心理"按摩"的好方法。

花草是美的象征，以眼赏花的同时这种美也通过心灵的窗户被摄进了心灵深处。置身花木之中，以花为伴，与花交友，可使人心舒气爽，忘却心中不快，仿佛你的心中也会开出五彩鲜花来。

1. 花可开颜

花态美艳绝伦，当您劳累烦闷之际，或漫步公园花丛，或一瞥案几盆景，看到如鸟似蝶，如钟似管，如杯似盏，形态各异、五彩缤纷的花朵往往会精神一振，烦恼顿失。

2. 花能解语

花香馥郁，花亦如人，观之闻之似能解人苦乐。淡香仿佛在轻轻地诉说，浓香犹如在欢愉地歌唱，芳香恰似在唤起美好的回忆，幽香好像在安抚烦乱的思绪。千姿百态，在和人们进行情感的交流。

3. 花可治病

凡花都入药，如杏花美容，荷花消暑，菊花疏风，桂花止咳，丁香花理气，豆蔻花和中，茉莉花爽神，水仙花除热，金银花解毒，牡丹花活血，杜鹃花平喘，木兰花通窍，腊梅花生津，合欢花舒郁等等。

4. 花能健身

花还能食用或它用，诸如传统茉莉花茶、玫瑰花露、菊花晶、桂花酒等。

以及用花为佐料所作的食疗药膳，从花色中研制的色素作为食品添加剂等。预防保健用的各种药袋、药枕、香囊、药物衣饰等都与花结下了不解之缘。

为了赏花之便，你不妨在阳台或室内育几株花，视为伙伴。如若心烦意乱时，走到阳台上看看花，浇浇水，调整一下情绪；同时还可散步花园之中，以花为伴，观其千姿争艳，赏其万缕馨香，心旷神怡，乐在其中。

遇到不如意的事时，摘摘枯黄的花叶，浇浇鲜嫩的绿芽或坐在葡萄架下品尝水果都可有效调整不良情绪。

钓翁之意不在鱼

如果放长假，时间允许，你可以选择去远足，但如果忙里偷闲，那最好选择钓鱼。这既不会让你太过劳累，又能让你消除紧张的精神状态，使你恢复良好的心境。

钓鱼时，手握鱼竿，独坐在钓鱼台前，不需费尽心思，专等“愿者上勾”即可。这种意境，让人心旷神怡，生活中的一切烦恼，早已抛到脑后，心情会一下子豁然开朗。所以说，钓鱼可谓是修身养性、防治疾病和增强体质的最佳运动方式。

佛家修身养性讲究静，钓鱼也讲究一个“静”字。钓鱼时你要能耐得三分静，有耐心地等待鱼儿上钩，要能够冷看鱼漂起伏，静观竿梢颤动。如果你心浮气躁，永远也不会钓到鱼。你必须忘我，你必须全身心放松，你必须任凭风浪起，稳坐钓鱼台，此时，你心如止水，似眠非眠，哪里还有什么名利、是非之争啊？

钓鱼讲究一个火候，讲究恰到好处，讲究一点“中庸之道”。钓鱼时竿提早了，钩子还未被鱼吃进嘴不行；提晚了，吃进鱼嘴的钩子又被吐出来也不行。

钓鱼不仅可以让人忘却烦恼，放松身心，而且可以锻炼心性。脾气急躁者钓不得鱼，因为他们耐不得寂静；心胸狭窄者钓不得鱼，因为身旁的人钓到鱼会让他们嫉妒，让他们心中起波澜；贪婪吝啬者钓不得鱼，因为他们只想钓到更多更大的鱼，却不想下大鱼饵，他们满脑子是鱼，最后却钓不到鱼。真正的钓鱼高手，是不为钓鱼而钓鱼的人。他们图的是个过程，是种体验，正所谓“钓翁之意不在鱼”。

疲惫时来杯下午茶

工作了大半天，大脑已经处于疲惫状态，如果有时间，不妨坐下来喝杯下午茶，让疲惫随那茉莉香飘入空中，让烦恼随茶一起喝入口中。

有这样一个笑话：

美国爆发脱离英国的独立战争的原因，竟然与下午茶有关，因为英皇乔治三世强逼美国人喝下午茶所致。英皇听说美国人从来不喝下午茶，很是生气，于是便强令美国人参加“波士顿茶话会”，但美国人“嫉茶如仇”，不但不喝茶，反而将茶叶倒进海港，美国人的这个举措，成了独立战争的导火索，引发了一场恶战。

当然，这是带有玩笑性质的无稽之谈，我们也无从考证其历史证据，但由此足以证明英国人对茶的偏爱程度。曾有一种分析说，美国人之所以过分热情，与经常喝咖啡和烈酒有关；德国人缺乏幽默感，多少因为其喜欢喝啤酒；至于英国人的优点——沉默和自制，则因为酷爱杯中茶，这种饮料使人精神百倍而不致醉倒。

其实，下午茶最重要的功能就是让人们联络感情、交换情报，说说张家长李家短之类。在英国，茶馆往往是同行们在下午聚会交流信息的地方，所以有时许多通知都贴到茶馆里，因为那里是相关人士最集中的地方。

喝下午茶，最大的好处是松弛神经，放松心情。听听笑话，说说心事，聊聊家常，一天下来工作再累，心情也会好些。从这一点来看，下午茶对于现在繁忙的都市年轻人，也许还是一种奢侈的享受。

品读那一刻的书墨香

美国前总统罗斯福的夫人曾说："我们必须让我们的青年人养成一种阅读好书的习惯，这种习惯是一种宝物，值得双手捧着，看着它，别把它丢掉。"

读书的乐趣是无穷的。有的人读地理名胜，可以遨游天下；有的人读历史典故，可以和古人接心神交。有的人爱好文学，春花秋月，情境义理，妙味无穷；有的人喜欢理工，一个细胞，一粒分子，他也可以从中找出另外的一番天地。书中所表达的思想、智能、感情、经验，可能是别人毕生的体验，而我们在短短的时间内不劳而获，岂不是无限的快乐吗？如果不肯读书，无疑放弃了世界上最可贵的财富。

一个人如果不经常读书，吸收新知识，好比存在银行的存款，只有支出，没有收入，势必收支不平衡，将会形成严重的亏空状态，等到资本耗尽，人生也就停摆了。

很多名人都谈到过读书的乐趣，其中以欧阳修的读书三乐——马上、厕上、枕上最为著名。欧阳修的读书法的确是人生至乐之境，这也说明读书是很简单的事情。只要有兴趣什么时候都可以读，而没有必要非要求得一个好的环境——读书是个人的兴趣所至，一个不爱读书的人，给他任何好的条件也没用；而喜欢读书的人，在什么地方都可以随手翻开书来阅读。

爱好读书的兴趣不是天生的，阅读的习惯也不是一成不变的，它会受到传统、时局、教育、职业、兴趣或其他原因的影响。所以爱书之人总是一次次地沉溺在不同的领域，并把各种互不相关的知识糅合到自己的思想当中——你用自己的方式去理解知识，知识却在悄悄改变你的方式。

阅读好书就像跟历代名贤圣哲促膝长谈，他们高尚的节操会对我们产生潜移默化的影响，所以大量阅读是完善自我的必由之路。或许偶尔读到的一本书，会使你顿悟某个伟大的道理，从此思想产生质的飞跃。也或许另一本书，把你带入一个全新的领域，从此你明确了奋斗的目标，最终也走向了辉煌。林肯少年时，就因为偶然一次阅读了华盛顿和亨利克雷的传记，从此立下宏伟的志向，最后成为了“美国历史上最受人尊敬的总统”。

一个好读者能够感觉到读书时妙不可言的乐趣。因而他喜欢读书，最终即使不能成为伟大的人，也能成为博学的人。

我们都有这类体验，人逢喜事精神爽，干起事来有力量。学习也是如此，乐趣对学习活动起着驾驭作用。愉快的心境对人的生活、工作和学习有很大的影响，良好的心境，有助于主动精神和积极性的发挥，从而提高工作和学习的效率。反之，不良的心境则会影响身心健康，妨碍工作和学习顺利开展。

古人云：“书中自有黄金屋，书中自有颜如玉，书中自有千钟粟。”这诚然是古代那些清贫的读书人为了慰藉自己而给自己的鼓励，有点阿Q精神。但是我倒不觉得这三句话是对古代读书人的讽刺，我认为，这是他们坚持十年寒窗苦读的精神动力，没有了这动力，他们为什么要这么苦？不可能每个人都像欧阳修那么洒脱，社会上也不可能每个人都可以像李白、欧阳修、苏轼等这些人那么愤世嫉俗，大部分的穷书生是从这三句话中得到了坚持下去的精神动力。这也是一种读书的乐趣。

赏诗品人生

诗是什么？诗是人们用简洁明快的语言，对生活的表达。诗是诗人的生活感悟，是诗人的人生心得，是诗人心灵的描述。读史可以让人知古今，读诗不但可以让人知今，而且可以让人明事理，可以让人陶冶情操，涤荡心胸。

诗有古诗和新诗之分。古诗讲究精练，贾岛曾“推敲一个字，捻断数根须”，人生也需要精练；新诗讲究哲理，“路之值得赞美，在于它不站起来要做纪念碑”，诗人韦苇的诗句充满了深邃的哲理内蕴。人生本身就充满哲理，生活本身就是一首诗，一首值得让人读一生的诗。

好诗不在于语言。过于优美的语言，过于华丽的辞藻，反而有附庸风雅之意，让人有束缚感。朴素的文字，平常的语言，同样可以写出动人的诗篇。“如果你嘴里含满了食物，你怎么能歌唱呢？如果你手里握满金钱，你怎能举起祝福之手呢？”这样的诗句，语言质朴之极，而事理却鞭辟入里。

意与理是诗的艺术魅力所在，读诗重在体味诗中那诗人别有用心的意境以及启人心智的哲理。诗意并不在字，《小窗幽记》中说：“人有一字不识，而多诗意”，意思是说不识字人生却充满诗意，那么诗意在哪里呢？就藏在人的心中。最好的诗是用心来读的，如果一个人沉溺于功利，拘泥于某种形式，即使满腹平平仄仄，也毫无诗意。理是诗人在平凡现实生活中挖掘出的人生真义，是诗人对社会人生深刻理解的阐释和咏唱，如林语堂所说：“若天地间有此一句话，只是被你说出而已”。读诗要思考其哲理，这可以发人深思，但又不可太注重哲理，太多的理性，太多的用心，反而会束缚人性真情的流露，恬淡畅适，无为而为，才会满怀意趣。好诗总是能够将主观情意与客观意象融为一体，达到情景交融的境界，让人为之叫绝。

人生如诗，物质便是它的文字，而快乐则是它的意，人生价值则是它的理。生活中不能太注重物质，而忽略了快乐与人生价值，这样的人生算不得幸福，如同太注重文字的诗算不得好诗一样。文字是诗的材料，是表达意与理的手段，而不是诗的全部，而物质也是生活的手段，不是人生的目的，人生真正的目的在于幸福，而幸福的材料是快乐与价值，不是物质。

王国维说：“客观之诗人，不可不多阅世；阅世愈深，则材料愈丰富。”

诗与世事是分不开的，生活是诗的来源，读诗便可以让人明白世事。当你烦恼时，当你无聊时，不妨读首小诗，到诗中去体味人生的意境，借鉴古人的处世哲学。

古人说：“书中自有黄金屋，书中自有颜如玉。”休闲读书，是一种乐趣；诗中也有处事妙方，可以解惑，读读小诗，更是一种乐趣。可以说，人生充满诗味，品味诗，就是品味人生。

寄情于水墨丹青之中

世界织布业的巨头之一威尔福莱特·康工作非常忙碌。在他为事业奋斗了大半辈子后，总感觉自己的生活中缺了点什么东西。于是他选择了油画。他每天从百忙中抽出一个小时来安心画画，不仅事业取得了辉煌的成就，而且在油画上也得到了不菲的回报——多次成功举办个人画展。威尔福莱特·康在谈起自己的成功时说：“过去我很想画画，但从未学过油画。我不敢相信自己花了力气会有很大的收获。可我还是决定学油画，无论做多大的牺牲，每天一定要抽一小时来画画。”

威尔福莱特·康为了保证这一小时不受干扰，每天早晨五点前就起床，一直画到吃早饭。他后来回忆说：“其实那并不算苦，一旦我决定每天在这一小时里学画，每天清晨这个时候，就怎么也不想再睡了。”他把楼顶改为画室。几年来他从未放过早晨的这一小时，而时间给他的报酬也是惊人的。他的油画大量在画展上出现，他还举办了多次个人画展，其中有几百幅画以高价被买走了。他把这一小时作画所得的全部收入变为奖学金，专供给那些搞艺术的优秀学生。他说：“捐赠这点钱算不了什么，只是我的一半收获。从画画中我所获得的启迪和愉悦才是我最大的收获！”

“琴书诗画，达士以之养性灵。”寄情于水墨丹青之中，沉浸于那洒满墨香的氛围之中，你的心胸会顿觉舒畅，感受艺术之美的同时感受生命之美，生活中一切不快便会“不放自下”。

用音乐唱响你的生活

音乐是一种听觉艺术，是一种人类共有的语言。它来源于生活，为我们的情感服务。科学研究证明：听适合的音乐，可以优化人的性格，平稳人的情绪，提高人的修养品位，甚至有养生保健、延年益寿的神奇功效。

医学专家通过大量的研究证明，人类需要通过音乐来抒发自己的感情，并从中受益。音乐可以调节人体大脑皮层的生理机能。提高体内生物的活性，调节血液循环和活化神经细胞。另外，音乐会使人体的胃蠕动更有规律，能够促进机体新陈代谢，增强抗病能力。

在医学上有一个著名的“莫扎特效应”：当你听一曲莫扎特之后，你的大脑活力将会增强，思维更敏捷，运动更有效，它甚至可缓解癫痫病人等患神经障碍的病人的病情。六年前，研究者证明，在 IQ 测试中，听莫扎特的受试者得分比其他人更高。

1975 年，美国音乐界的知名人士凯金太尔夫人因乳腺癌缠身，身体状况每况愈下，濒临死亡的边缘。这时候，金太尔夫人的父亲不顾年迈体弱，天天坚持用钢琴为爱女弹奏乐曲。或许是充满爱心的旋律感动了上苍，两年之后奇迹出现了，金太尔夫人胜利地战胜了乳腺癌。重新康复后，她热情似火地投身于音乐疗法的活动，出任美国某癌症治疗中心音乐治疗队主任。金太尔夫人弹奏吉他，自谱、自奏、自唱，引吭高歌，帮助癌症病人振奋精神，与绝症进行顽强的拼搏。

德国科学家马泰松致力于音乐疗法几十年，在对爱好音乐的家庭进行调查后注意到，常常聆听舒缓音乐的家庭成员，大都举止文雅，性情温柔；与低沉古典音乐特别有缘的家庭成员，相互之间能够做到和睦谦让，彬彬有礼；对浪漫音乐特别钟情的家庭成员，性格表现为思想活跃，热情开朗。他由此得出结论说：“旋律具有主要的意义，并且是音乐完美的最高峰。音乐之所以能给人以艺术的享受，并有益于健康，正是因为音乐有动人的旋律。”

音乐是起源于自然界中的声音，人与自然息息相关，所以音乐对人的精神、脏腑必然会产生相应的影响。音乐主要是通过乐曲本身的节奏、旋律，其次是速度、音量、音调等的不同而产生疗效的各异。在进行音乐治疗时，应根据病情诊断，在辩证配曲的原则下，选择适当的乐曲组成音疗处方。

烦恼时听听音乐，能重新燃起生活的热情，唤起人们对美好生活的回忆和憧憬，使人心理趋于平静，心绪得到改善，精神受到陶冶。圣人孔子就非常爱听音乐，他自称是“余音绕梁，三月不知肉味”。

既然音乐有这么多用处，不妨在工作之余，茶余饭后，戴上耳机，听一曲柔美舒缓的音乐，让身心在悠美动听的节奏中彻底放松。

到大自然中去度假

找回生命的本真，唯一的出路就是亲近自然。

即使白天赚到全世界，但在你心里，是否有个声音一直在呼唤：抛开无休止的工作，远离令人窒息的都市，让渴望自然的心静下来！小桥流水、一池荷塘、大片竹林、庭院花草……生活开始进入另一种淡泊间的平静境界——当世界浮躁的时候，惟有心平气和者方能制胜！

人们为什么如此热爱旅游，尤其喜欢到名山大川，到大自然中去，道理其实很简单，那就是去寻找生命的真谛。

我们应该将亲近自然确定为精神追求中的重要的一部分，不妨每天出去散步，这样一方面可以呼吸新鲜空气，锻炼身体；另一方面可以让你的内心感受阳光、蓝天、大地、世间万物的美丽。

在这个世界上我们常常聆听。譬如在大自然中我们寻觅那“明月松间照，清泉石上流”的韵致，寻觅那“蝉噪林逾静，鸟鸣山更幽”的空灵，寻觅那“红树醉秋色，碧溪弹夜弦”的意境。聆听轻风喁喁低语，聆听松涛娓娓吟唱，聆听蛐蛐细细鸣叫，聆听山林中鸟儿欢啼。亲近自然会使你胸中的块垒随溪水逝去，工作的疲惫被溪水洗去，心灵的尘垢随溪水流去，身心如沐，愉悦清朗，潇洒通透。

当你面登临高山、对视大河，面对大自然的美景时，才会顿悟，返朴归真才是自己真正的追求目标，生命中许多追求并非真的有必要，也不是自己真正想要的东西。

大自然是一本无字的书，深入到自然中，游山玩水，看幽谷清泉、奇石怪草、或醉卧草地，或赋诗山间，其中有不尽的乐趣，能让人忘记生活中的种种争斗与心机。在忙碌的生活中，适时在游山玩水中放逐自己，给心灵一个反思、放松的机会，该是多么美好啊！

生活中不顺之事十之八九，此时不妨去登山，或是河边坐一坐。置身大山中，走在绿树成荫的山间小路上，望着那大自然造就的奇石怪状，听着叮咚的泉水声，以及那清脆的鸟鸣声，让人感到如同置身世外桃源，心中的种种不快，也随着那缭绕的云雾慢慢散去。迈步海滨，一望无垠的大海，波涛汹涌海面，让人顿生几分豪气。通过旅游，既可以领略祖国的秀美山川，又可以遍访历史的足迹，缅怀古人，从而既放松了心情，又让自己的心灵受到洗礼。

大自然的魅力在于它巨大的生命力。越是原始的地方，我们越是感觉到生命力的强大。大自然的神奇，可以让人真切体会到生命的渺小和珍贵；大自然的美丽，可以让人体会到人生的美好。所以，生活中当你感到烦闷时，不妨背起行囊，一个人独自去游山玩水，到大自然中放逐自己。

经过长时间的紧张工作，我们在旅游中变换兴奋点，放松，释放疲劳，从而，能够以旺盛的精力重新投入工作。给自己一段假期，放松自己于山水中。让山水的灵性，涤尽自己工作上、情绪上、思想上的烦累！

置身大自然，迈步山水间，任我心自由自在地驰骋，让人在物我两忘的意境中，将天地万物置于空灵之中。这是何等的快意、何等无拘无束的心境啊！罗素曾经说过："我们的生命是大地生命的一部分，就像所有动植物一样，我们也从大地上吸取营养。"当你走进大自然，投入它那宽广的胸怀时，大自然的一草一木似乎都有灵性，都会抚慰你受伤的心灵。望着山中那历经苍伤的松柏，以及那经历了千百年风吹雨打的岩石，你会重新豪情万丈，平添了许多与困难作斗争的勇气。

快乐的生活需要用心去发现，到游山玩水中放逐自己吧，放逐那束缚已久的心灵，让大自然洗涤心中的不快。换一种环境，大自然奉献给你的将是一片灿烂和希望。

心理调节术：都市身心灵修行课

生活在都市里的人们，来种各方面的压力越来越大，长年累月奔赴在职场和人际圈中，难免步履匆匆，身心疲惫。

心理学家说，摆脱眼前的一切，挣脱例行公事的羁绊，能使你远离旧有的困境，带给你新的希望，让你的心理产生正面的前瞻，甚至让熄灭的热情重新点燃，也会让你对自己的认识更深一层。于是，等你返家的时候，你会变得更快乐一些，更健康一些，应付压力时也更有效率一些。美国心理学家希柯斯博士说："你去度假的时候，就逃离了日常生活的单调性。把烦恼抛在脑后，即使你所做的，只是坐在河边，看着溪水流动而已，但这却是一种极为可贵的步调变化，能让你重新充电。于是，等你回去的时候便会觉得精神更为饱满，更有活力。"

现在的休闲方式五花八门，你应该耐心思考一下，自己适合哪一种？在都市人的休闲活动中，有以下几项休闲活动最受青睐。

（1）跳舞可以陶冶性情、愉悦身心，而且也比较容易学习。跳舞除了可以增强心肺功能外，还有助于健美减肥。

（2）登山对于人们来讲，无疑是既理想又时尚的运动，既缓解压力，又可以锻炼一个人的意志和体魄。当然，现在的老年人体格越来越棒，也有许多登山爱好者。登山时，不仅山光水色令人大饱眼福，而且清新的空气可以涤荡都市浊气，实在是妙不可言。

（3）网球运动是深受人们喜爱而极富乐趣的一项体育活动。它既是一种消遣，一种增进健康的方式，也是一种艺术追求和享受，当然它还是一种扣人心弦的竞赛项目。打网球，文明，高雅，动作优美，每打出一次好球，都会使人感觉兴奋异常，愉快无比。

（4）打高尔夫球也逐渐受到都市人的青睐，但由于消费过于高昂，一般的人是玩不起的，所以被人们称为贵族运动。

（5）到农村去度假也很受欢迎。这项活动不仅轻松愉悦，而且经济便宜，一般人都能承受得起，在空气污染严重、生活节奏紧张的都市呆久了，不妨到乡村去体验一下。